서치 인사이드

서치 인사이드

스트레스 속에서 나를 지키는 내면검색 매뉴얼

차드 멩 탄 지음 · 권오열 옮김 · 이시형 감수

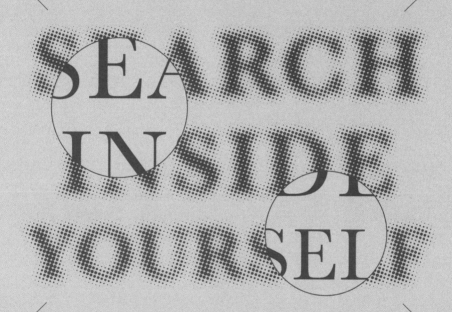

SIGONGSA

추천사

행복은 성공의 결과라기보다는 원인이다. 당신이 하고 있는 일이 무엇이든, 그 일을 더 멋지게 성공적으로 잘 해내기 위해 필요한 것은 소통능력, 회복탄력성 그리고 긍정적 정서의 습관화다. 이 책은 우리의 뇌를 긍정적으로 바꾸고 자기조절능력과 대인관계능력을 향상시키며 마음의 근력인 회복탄력성을 기르는 가장 쉽고도 효과적인 방법이 바로 마음챙김Mindfulness임을 알려준다. **김주환** 연세대학교 언론홍보영상학부 교수, 《내면소통》 저자

정적이고 수동적인 명상의 세계를 눈에 선히 보이게 만들고 명상을 실생활에 살아 움직이는 역동적인 것으로 만들었다는 것이 놀랍다. 거기에 저명한 학자들의 인지 심리적 기법을 절묘하게 조화시켜 일상에서 부딪히는 크고 작은 문제를 해결하는 데 힌트를 주고 있다. 몸소 체험해보지 않고는 이런 글이 나오지 않는다. 이걸 정신의학에선 마른 지식이 아닌 '젖은통찰Wet Insight'이라 부른다. 읽어보면 안다. **이시형** 정신과의사, 힐리언스 선마을 촌장

우리는 긍정적 변화를 이룰 수 있다! 고대의 마음챙김 명상 전통을 현대의 감성지능과 창조적으로 혼합한 이 책은 괴로운 상황을 피하려면 그 상황을 낳게 한 조건을 변화시킬 필요가 있음을 보여준다. 마음의 습관을 바꾸어라. 그렇다면 그 습관의 결과로 초래되는 태도와 감정을 바꿀 수 있다. 그리하여 내적 평화와 행복을 찾을 수 있을 것이다. **달라이라마**

이 책과 여기에 나오는 수업과정은 구글 문화의 한 단면을 보여준다. 바로 위대한 아이디어를 가진 한 개인이 세계를 바꿀 수 있다는 것이다. **에릭 슈미트** 前 구글 회장

이 책은 정말로 멋진 조언을 해주고 있다. 저자의 통찰력이 진심으로 고맙다. 그는 타인은 물론 스스로에게 행복을 가져다주기 위해 연민을 효과적으로 표현할 줄 안다. **지미 카터** 미국의 39대 대통령

차드 맹 탄을 더 잘 알게 되면서 나는 그가 평범한 엔지니어가 아님을 실감했다. 그는 밀실에 숨어 있는 보살이다. 그리고 이 책을 통해 그는 비로소 밀실 밖으로 첫걸음을 내디뎠다. **대니얼 골먼** 심리학자, 《EQ 감성지능》 저자

스트레스 관리를 위해 여러 방법을 실천해봤는데 그것들이 별로 재미가 없었다거나 유익하지 않았다면 아마 지금 당장 이 책의 내면검색 프로그램에 전적으로 몰입해야 할지도 모른다. 아니, 그저 이 책을 읽고 그 순간 여러분에게 합당해 보이는 여러 방법으로 연습을 해보라. 자유롭게 실험하고 모험하며 이 경험을 자신의 삶과 일에 적용해보는 것만으로도 틀림없이 행복의 씨앗은 뿌려질 것이라 믿는다.
존 카밧진 매사추세츠대학교 의과대학 교수

감성지능의 기초를 알려주는 그야말로 출중한 가이드이다. 이 책은 삶을 변화시키고 행복을 배달해줄 무궁무진한 잠재력을 갖고 있다. **토니 셰이** 재포스 CEO, 《딜리버링 해피니스》 저자

현대의 과학과 불변의 지혜를 결합하여 차드 멩 탄은 성공과 행복으로 가는 즐겁고도 실용적인 가이드를 창조했다. **디팩 초프라** 초프라 행복센터 대표

리더십, 전략, 통치 그 밖의 주제를 가지고 숱하게 출판되는 많은 책들 가운데 나는 차드 멩 탄의 이 책에 특히 갈채를 보낸다. 그가 제안하는 조언과 실행법은 우리 삶의 모든 면을 개선하는 데 큰 도움을 준다. 이 책은 더 나은 평화와 행복이 가능한 곳으로 이 세상을 이끌어줄 것이다. **S. R. 나단** 싱가포르 6대 대통령

차드 멩 탄의 내면검색 도구와 팁, 테크닉은 실용적이고 접근하기 쉽고 방대하면서도 깊다. 나는 깨어 있는 삶의 길을 찾는 모두에게 진심으로 이 책을 추천한다. 검색하라, 그러면 찾을 것이다. 이 책은 시작하기에 가장 좋은 도구이다. **라마 수리야 다스** 승려, 《내 안의 붓다를 깨워라》 저자

차드 멩 탄은 세계평화가 묵상이라는 개인적 경험에 좌우될 수 있다고 말한다. 또한 인생을 밝히는 것은 깨어남에서 시작된다는 것을 열정과 유머, 관대함의 목소리로 들려주고 있다. 읽고, 나누고, 웃고, 축복해야 할 책이다. **로렌스 프리먼** 가톨릭 신부

구글의 선물 하나를
세상에 공짜로 내어놓다

구글에 대한 내 첫인상은 흔히 '멩Meng'으로 통하는 차드 멩 탄Chade-Meng Tan을 통해 만들어졌다. 멩은 이 회사의 비공식적인 접대원이며 그의 명함에 쓰인 표현을 빌리면 '아무도 거부할 수 없는 정말 유쾌한 친구'다.

멩을 알게 되고 나는 그가 좀 특별한 인물임을 직감했다. 우선 그의 사무실을 지나다가 복도 벽에 나붙은 게시판을 보고 뭔가 범상치 않은 기운을 느낄 수 있었다. 거기에는 세계의 내로라하는 유명 인사들과 포즈를 취한 멩의 사진이 줄줄이 걸려 있었다. 대충 훑어봐도 앨 고어, 달라이라마, 무하마드 알리, 영화배우 귀네스 팰트로 등이 눈에 들어왔다. 나중에 〈뉴욕타임스The New York Times〉의 제1면 기사를 보고 나서야 나는 멩이 회사를 찾아오는 모두가 그와 스스럼없이 사진을 찍게 만들 정도로 사회지능이 높은, 구글의 그 유명한 엔지니어라는 사실을 알게 되었다.

그러나 정작 멩을 그토록 특별하게 만들어주는 것은 이게 아니다. 그는 탁월한 시스템 분석능력과 순수한 마음을 동시에 갖춘 독특한 사람이다.

먼저 그의 분석능력을 보자. 나는 구글이 후원하는 명사 초청 행사 'Authors@Google'에서 감성지능을 주제로 한 강연을 하게 되었다. 이때 나는 나 자신이 그곳 직원들이 누리는 온갖 특전 중 하나가 된 것처럼 느껴졌다. 아마 그들에게 있어 내 가치는 그들이 받는 마사지와 각종 소다음료 사이의 어디쯤에 해당할 듯싶었다.

지적능력의 요새라 할 만한(구글에 이력서라도 들이밀려면 최고 수준의 SAT 점수가 필요하니 말이다) 이 냉철한 정보공학기업의 인사들이 과연 의사소통이나 협동능력을 다루는 소프트스킬Soft Skills에 얼마나 관심을 보일지 불안해하며 떨리는 마음으로 강연을 기다렸다. 그러다 구글 본사인 구글플렉스Googleplex에서 가장 큰 강당 안으로 수많은 인파가 몰려드는 것을 보았을 때 놀라지 않을 수 없었다. 확실히 관심의 열기가 보통이 아니었다.

그 자리에 모인 구글의 청중들은 아마 그때까지 내가 만난 사람들 중에서 IQ가 가장 높은 그룹이었을 것이다. 하지만 그날 내 강연을 들은 고급두뇌들 중에서도 감성지능을 분해하고 모방하여 역설계하는 명민함을 보인 사람은 오로지 멩뿐이었다. 멩은 감성지능을 놀라운 통찰력으로 분해한 후 재결합시켰다. 그는 '자신을 아는 것'이 감성지능의 핵심이며 이를 위한 최상의 정신적 앱App은 '마음챙김Mindfulness'이라는 훈련법에서 찾을 수 있다고 보았다.

이런 통찰이 멩이 개발한 프로그램의 근간을 이룬다. 그가 사내 직원교육 프로그램인 구글대학에서 공개한 이 교육과정에는 웹 검색으로 먹고사는 기업에 어울리게 '내면검색Search Inside Yourself'이라는 이름이 붙었다. 앞으로 확인하겠지만 구글에서 이 강좌를 들은 사람들 중 상당수가 자신이 변화되는 체험을 했다.

멩은 협력자들을 선택하는 데 있어서도 주도면밀함을 보여주었다. 그들 중에는 선禪 스승인 노먼 피셔Norman Fisher, 나의 오랜 벗이자 동료이며 사회속의관상심센터Center for Contemplative Mind in Society 창립이사인 미라바이 부시Mirabai Bush 같은 인물들이 포함되었다. 그 외에 또 다른 내 오랜 친구 존 카밧진Jon Kabat-Zinn의 힘을 빌리기도 했다. 카밧진은 전 세계적으로 마음챙김 훈련법의 실행을 주도한 인물이다.

멩은 프로그램의 완성도를 높이기 위해 최선을 다했다. 그는 여기서 멈추지 않았다. 멩과 그의 팀은 자기인식과 웰빙Well-being, 친절 그리고 행복이 넘치는 삶을 창조하기 위해 검증된 방법들 중에서도 최고의 것들만을 고르고 골랐다.

이제 그의 순수한 마음을 들여다보자. 내면검색 프로그램이 굉장히 유익하다는 사실을 확인한 멩은 그 효과를 느껴보고 싶어하는 모든 이들과 그것을 공유하고자 했다. 그 혜택의 범위를 단지 구글의 교육과정에 참여할 수 있는 행운아들로만 한정하지 않으려

한 것이다. 맨 처음 맹을 만났을 때 그는 내면의 평화와 연민의 마음을 확산시켜 궁극적으로는 세계평화를 실현시키는 것이 자신의 인생목표라며 열변을 토했다. 그의 비전에는 마음챙김에 기반을 둔 구글의 감성지능 교과과정을 충분히 검증한 후, 그것을 유익하게 활용할 만한 모든 이들에게 제공하는 일도 포함되어 있었다. 그의 표현을 빌리면 이는 '구글의 선물 하나를 세상에 공짜로 내주는 것'이다.

맹을 더 잘 알게 되면서 나는 그가 평범한 엔지니어가 아님을 실감했다. 그는 밀실에 숨어 있는 보살이다. 그리고 이 책을 통해 그는 비로소 밀실 밖으로 첫걸음을 내디뎠다.

대니얼 골먼

이 책은 하나의 교육과정이자
우리가 따라갈 수 있는 길

처음에 멩을 만났을 때 나는 속으로 생각했다.

'대체 이 친구는 누구지? 도대체 누구길래 자신을 구글의 정말 유쾌한 친구라 공언하는 거지?'

멩은 구글에서 마음챙김을 주제로 강연을 해달라며 나를 초대했다. 내가 도착하자마자 그는 마음챙김과 세계평화를 들먹이며 농담을 툭툭 던졌다. 그의 유머감각은 조금 혼란스러웠다. 멩은 나를 안내하며 이곳저곳 구경을 시켰는데 제일 먼저 들른 곳은 구글플렉스의 본관 로비에 있는 그의 사진게시판이었다. 거기에는 그가 세계적인 명사들과 함께 찍은 사진들이 전시되어 있었다.

'아니, 이 친구가 뭔데 국가수반, 노벨상 수상자 그리고 이런 유명인들을 접대하는 거지? 이 사람을 진지하게 받아들여도 되는 건

가? 이 친구가 하는 말을 전부 그대로 믿어도 되는 걸까?'

그는 내게 많은 말을 했다. 그는 자신의 궁극적인 목표가 생전에 세계평화를 위한 환경을 조성하는 것이라고 이야기했다. 이를 실현하려면 모든 사람이 명상의 가치에 눈떠야 하고 여기에 구글이 특별한 역할을 할 수 있을 것이라고도 했다.

여러분도 내가 무슨 생각을 했을지 상상할 수 있을 것이다.

'구글이 이런 역할을 하는 데 관심이 있다고? 아니면 최소한 구글의 한 인물이 이런 비전을 갖고 있다고? 이거 참 놀랍군. 사실 이 친구는 상식적인 보통 사람인데 그냥 좀 미친 척하는 건지도 몰라. 직원번호 107번까지 달고 있는 걸 보면 애초 채용될 때 여기서 뭔가 할 일이 있었을 텐데 말이야.'

이런 것들이 구글을 처음 방문했을 때 내 머릿속을 휘젓던 생각이었다. 만약 멩이 이 문제를 진지하게 얘기한 것이라면 그 비전의 잠재적 영향력과 중요성은 상상을 초월할 만큼 클 것 같았다.

나는 그가 가리킨 본관 로비의 그래픽 전시물에 깊은 인상을 받았다. 그것은 구글검색이 진행되고 있는 지구상 구석구석의 모습이 검은 공간 위에 색색의 불빛으로 구현되어 있는, 회전하는 구체의 모습이었다. 다양한 색깔은 곳곳에서 사용되는 수많은 언어를 나타냈고 광선의 길이는 해당 지역에서 진행되는 검색 수를 나타냈다. 또 다른 대형스크린에는 모든 검색주제어들이 떴다. 이 전시물들은 서로 긴밀히 연결되어 있는 세계를 적나라하고도 감동적으로 보여주었다. 달에서 찍은 지구 사진을 처음 보았을 때와 비슷한 감동이었다. 구글의 용어를 빌리면 '검색의 힘' 나아가 '구글의 힘'을 실감할 수 있었다.

내가 구글에서 한 연설의 내용이나 멩이 이 책에서 언급하는 다른 강연자들에 대해서는 거론하지 않겠다. 이는 구글의 일부인 유튜브를 통해 만나볼 수 있다. 또한 멩이 구글에서 시동을 건 후 현재까지 수년간 계속되고 있는 '마음챙김에 기반한 스트레스 감소Mindfulness Based Stress Reduction, MBSR' 강좌에 대해서도 말하지 않겠다. 멩이 팀과 함께 개발한, 마음챙김에 기초한 감성지능 프로그램인 내면검색에 대해서도 이야기하지 않겠다. 이에 대해서는 본문에서 자세히 다루고 있다.

내가 말하고 싶은 것은 이 책을 읽고 멩에 대해 알게 된 것과 여러분이 이 책을 읽으면서 유념해야 할 사항들이다. 이 책은 그저 한 권의 책일 뿐만 아니라 하나의 교육과정이다. 이 책은 구체적인 연습과 지침으로 무장된, 우리가 따를 수 있는 길이기도 하다. 그 내용을 여러분이 체계적으로 실천한다면 큰 변화와 자유는 물론 재미까지 얻을 수 있을 것이다. 타인과 관계를 맺을 때 써먹을 수 있는 명상적인 접근법도 배우게 될 것이다.

스트레스 관리를 위해 여러 방법을 실천해봤는데 그것들이 별로 재미가 없었다거나 유익하지 않았다면 아마 지금 당장 이 책의 내면검색 프로그램에 전적으로 몰입해야 할지도 모른다. 아니, 그저 이 책을 읽고 그 순간 여러분에게 합당해 보이는 방법으로 연습을 해보라. 자유롭게 실험하고 모험하며 이 경험을 자신의 삶과 일과

소명에 적용해보는 것만으로도 틀림없이 행복의 씨앗은 뿌려질 것이라 믿는다.

농담을 배제할 경우 맹은 아주 진지한 사람이며 마음챙김, 세계 평화를 위한 환경을 조성하는 일 그리고 평화가 인간관계의 기본조건이 되도록 하는 일에 온 힘을 다하고 있다. 그는 이런 대의를 현실화하기 위해 구글의 플랫폼과 영향력을 이용하는 문제에 대해서도 진지하다. 애초에 그가 명상이 의학, 건강, 교육 등의 분야에 어떻게 적용되는지 연구하는 과학자와 명상지도자, 불교학자들을 초대하여 구글에서 강연을 하게 했을 때부터 나는 그것이 그의 전략이었다고 추측한다. 즉 그것은 세계를 평화롭게 만드는 계획을 위한 준비작업이었다. 그는 구글에서 이 작업을 시작한 후 세계로 그범위를 넓힌다는 발상을 하고 있다.

맹은 자신의 비전에 너무 진지하게 접근한다거나 명상이 세계를 변화시킬 가능성에 대해 너무 심각하게 받아들이는 것이 반드시 좋지만은 않다고 생각했던 것 같다. 그래서인지 그는 굉장히 진지한 유머로 자신의 비전에 생기를 더한다. 여러분 역시 이 책을 읽으면서 맹의 유머감각에 금방 전염될 것이라 생각한다. 또한 나의 이익과 타인의 이익을 동시에 인정하고 배려하는 것이 결국 나에게 가장 득이 되는 길임을 깨닫게 될 것이다.

이것이 마음챙김에 기초한 감성지능의 핵심주제다. 문자 그대로 혹은 비유적으로 자신의 내면을 검색하는 일이 그토록 중요한 것도 바로 이런 이유에서다.

여기서 발견해야 할 것은 한 인간으로서 내가 지닌 참모습이다. 마음챙김이란 어딘가 다른 곳에 도달하는 일이 아니라 나 자신으로 온전히 존재하며 지금 이 순간 내 인식의 힘을 깨닫는 문제이기 때문에 멩의 프로그램은 사실 검색이라기보다는 발견에 더 가깝다. 그것은 내 존재의 온전한 실체를 재발견한 다음, 체계적인 계발과 연습을 통해 발전시키는 일이다. 여기서부터 내 존재는 내가 가장 사랑하는 것, 상상력, 타고난 창의력과 결합하여 행복을 위해 다양한 방식으로 세상에 그 모습을 드러낼 수밖에 없다.

뜬구름 잡는 이야기처럼 들릴지 모르지만 실은 그렇지 않다. 만약 내 얘기가 내적으로 외적으로, 개인적으로 집단적으로, 지역적으로 세계적으로 더 평화로운 세계를 건설하기 위한 실용적인 전략으로 보인다면 제대로 본 것이다. 그렇다. 바로 이것이 멩의 전략이다. 이 프로그램을 개발하고 실전테스트까지 마친 지금, 이제 온 세상과 공유할 준비가 되었다.

내면검색의 교육과정은 공짜다. 그것은 다양한 장소에서 다양한 방식으로 활용될 수 있다. 그 이용가치나 적용대상의 한계가 어디까지인지는 여러분의 상상력에 달렸다. 멩이 분명히 밝히듯이 그의 목표는 '모든 인간이 명상의 이점에 눈뜨게 하는 것'이며 운동이 몸에 미치는 긍정적인 효과만큼이나 명상이 정신에 미치는 긍정적인 효과가 상식으로 통하게 만드는 것이다. 그리고 이보다 한층 더 중요한 것은 내면탐구에 관심 있는 모든 사람들이 생활 속에서 명상을 실천하는 것이다.

이 목적을 위해 멩은 직장과 가정에서 감성지능을 개발하고 적용할 수 있는 방법을 마련했다. 그것은 감정과 감성지능, 낙관주의, 연민, 친절, 마음챙김에 관한 신경과학적 연구 등 최첨단 과학에 토대를 두고 있다. 이 연구는 겨우 8주간의 훈련으로 명상이 큰 효과를 발휘한다는 것을 입증했다. 리치 데이비슨Richie Davidson과 내가 동료들과 함께 진행한 이 연구는 직장에서 8주간 MBSR 강좌를 통해 마음챙김을 연습한 사람들의 전두엽 피질을 살펴보는 것이었는데만 시간 넘게 수련한 수도사들처럼 참가자들의 감성지능이 향상되는 것을 발견했다. 이것은 명상의 효과를 보기 위해 굳이 수도사가 되거나 직장을 때려치우거나 가족을 내팽개칠 필요가 없다는 사실을 잘 보여준다.

사실 직장과 가정은 멩이 이 책에서 설명하는 방식을 적용해보기에 완벽한 환경이다. 이 연구가 수행되기 전에는 인간의 감성지능이 일반적으로 성인이 되기 전에 고정되며 바뀌지 않는 것으로 여겨졌다. 그런데 이 연구결과는 뇌가 감정적 균형이 이루어지는 방향으로 활동을 재구성하며 특히 명상훈련에 반응한다는 점을 밝혀냈다. 또 다른 연구에서는 뇌가 스스로 구조 자체를 개편한다는 사실이 드러났는데 이것이 바로 신경가소성으로 알려진 현상의 한 예다.

알고 보니 멩은 실제로 유능한 명상교사였다. 그는 이 모든 것을 남에게 배웠음을 기꺼이 인정한다. 그는 분명 대니얼 골먼Daniel Goleman, 미라바이 부시, 노먼 피셔 등 위대한 교사들로부터 도움을 받았다. 그러나 그 모두를 아주 효과적으로 결합하고 부지런히 자신의 소스로 만들어 기록하고 정리한 것은 멩 자신이다.

내면검색 프로그램의 명상시간이 정식 명상연습에서 권장하는 시간에 못 미친다면 그것은 다 의도가 있어서 그런 것이다. 이 연습에 맛을 들이면 특정한 상태에 이르기 위해서가 아니라 완전히 시간을 잊고 그저 인식 그 자체 속에 머물기 위해 연습시간을 연장하고픈 의욕을 느낀다. 이는 삶으로부터의 도피가 아니다. 그것은 감정적으로 지적인 행동, 새로운 존재방식, 더 큰 행복, 명료함, 지혜, 친절의 근원인 상호연결성과 상호의존성을 경험할 수 있는 수단이다. 처신 방식에 작은 변화가 일어나면 세상의 구조가 즉시 달라진다. 우리는 세상 그 자체이며 우리가 세상의 작지만 중요한 부분을 바꿔나갈 때 전체는 이미 변화 모드가 된다.

부디 멩의 세계에 들어와 전혀 생각하지 못했던 새로운 방식으로 자신의 정신, 마음, 몸과의 관계를 재발견하기 바란다. 이 모험이 여러분의 성장을 돕고 여러분에게 다양한 방식으로 평화를 가져다주길 진심으로 바라는 바이다.

존 카밧진

젖은 통찰에서 우러나온
놀라운 책

참으로 놀랍다. 무엇보다 내 꼴이 우습게 되었다.

이 방면에 관한 한(물론 컴퓨터 방면은 아니다) 나도 제법 전문가가 아닌가. 별 근거 없는 망상에 가까운 자만심이긴 하지만. 한데 멩의 책을 읽으면서 초라해져가는 나 자신이 부끄럽기만 했다. 기가 죽었다는 게 솔직한 표현이다.

이름부터 멩(결례), 이 친구는 어쩌면 이럴 수가 있을까? 역시 천재구나. 이 말밖에 달리 할 말이 없다.

첨단의 상징 구글의 엔지니어가 명상을 시작한 것부터가 놀랍다. 그걸 또 강의하고 교안을 짜고……. 천재들의 화두, '바보처럼'에서 시작한 거였을까? 참으로 엉뚱한 콤비네이션 아닌가. 그걸 자기네 안방에서 시작해서 이제 책으로 엮어 세상에 내놓기로 했다니! 만용이라기엔 책의 내용이 무릎을 치게 한다.

정적이고 수동적인 명상의 세계를 눈에 선히 보이게 만들고, 명상을 실생활에 살아 움직이는 역동적인 것으로 만들었다는 것이 놀랍다. 거기에 저명한 학자들의 인지심리기법을 절묘하게 조화시켜 일상에서 부딪히는 크고 작은 문제를 해결하는 데 힌트를 주고 있다. 이 책은 명상을 과학화하겠다는 욕심에서 끌어들인 인용문의 나열이 아니다. 완벽하게 이해하고 소화시켜 자신의 언어로 적절한 유머를 구사하며 써내려간 것이다. 몸소 체험해보지 않고는 이런 글이 나오지 않는다. 이걸 정신의학에선 마른 지식이 아닌 '젖은통찰 Wet Insight'이라 부른다. 읽어보면 안다.

이 책에 실린 내용은 명색이 전문가인 나로서도 이해하기 힘들었던 것들이다. EQ만 해도 그렇다. 나의 예일대 동료이자 EQ의 창시자 피터 샐로베이 Peter Salovey를 초빙해서 며칠 동안 함께 지내며 배운 적이 있는데 연신 고개를 갸우뚱거렸던 기억이 지금도 생생하다. 명상도 마찬가지다. 대학 시절 해인사 참선까지 거슬러 올라가면 나의 명상공부도 꽤나 오래되었다. 90년대 초반에 자연의학공부를 시작하면서 명상수업도 재개했다. 인도 달람살라의 달라이라마 경과 함께 며칠을 지낸 후부터 내게 명상은 중요한 일과가 되었다. '명상의 뇌과학'이란 주제로 강의도 한다. 절에서도 한다.

멩의 책을 읽으면서 기가 죽은 건 이 대목이다. 너무 쉽게 써내려간 것이다. 거기다 인지심리기법을 적절히 섞고 구체적인 실례를 들어가며 쏙쏙 귀에 들어오게, 마음에 와닿게 펼쳐낸 그의 재주가 정말 놀랍기만 하다. 겨우 7주, 20시간의 교육으로 구글 천재들을 감동시키고 인생을 바꾸었다니, 기적 같은 일이 아닐 수 없다.

그가 '바보처럼' 떠들고 다닌다는 세계평화라는 명제에도 난 깊이 공감한다. 물리적인 평화까진 몰라도 마음의 평화는 확실하게 얻을 수 있다. 명상을 해본 사람이면 누구나 이 점에 이의를 품지 못할 것이다.

생활습관의학을 공부하는 나로서 덧붙이고 싶은 건 건강하게 오래 사는 비결의 70퍼센트는 밝고 긍정적인 마음이라는 사실이다. 그 마음의 정체가 바로 멩이 호소하고 있는 이 책의 진수다. 내가 병원이 필요 없는 사람, 병원 없는 마을을 만들겠다고 홍천에 건강마을을 시작할 때 사람들은 모두 웃었다. 하지만 이젠 들어올 자리가 없다. 멩이 꿈꾸는 세계평화도 결코 망상이 아님을 나는 확신한다. 덧붙여 건강이 평화의 기반이란 것도 잊지 말기를 부탁한다. 그래서 난 멩이란 친구를 만나고 싶다.

내가 특히 그에게 인간적 매력을 느낀 건 그 흔한 사랑이란 말 대신 자비慈悲란 말을 쓴 데서 비롯된다. '에크만이 썼기 때문에 나도 썼노라'라고 그다운 조크를 했지만 그의 글에는 자비에 대한 깊은 통찰이 담겨 있는 듯하다. 나도 이 문제가 오랫동안 머리를 떠나지 않았다. 왜 자비 속에 '슬플 비悲'가 들어있을까. 어쨌거나 이 화두는 이쯤에서 덮어두기로 하자.

우리 둘은 만나면 할 말이 많을 것 같다. 컴퓨터 얘기만 빼고. 미리 말해두지만 내 특징 중 하나는 완벽에 가까운 컴맹이란 사실이다(이건 멩의 화법을 빌려 쓴 말이다). 그 점에서 멩은 나를 박물관 미라로 보겠지. 구글의 위력을 모른 채 현대사회에서 숨 쉬고 있는 사람을 만나보는 것도 유머 넘치는 멩에겐 신나는 일이 될지도 모를 일 아닌가. 사진도 함께 찍고.

난 보통 책은 30분이면 한 권을 끝내는 고약한 습성이 있지만 이 책은 두 번, 세 번 메모를 해가면서 읽었다. 감수를 위해서가 아니다. 배울 게 많아서였다. 그리고 편집계획대로라면 멩의 책머리에 내가 존경하는 골먼, 카밧진과 함께 나란히 내 글이 실릴 텐데 참 설렌다. 끝으로 어려운 이론 부분에서부터 멩 특유의 미국적 유머 감각까지 쉽게 잘 번역해준 권오열 님께 감사드린다. 이건 감수의 글이 아니라 충직한 독자의 독후감이란 말로 이 글을 마치고자 한다. 멋진 친구 멩! 세계평화를 위해 함께 기도합니다.

이시형

안을 들여다보라
온갖 좋은 것이 그 안에 다 있느니

세상에서 가장 행복한 사람은 누굴까? 분명 나는 아니다. 사실 그 행운의 주인공은 바로 티베트식 복장의 까까머리 프랑스인 마티유 리카르Matthieu Ricard다.

마티유는 프랑스에서 태어나 그곳에서 성장했다. 1972년 파스퇴르연구소에서 분자유전학으로 박사학위를 받은 후 그는 티베트불교의 승려가 되기로 했다. 나는 그에게 그가 승려가 된 것은 1972년에 구글에 입사하지 못한 탓이라고 말했다. 승려는 그에게 차선의 직업인 것처럼 보였기 때문이다.

마티유의 선택은 그가 세계 최고의 행복남이 된 사연이 무엇인지 궁금증을 불러일으킨다. 명상학에 관심을 갖게 된 달라이라마는 티베트불교의 승려들을 초대하여 연구에 참여시켰다. 마티유는 진짜 과학자인 데다 서구와 티베트의 사고방식을 모두 이해했으며 수십 년간 전통적인 명상훈련을 받았기 때문에 연구대상으로는 더할 나위 없이 적합한 인물이었다. 그 결과 마티유의 뇌는 수많은 연구의 실험대상이 되었다.

세계 최고 행복남의 놀라운 비밀

마티유를 상대로 진행된 여러 측정 중 하나가 그의 행복수준이었다. 왼쪽 전두엽 피질과 오른쪽 전두엽 피질에 있는 특정부위의 상대적인 활성화 정도를 측정함으로써 행복의 정도를 측정하는 이 실험에서는 왼쪽의 활성화 정도가 더 강한 사람일수록 기쁨, 열정, 활력 등 긍정적인 감정을 더 많이 느끼는 것으로 나타났다. 반대로 오른쪽에서 더 높은 활성화를 보이는 사람들은 부정적인 감정을 경험하는 것으로 드러났다.

마티유의 뇌를 정밀촬영했을 때 그의 행복감은 정상범위를 완전히 벗어나 있었다. 그는 단연코 이제까지 과학이 측정한 가장 행복한 사람이었다. 곧 대중매체는 그에게 '세계 최고 행복남'이라는 별명을 붙여주었다. 마티유는 유머러스하면서도 왠지 비꼬는 듯한 이 별명에 당혹스러워했다.

마티유의 뇌가 지고至高의 행복감만 느끼는 것은 아니다. 그는 신체의 자연스러운 반응인 깜짝반사Startle Reflex를 억제할 수 있는,

과학이 찾아낸 최초의 인간이 되었다. 깜짝 반사란 갑작스러운 큰 소리에 반응하여 안면근육이 빠르게 경련을 일으키는 것을 말하며 경악반사 또는 놀람반사라고도 한다. 모든 반사 행동이 그렇듯 이 역시 통제영역 밖에 있는 것이지만 마티유는 명상으로 제어할 수 있었다. 또 그는 감정이 드러나는 극히 짧은 순간의 표정인 미세표정microexpressions을 탐지하는 데도 전문가인 것으로 밝혀졌다. 미세표정은 훈련을 통해 읽어낼 수 있는데 마티유와 또 다른 명상가는 훈련을 받지 않았음에도 평균을 훨씬 뛰어넘는 능력을 보여주었으며 심지어 훈련받은 전문가 모두를 능가했다.

마티유와 다른 명상대가들의 이야기는 아주 감동적이다. 이들은 우리가 지극히 평화롭고 행복하며 인정 넘치는 사람이 될 수 있고 놀라울 정도로 넉넉한 마음을 함양할 수 있음을 보여준다. 이를 위한 방법은 누구나 이용할 수 있으며 바로 이 책이 그 길잡이 역할을 해줄 것이다.

이 방법을 널리 확산시키려는 노력은 구글에서 이런 물음을 던졌을 때 시작되었다.

"만약 사람들이 자신의 일과 삶에서 성공을 위한 도구로 명상을 이용하면 어떻게 될까? 만약 명상이 인간의 삶과 비즈니스에 두루 유익하게 활용될 수 있다면 어떤 변화가 일어날까?"

사람과 비즈니스 양쪽에 모두 좋은 것은 무엇이든 널리 퍼져 나간다. 만약 우리가 이것을 가능하게 만든다면 세계 곳곳에서 사람들이 더 성공적으로 자신의 목표를 달성할 수 있을 것이다. 나는 여기 소개된 방법들이 여러분의 삶과 주변 사람들의 삶에 더 큰 평화와 행복을 가져다주고 이를 통해 궁극적으로는 전 세계에 평화와 행복의 기운이 확산될 것이라 믿는다.

엔지니어, 명상교육을 시작하다

구글은 혁신을 장려하기 위해 엔지니어들이 근무 시간의 20퍼센트를 핵심업무 외의 프로젝트에 쓰도록 허락한다. 직원들 일부는 그 20퍼센트의 시간을 내면검색 프로그램 개발에 투입했다. 이 프로젝트에서 그들은 최고수준의 능력을 지닌 다양한 인재들과 함께 마음챙김에 기초한 감성지능 교육과정을 만들었다. 이들 중에는 선사禪師, Zen master, CEO, 스탠퍼드대학교 과학자, 감성지능의 창시자인 대니얼 골먼 등이 포함되었다.

마음챙김에 기초한 감성지능 교과과정의 이름은 내면검색이다. 구글의 많은 것들이 그렇듯이 이 이름은 농담처럼 붙여졌다가 그냥 굳어졌다. 나는 엔지니어링 부서를 떠나 인적자원부로 옮겨가면서 내면검색 등 여러 개인성장 프로그램을 관리하는 구글 역사상 최초의 엔지니어가 되었다. 한낱 엔지니어에게 감성지능을 가르치게 하다니! 이 얼마나 대단한 기업인가?

나 같은 엔지니어가 내면검색 교육을 담당하는 데는 의외로 이점이 있다. 첫째, 나는 의심이 아주 많고 과학적인 사고를 하기 때문에 믿을 만한 과학적 근거 없이는 그 어떤 것도 감히 가르치려 하지 않는다. 따라서 내면검색 교육과정은 과학에 확실한 토대를 둔다. 둘째, 구글의 초창기 엔지니어로서 오랜 기간 일해왔기 때문에 나는 제품을 만들고 팀을 관리하며 보스에게 임금인상을 요구하는 과정에서 감성지능의 방법을 적용해본 경험이 풍부했다. 이런 이유로 내면검색 프로그램은 테스트를 거친 즉시 일상생활에 적용할 수 있었다. 셋째, 나의 공학적인 두뇌는 전통적인 명상언어가 주는 가르침을 나처럼 지극히 실용적인 사람들이 받아들일 수 있는 언어로 바꾸는 데 도움이 되었다. 예컨대 명상가들이 '감정에 대한 더 깊은 인식'이라고 말할 때 나는 그것을 '감정의 과정을 고해상도로 인식하는 것'이라고 표현하면서, '감정이 발생하고 사라지는 순간의 느낌과 그 사이의 모든 미묘한 변화를 인식할 수 있는 능력'이라고 덧붙였다.

바로 이런 이유로 내면검색 교육과정은 과학적인 근거가 확실하고 매우 실용적인 특성을 지니게 되었으며 나 같은 사람도 이해할 수 있는 언어로 표현되어 있다는 매력까지 갖추게 되었다. 결국 내 엔지니어링 학위는 꽤 쓸모가 있었다.

내면검색 프로그램은 구글에서 2007년부터 시작되었다. 많은 참가자들은 수업 이후 직장생활과 일상생활에서 인생이 뒤집히는 경험을 했다고 말했다. 우리는 교육과정이 끝난 후 많은 피드백을 받았는데 대체로 이런 식이었다.

"멜로드라마 같은 뻔한 말이지만 정말 이 교육 덕택에 제 삶이 바뀌었어요."

　일부 참석자들은 자신의 일에서 새로운 의미와 만족감을 발견했고(심지어 한 직원은 교육을 받은 후 퇴사하기로 한 결정을 번복했다) 업무에 훨씬 능숙해지기도 했다. 가령 엔지니어링 매니저 빌 듀안 Bill Duane은 자신을 위한 양질의 시간을 갖는 게 중요하다는 것을 깨닫고 근무시간을 주당 4일로 줄인 후 승진했다. 빌은 자신을 돌아볼 시간을 마련했으며 더 적게 일하면서도 더 많은 것을 성취할 수 있는 방법을 찾아냈다. 그에게 내면검색 교육과정 중에 경험한 가장 의미 있는 변화가 무엇인지 물었을 때 그는 남의 말을 훨씬 잘 듣고 자신의 격정을 제어할 수 있게 되었으며 이상과 현실을 구분할 줄 알게 되어 모든 상황을 더 잘 이해하게 되었다고 답했다. 이 모든 변화는 그를 한층 더 유능한 매니저로 만들어주었고 이로써 그의 부하직원들까지 큰 덕을 보았다.

　세일즈 엔지니어 블레즈 파본 Blaise Pabon은 내면검색을 통해 고객으로부터 한층 더 큰 신뢰를 얻었다. 제품설명 도중 고객이 제기하는 반론에 더 침착하고 능숙하게 대응할 수 있게 된 것은 물론 경쟁자들에 대해 연민 어린 태도로 이야기하면서 우리 제품을 소개할 때는 용기와 정직의 미덕을 보여주었기 때문이다. 이런 모습은 고객들에게 좋은 인상을 남겼다. 한 엔지니어는 교육에 참가한 후 자신이 더욱 창의적인 사람이 되었다고 느꼈고 또 다른 엔지니어는 마음챙김 연습을 한 후 진행 중인 업무에서 가장 중요한 성과를 두 가지나 냈다고 말했다.

참가자들은 내면검색 프로그램이 삶에 한층 유익한 영향을 준다고 느꼈으며 적지 않은 사람들이 이를 통해 훨씬 평온해지고 행복해졌다고 보고했다. 어떤 참가자는 이렇게 말했다.

"스트레스에 반응하는 방식이 완전히 달라졌습니다. 성급히 결론을 내리기 전에 상황을 깊이 생각하고 다른 사람 입장에 공감하게 되었죠. 새롭게 변화된 내가 너무 좋습니다."

어떤 이들은 자신의 결혼생활이 더 좋아졌다고 했다. 누군가는 "이 교육을 받는 동안 형제의 죽음이라는 개인적인 비극을 겪었습니다. 하지만 이 수업을 통해 슬픔을 긍정적인 방식으로 관리할 수 있었지요"라고 말하며 위기를 극복했다고 전해왔다. "이제 나 자신과 세상을 더 따뜻하고 깊은 이해의 눈으로 바라보게 되었다"라는 소감을 밝힌 이도 있었다.

20시간의 교육만으로 인생이 바뀐 사람들

이 책은 구글의 내면검색 교육과정에 기초하고 있다. 우리는 이 과정이 어떻게 참가자들의 창의력, 생산성 그리고 행복을 증진시키는지 확인했다. 여러분은 이 책에서 자신에게 굉장히 유익한 것들을 많이 발견하게 될 것이고 그중 일부는 여러분을 놀라게 할지도 모른다.

예를 들어 여러분은 마음을 진정시키는 법을 배우게 될 것이다.

집중력과 창의력이 개선되고 자신의 정신적·감정적 흐름을 점점 더 명확하게 인식하게 되며 자연스럽게 자신감이 생겨나는 모습을 확인할 수 있을 것이다. 또 자신의 이상적인 미래를 발견하고 성공을 위해 필요한 낙관적 태도와 회복력을 강화시키며 차츰 공감능력을 개선할 수도 있다. 나아가 사교술도 훈련으로 향상시킬 수 있으며 다른 사람들이 여러분을 사랑하게 만드는 것도 가능하다.

내가 가장 보람 있게 생각하는 것은 내면검색 프로그램이 기업에서 일하는 보통 사람들에게 상당한 도움을 주었다는 사실이다. 만약 이 프로그램이 선불교 명상센터 등에서 강도 높게 수련하는, 이른바 명상이 일상화되어 있는 사람들에게 이렇게 큰 효과를 보였다면 그것은 이리 요란하게 호들갑 떨 일이 아닐 것이다. 하지만 이 교육은 현실의 진창에서 뒹굴며 가정을 이끌고 고도의 스트레스 환경에서 일하는 보통 사람들을 대상으로 진행되었다. 이런 사람들이 7주에 걸친 단 20시간의 교육만으로 삶을 바꾸었던 것이다!

이 놀라운 프로그램은 고작 3단계로 진행된다.

1단계_ 주의력 훈련

주의력은 모든 고차원적 인식 및 감정능력의 기초가 된다. 따라서 감성지능 향상을 위한 모든 교육과정은 주의집중력 훈련으로 시작해야 한다. 그 목적은 주의력을 훈련시켜 평온하면서도 청명한 마음 상태를 만들기 위한 것이다. 이런 평온하면서도 청명한 마음이 감성지능의 토대를 형성한다.

2단계_ 자기이해와 자기통제

훈련된 주의력을 이용하여 자신의 감정을 고해상도로 인식하는 단계다. 이를 통해 우리는 생각과 감정의 흐름을 제삼자의 관점에서 매우 선명하게 관찰할 수 있다. 이 단계가 되면 궁극적으로 자기통제까지 가능한 깊은 자기이해의 경지에 이르게 된다.

3단계_ 유용한 정신습관 창조

누군가를 만날 때마다 습관적·본능적으로 제일 먼저 하는 생각이 '이 사람이 행복하길 바라는 것'이라고 상상해보라. 이런 습관은 인생 전체를 바꿔놓는다. 왜냐하면 상대는 여러분의 이런 순수한 선의를 무의식적으로 포착하여 신뢰를 갖게 되고 이는 곧 고도의 협력으로 이어질 수 있기 때문이다. 이런 습관은 의지의 힘으로 훈련될 수 있다.

우리는 효과가 검증된 교육과정을 만들기 위해 최상의 과학적 데이터를 수집하고 관련 분야의 최고 권위자들을 불러 모았다. 그러니 이 책이야말로 절대 놓쳐서는 안 되는 기회다. 여러분의 삶을 뒤바꿔놓을 수도 있기 때문이다. 정말이다!

나는 이 책이 흥미진진한 여행길에 오른 여러분에게 정말 귀중한 자원이 되리라 확신한다. 이 여행이 부디 재미있고 유익하기를 바란다. 물론 그것이 세계평화로도 연결될 수 있기를 소망한다.

차드 멩 탄

차례

─── | 1장 | ───

당신의 감정을 관리하라
감성지능과 그 개발법

─── | 2장 | ───

숨쉬기에 목숨을 걸어라
마음챙김명상의 모든 것

—| 3장 |—

일상이 학교다 마음이 스승이다

마음챙김의 이점을 좌선 공간 너머로

—| 4장 |—

저절로 자신감이 눈뜨는 순간

자신감을 키우는 자기인식의 힘

—| 5장 |—

내 감정, 내 마음대로

자기통제력 계발

─────────────── | 6장 | ───────────────

내 안의 심지에 불을 붙여라
자기 동기부여기술

─────────────── | 7장 | ───────────────

공감과 브레인 탱고
타인에 대한 이해를 통한 공감능력 계발

당신의 감정을
관리하라

감성지능과 그 개발법

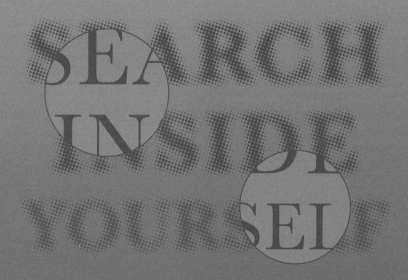

우리의 앞이나 뒤에 있는 것은
우리 안에 있는 것에 비하면 지극히 하찮은 것들이다.

– 랠프 월도 에머슨

먼저 낙관적인 말을 한마디 하는 것으로 이 여행을 시작하고 싶다. 괜히 비관적인 이야기로 개시했다간 책이 팔릴 리 만무할 테니까. 물론 더 중요한 이유는 따로 있다. 바로 감성지능이 일에서의 성공과 삶의 만족을 좌우하는 최고의 예측변수 중 하나라는 강한 믿음 때문이다. 그리고 누구나 이 지능을 개발하기 위한 훈련을 받을 수 있기 때문이다.

제대로 교육만 받으면 누구나 다 감성적으로 똑똑한 인간이 될 수 있다. 이 훈련이 나처럼 굉장히 내성적이고 지성을 중시하는 엔지니어에게까지 효과가 있다면 십중팔구 여러분에게도 먹히지 않겠는가?

감성지능의 이론적 틀을 제시한 피터 샐로베이와 존 D. 메이어 John D. Mayer는 감성지능을 이렇게 정의한다.

자신과 타인의 기분, 감정을 이해하고 그들 사이를 구분하며 이 정보를 자신의 생각과 행동의 지침으로 이용할 수 있는 능력.

이 주제를 대중화시킨 획기적인 저서가 우리의 친구이자 중요한 조언자인 대니얼 골먼이 저술한 《EQ 감성지능Emotional Intelligence: Why It Can Matter More Than IQ》이다. 이 책의 가장 중요한 메시지 중 하나는 감정능력이란 타고난 재능이 아니라 연습을 통해 학습되는 능력이라는 것이다.

재미있게도 감성지능이 학습되는 능력이란 사실을 설명해주는 최고의 사례는 학술논문이 아니라 《크리스마스 캐럴A Christmas Carol》의 스크루지 이야기에서 나왔다. 이야기의 앞부분에 스크루지는 감성지능이 낮은 인물의 전형으로 제시된다. 그는 많은 재산을 가졌으면서도 스스로 감정적 만족을 얻을 수 없을 정도로 자신에 대한 이해도가 아주 낮다. 어찌나 자기인식수준이 형편없는지 스스로를 이해하기 위해 무려 유령이 셋이나 필요할 정도다. 물론 대인관계지능 역시 한심한 수준이다.

그러나 이야기가 끝날 때쯤 스크루지의 감성지능은 엄청나게 발전한다. 그는 자신의 모습을 인식하고 반성한 이후 감정을 통제하면서 공감능력과 사회성기술까지 활짝 꽃피운다. 스크루지는 감성지능이 후천적으로 좋아질 수 있다는 것을 직접 보여준다.

감성지능이 우리에게 알려주는 것들

교육사업부의 내 친구들이 "그래서 뭐?" 질문이라 칭하는 중요한 물음이 있다. 가령 이런 거다.

"그래, 아주 멋지군. 그런데 감성지능이 나한테 뭘 해줄 수 있는 거지?"

답은 이렇다. 감성지능은 업무 면에서 세 가지 중요한 기술을 갖추도록 해준다. 바로 뛰어난 업무성과, 탁월한 리더십 그리고 행복의 조건을 조성할 수 있는 능력이 그것이다.

뛰어난 업무성과

감성지능은 제일 먼저 뛰어난 업무성과로 연결된다. 연구 결과, 감정능력이 지능이나 전문성보다 탁월한 성취를 이루는 데 두 배나 더 중요한 것으로 드러났다. 긍정심리학의 아버지라 불리는 마틴 셀리그먼Martin Seligman 교수의 연구는 낙관적인 보험사 직원들이 비관적인 직원들보다 첫해에는 8퍼센트, 두 번째 해에는 31퍼센트 더 많은 실적을 올린다는 사실을 보여주었다(물론 나 역시 내 책이 베스트셀러가 될 것이라고 낙관한다).

이 소식이 그리 놀랍진 않다. 영업직이나 서비스직 등 감정능력이 성과상의 큰 차이를 만드는 일은 적지 않게 존재한다. 우리는 이미 이 사실을 직관적으로 알고 있다. 진짜 놀라운 사실은 이것이 기술 부문에서 일하는 사람들, 즉 순전히 지적인 능력이 높아야만 성공할 것으로 여겨지는 나 같은 엔지니어의 경우에도 해당된다는 보고였다. 한 연구에 따르면 기술 부문에서 최고성취자들과 평범한 성취자들을 구분해주는 6가지 능력은 다음과 같다고 한다.

· 강한 성취욕과 높은 성취기준

· 영향력

· 개념적 사고

· 분석능력

· 도전의지

· 자신감

이 가운데 개념적 사고와 분석능력만이 순수하게 지적인 능력에 속하며 나머지 4가지는 감정능력에 속한다. 이와 같이 뛰어난 감성지능은 누구에게든 더 훌륭한 업무수행에 견인차 역할을 할 수 있다. 엔지니어도 예외가 아니다.

탁월한 리더십

감성지능은 인간을 더 훌륭한 리더로 만들어준다. 대부분의 사람들은 자신의 아랫사람이나 리더와 상호작용하는 일상적인 경험을 하면서 이러한 사실을 직관적으로 이해한다. 이를 입증해주는 과학적인 연구도 있다. 예를 들어 골먼은 뛰어난 리더들이 보이는 탁월한 능력의 80~100퍼센트가 감성적인 능력으로 구성되어 있음을 보여주는 분석결과를 보고했다. 이것은 고통스러운 비용절감 과정을 겪어야 했던 CEO 제럴드 그린스타인Gerald Grinstein의 이야기에서 잘 드러난다.

그린스타인은 거칠지만 대인관계기술에 아주 능했기에 직원들의 협조를 얻을 수 있었다. 그는 회사를 회생시키는 동안 매우 힘든 결정을 내려야 했음에도 직원들의 충성도와 사기를 높은 수준으로 유지할 수 있었다. 그린스타인은 이런 묘기를 한 번도 아니고 두 번이나 부렸다. 첫 번째는 웨스턴항공의 CEO로, 두 번째는 델타항공의 CEO로 재직할 때였다. 위기상태인 델타를 떠안자마자 그는 즉시 회사 내에 의사소통라인을 되살리고 신뢰를 회복하는 일에 나섰다. 그는 긍정적인 근무환경을 조성하는 일이 얼마나 중요한지 이해했고 비상한 리더십(감성지능)을 이용하여 근무환경을 좀 더 가족적인 분위기로 바꾸었다.

이 모든 일은 사실 그다지 놀랍지 않다. 우리는 이미 리더십에서 감성지능이 얼마나 중요한지를 직관적으로 이해하고 있기 때문이다. 정말 놀라운 사실은 심지어 미국해군에서도 동일한 원리가 적용된다는 점이었다. 리더십전문가 월리스 바크먼Wallace Bachman이 진행한 또 다른 연구는 미국해군의 가장 유능한 사령관들이 '그저 평범한 수준의 사령관들보다 더 긍정적이고 사교적이며 감정표현이 더 풍부하고 더 다정하고 더 많이 웃고 더 친근하고 더 민주적이고 더 협조적이고 더 호감을 주고 더 재미있고 더 고마워하고 남을 더 신뢰하며 훨씬 친절하다'는 사실을 보여주었다.

군대의 리더라 하면 대개 명령을 내리고 복종을 요구하는 매우 냉혹한 인물을 상상하게 된다. 그래서인지 군대 내에서조차 최고의 리더와 그저 그런 리더를 구분하는 요소가 감성지능이라는 사실은 내게 굉장히 흥미롭게 다가왔다. 최고의 군사령관은 기본적으로 즐겁게 어울릴 수 있는 다정다감한 사람인 것이다. 재미있게도 바크먼 연구의 제목은 '다정다감한 사람들이 1등 한다Nice Guys Finish First'였다.

행복의 조건을 조성할 수 있는 능력

아마 가장 중요한 것은 감성지능이 지속적인 행복을 위한 조건을 갖추게 해준다는 점일 것이다. 마티유 리카르는 행복을 '지극히 건강한 마음에서 비롯되는 깊은 충일감'이라고 정의한다. 이는 단순한 쾌감이나 순간적인 감정, 기분이 아니라 최적의 존재상태이다. 이 최적의 존재상태는 '마음이 어떻게 기능하는지를 깊이 이해함으로써 유지되는 완전한 감정적 균형'이다.

마티유의 경험에 비추어볼 때 행복은 훈련될 수 있는 기술이다. 이 훈련은 마음이나 감정상태, 현상을 바라보는 깊이 있는 통찰에서 시작된다. 이 통찰은 우리의 내적인 행복을 극대화하는 습관을 길러주고 궁극적으로 지속 가능한 행복을 만들어낸다.

나도 마티유와 비슷한 경험을 했다. 어렸을 때 나는 기본적으로 아주 불행했다. 좋은 일이 일어나지 않으면 그냥 불행했다. 그런데 지금은 정반대가 되어 나쁜 일만 일어나지 않으면 자동적으로 행복하다. 자연스럽게 매사 유쾌해졌고 심지어는 '유쾌하다Jolly'라는 말이 구글에서 내 직함의 일부가 되었다. 나는 정말 '유쾌한 친구 Jolly Good Fellow'로 통한다.

인간에게는 즐거운 경험이 주는 행복감이나 불쾌한 경험이 주는 아픔이 사라질 때마다 복귀하게 되는 본래의 '행복설정값'이 있다. 이것은 평상시 행복수준으로 본래 일정하다. 많은 사람들은 이 설정값이 정적이라고 생각하지만 나와 마티유 같은 많은 사람들의 경험은 계획적인 훈련을 통해 이 설정값을 변화시킬 수 있음을 시사한다.

다행히 감성지능 개발에 도움을 주는 기술들은 행복감을 일깨우고 발달시키는 데도 유용하게 활용될 수 있다. 즉 감성지능을 강화시키는 요소들이 행복의 조건을 조성하는 데도 도움을 준다는 것이다. 결국 행복이란 감성지능을 개발하는 데 따른 부수효과일지도 모른다. 그 외에 다른 부수효과로는 회복탄력성, 낙관주의, 친절을 들 수 있다(여러분은 감성지능이 강화된 후 의사를 찾아가 이렇게 행복해도 되는 건지 진단을 받고 싶을지도 모른다!).

사실 감성지능을 통해 얻을 수 있는 부수효과 가운데 행복이야말로 내가 가장 관심을 기울이는 대상이다(여러분과 나만 하는 얘긴데, 사실 뛰어난 업무성과나 탁월한 리더십 등의 부수효과는 실제로 회사 윗분들의 승인도장을 받는 데 사용될 뿐 아니겠는가). 내가 진정으로 신경 쓰는 것은 동료들의 행복이다. 감성지능에 흥분하는 것도 이 때문이다. 감성지능은 단지 직장에서의 눈부신 성공만을 보장하는 것이 아니라 모든 인간을 위한 행복의 조건을 만들어낸다. 그리고 나는 행복이 좋다!

방금 말한 내용 모두를 요약할 수 있는 단 한마디가 있다면 바로 '최적화optimize'이다. 감성지능을 개발하는 목적은 스스로를 최적화하여 이미 할 수 있는 것보다 한층 높은 수준을 달성하기 위해서다. 여러분이 이미 일을 뛰어나게 잘한다 해도(구글에서 우리 수업을 듣는 모든 직원들이 그렇다) 감정능력을 더 키우면 특별한 이점을 얻을 수 있다. 우리는 이 책에 나와 있는 훈련을 통해 여러분이 좋은 인간에서 위대한 인간으로 도약할 수 있기를 바란다.

감정도 훈련될 수 있다

내면검색 같은 강의에 관심을 보이는 사람들은 대부분 행동중심적인 내용을 기대한다. 말하자면 친절하게 행동하고 사탕을 나눠 먹는 법 그리고 동료들과 사이좋게 지내는 법 등에 대한 코치를 기대하는 것이다.

하지만 우리는 완전히 다른 접근법을 택하여 주로 사람들이 지닌 감정능력의 범위와 깊이를 확장하는 데 초점을 맞춘다. 우리는 감성지능이란 감정기술들의 집합이며 모든 기술이 그렇듯이 감정기술 또한 훈련될 수 있다는 통찰로부터 시작한다. 우리는 이 기술들을 훈련시키기 위한 교육과정을 만들었다. 이 기술들을 발전시키면 행동상의 문제는 자동적으로 사라지게 된다는 것이 우리의 판단이다. 가령 어떤 사람이 분노를 관리하는 능력을 습득한다면 분노와 관련된 모든 문제행동은 마치 마술처럼 쉽고 빠르게 해결될 것이다.

능숙한 감정관리는 우리를 충동적인 감정으로부터 해방시켜준다. 우리에게 문제가 생기는 것은 감정에 의해 이런저런 행동으로 내몰릴 때다. 하지만 감정관리에 능숙해지면 더 이상 감정에 끌려다니지 않고 자신과 타인에게 두루 합리적인 방식으로 행동하게 된다. 자연스레 친절하게 행동하고 사탕을 나눠 먹으며 동료들도 괴롭히지 않게 될 것이다.

감성지능은 훈련될 수 있다. 성인의 경우도 마찬가지다. 이런 주장은 '신경가소성neuroplasticity'이라는 새로운 학문분야에 근거를 두고 있다. 이는 우리가 생각하고 행하고 주의를 기울이는 것이 뇌의 구조와 기능을 바꿔놓는다는 개념이다. 이것을 보여주는 아주 흥미로운 예는 런던의 전통적인 택시인 블랙캡 기사들에게서 찾아볼 수 있다. 블랙캡의 운전면허증을 얻으려면 런던의 2,500개 거리와 전체 관심지역정보Points of Interest, 차량 운전자가 쉽게 목표지점을 찾을 수 있도록 제공되는 도로 주변 건물의 위치정보-옮긴이를 머릿속에 꿰고 있어야 한다. 이것은 준비하는 데 2~4년 정도의 강도 높은 훈련이 필요한 어려운 시험이다. 연구 결과, 블랙캡 기사의 경우 뇌의 기억력과 공간탐지와 관련된 부위인 해마가 보통사람보다 더 크고 활성화되어 있었다. 더 흥미로운 사실은 런던에서 택시운전을 오래 한 사람일수록 해마가 더 크고 활성화되어 있었다는 것이다.

신경가소성이 함축하는 매우 중요한 한 가지 의미는 우리가 훈련을 통해 의도적으로 자신의 뇌를 바꿀 수 있다는 사실이다. 예컨대 내 친구이자 동료인 내면검색 교사 필리프 골딘Philippe Goldin의 연구를 살펴보면 사회불안장애Social Anxiety Disorder를 지닌 사람들이 겨우 16회의 인지행동치료만으로 자신에 대한 부정적인 믿음을 상대할 때 뇌의 자기조절, 언어처리, 주의력과 관련된 부위의 활동성을 증가시킬 수 있는 것을 알 수 있다.

생각해보라. 만약 뇌를 훈련시켜 심각한 감정적 질환을 극복할수 있다면 어떻겠는가? 이를 이용하여 삶의 질을 크게 향상시킬 수있다면? 상상해보라. 이것이야말로 이 책이 약속하는 내용이다.

신경가소성 이론을 적용한 매혹적인 사례는 크리스토퍼 디참스Christopher deCharms가 주도한 연구에서 찾아볼 수 있다. 디참스는 만성적인 고통에 시달리는 사람들을 자기공명영상MRI 진단장치 안에 눕힌 후 실시간기능자기공명영상rtfMRI 기술을 이용하여 각 참여자에게 불꽃의 영상을 보여주었다. 이때 고통과 관련된 뇌 부위의 신경활동이 커질수록 불길도 더 커졌다.

이런 시각적 정보를 이용하여 그는 사람들에게 뇌 활동을 조절하는 법을 가르칠 수 있었으며 참석자들은 이 능력에 비례하여 고통수준이 감소한 것으로 나타났다. 그는 이것을 '신경영상치료Neuroimaging Therapy'라 부른다.

그러니까 뇌도 훈련이 된단다. 참으로 좋은 소식이다.

주의력훈련이 감정조절의 시작

감성지능훈련은 주의력훈련에서부터 시작한다. 이것은 언뜻 반직관적인 것처럼 보일지 모른다. 그러니까 내 말은, 주의력이 감정조절기술과 무슨 상관이 있느냐는 거다.

이에 대한 답은 이렇다. 고요하고 맑은 마음을 갖게 하는 강하고 안정적이며 예리한 주의력은 감성지능의 토대이다. 예를 들어 자기인식은 스스로를 객관적으로 볼 수 있는 능력에 좌우되는데 그러려면 자신의 생각과 감정을 제삼자의 관점에서 검토할 수 있는 능력이 필요하다. 감정에 휩쓸리거나 동일시되지 않고 그저 그 감정을 명료하고 객관적으로 관찰할 수 있어야 한다는 것이다. 이를 위해서는 안정적이고 기민하고 비판단적인 주의력이 요구된다.

또 다른 예는 주의력이 자기조절능력과 어떤 관련이 있는지를 보여준다. '반응유연성Response Flexibility'이라는 능력이 있는데 이는 행동하기 전에 멈출 수 있는 능력이란 말을 멋지게 표현한 용어다. 이것은 강렬한 감정적 자극을 경험할 때 즉각 반응하는 대신(가령 상대 운전자에게 욕을 퍼붓는 대신) 아주 잠깐 동안 멈추는 것이다. 이 정지시간은 우리에게 이런 감정적 상황에서 어떻게 반응할 것인지 선택할 수 있는 권한을 준다(이를테면 상대 운전자를 욕하지 않기로 선택하는 것이다. 이 선택이 현명한 이유는, 상대가 골프채 때문에 화가 나 있는 노인이거나 공교롭게도 여러분이 데이트 중인 여성의 아버지일지도 모르기 때문이다). 다시 여기서도 이 능력은 안정적인 주의력을 갖고 있는지 여부에 좌우된다. 빅터 프랭클Victor Frankl의 말을 빌리자면 이렇다.

"자극과 반응 사이에는 공간이 있다. 그 공간에는 자신의 반응을 선택할 수 있는 자유와 힘이 있다. 그리고 우리의 반응에 우리의 성장과 행복이 좌우된다."

고요하고 맑은 마음이 하는 일은 그 공간을 넓히는 것이다.

이런 주의력을 훈련시키는 방법이 바로 '마음챙김명상Mindfulness Meditation'이다. 존 카밧진은 마음챙김을 '특별한 방식으로, 즉 의식적이고 비판단적으로 현재의 순간에 주의를 기울이는 것'이라 정의한다. 그러니까 마음챙김을 한다는 것은 판단을 배제한 상태에서 의식적으로 현재의 순간에 집중한다는 의미다. 베트남의 유명한 선사 틱낫한은 마음챙김을 '자신의 의식을 지금의 현실에서 살아 있도록 하는 것'이라는 시적인 말로 정의했다(나는 이 정의를 아주 좋아하지만 엔지니어들에게는 카밧진의 정의로 설명하기가 더 쉬웠다). 마음챙김은 우리 모두가 경험하고 이따금 즐기는 마음의 한 특성이지만 연습을 통해 크게 강화시킬 수 있다. 일단 충분히 강해지면 그것은 우리를 곧장 감성지능의 토대를 형성하는 고요하고 맑은 의식으로 인도해준다.

주의력조절능력을 개선하는 것이 감정에 반응하는 방식에 큰 영향을 줄 수 있다는 사실을 보여주는 과학적인 증거가 있다. 신경영상연구가 줄리 브레프친스키 루이스Julie Brefczynski Lewis와 동료들이 진행한 흥미로운 연구 결과, 여자의 비명과 같은 부정적인 소리를 접한 전문적인 명상가들(1만 시간 이상 명상훈련을 받은 사람들)은 초보 명상가들에 비해 감정을 처리하는 뇌 부위인 편도체 활성화 정도가 더 약한 것으로 드러났다. 더욱이 전문가의 명상훈련시간이 길수록 편도체의 활성화 정도는 그만큼 더 낮았다.

이 사실이 흥미로운 것은 편도체가 뇌에서 차지하고 있는 특별한 위치 때문이다. 편도체는 뇌의 파수꾼으로 끊임없이 생존에 위협이 되는 요소들을 찾아 헤매며 우리가 오감으로 지각하는 모든 것을 유심히 살핀다.

편도체는 굉장히 민감하다. 그것이 제일 중시하는 것은 안전이다. 편도체는 무시무시한 호랑이나 여러분을 무시하는 상사처럼 생존에 위협이 될 만한 요소를 탐지하는 순간 곧바로 여러분을 '투쟁–도피–부동 Fight-Flight-Freeze' 모드에 몰아넣고 합리적인 사고를 약화시킨다. 내가 매력적으로 생각하는 것은 단순히 주의력훈련만으로 편도체 같은 원시적이고 중요한 뇌 부위를 조절하는 데 능숙해질 수 있다는 사실이다.

UCLA의 매튜 리버먼Matthew Lieberman 연구소에서 진행된 연구도 있다. '감정라벨링Affect Labeling'이라는 간단한 자기조절법이 있는데 이는 여러 감정에 말로 꼬리표를 단다는 의미다. 내가 경험하고 있는 감정에 이름을 붙일 때(이를테면 "나는 분노를 느껴") 이것이 어떤 식으로든 그 감정을 관리하는 데 도움을 준다는 것이다. 리버먼은 이 과정이 진행되는 신경메커니즘을 설명했다. 감정에 이름을 붙이는 행위는 대개 뇌의 브레이크 페달 역할을 하는 우측 외배

측전전두피질rVLPFC의 활동을 증가시키고 이것은 내측전전두피질 MPFC이라는 뇌의 행정센터에 해당하는 영역의 활동 증가로 이어지 며 이를 통해 편도체가 진정된다는 것이다.

데이비드 크레스웰David Creswell과 매튜 리버먼이 진행한 또 다른 관련 연구는 마음챙김 능력이 강한 사람들의 경우 방금 설명한 신 경과정이 훨씬 잘 기능하고 복내측전전두피질vMPFC이라는 뇌의 또 다른 부위도 활성화된다는 사실을 보여준다. 이처럼 마음챙김은 뇌로 하여금 더 많은 회로를 활용하게 함으로써 감정을 더 효과적 으로 관리할 수 있게 한다.

몸에 집중하라

강력하고 안정적이고 예리한 주의력을 갖추고 나면 그것을 어떻 게 활용해야 할까? 바로 몸에 집중시키는 것이다. 이것은 뭐랄까, 직관에 반하는 듯하다. 몸이 감성지능을 개발하는 것과 무슨 관련 이 있단 말인가?

물론 몸에 주목해야 하는 지극히 타당한 이유가 두 가지 있다. 바로 생생함과 해상도다.

모든 감정은 신체와 연관되어 있다. 모든 감정적 경험은 단지 심 리적인 경험일 뿐 아니라 생리적인 경험이기도 하다. 우리는 보통 마음보다는 몸을 통해 감정을 더 생생히 경험한다. 따라서 어떤 감정을 인식하고자 한다면 대개 마음보다 몸에 주의를 기울여야 더 많은 것을 알아낼 수 있다.

더 중요한 것은 몸에 주의를 기울이면 감정에 대한 고해상도의 인식이 가능하다는 사실이다. 고해상도의 인식이란 우리의 인식이 시공간상에서 매우 예리해져 감정이 일어나는 순간에 그것을 보고 그것이 차고 기우는 과정의 그 미묘한 변화를 인식하며 그것이 멈추는 순간의 모습도 지켜볼 수 있다는 의미다. 이 능력이 중요한 이유는 감정인식에 능할수록 그만큼 그것을 더 잘 관리할 수 있기 때문이다.

감정이 느린 동작으로 생성되고 변화하는 것을 지각할 수 있을 때 우리는 그것을 관리하는 데 매우 능숙해진다. 그것은 영화 〈매트릭스_The Matrix〉의 주인공 네오_Neo가 총알이 발사되는 순간을 인지하고 느린 동작으로 탄도를 가늠한 후 잽싸게 피해내는 멋진 장면과 아주 흡사하다. 글쎄, 아마 우리는 그 정도로 멋질 수는 없겠지만 어쨌든 무슨 말인지는 알아들었을 것이다. 네오와 달리 우리는 시간의 속도를 늦춰서가 아니라 감정인식능력을 크게 높이는 방법으로 묘기를 부릴 수 있다.

감정을 고해상도로 인식하는 능력을 높이는 방법은 몸을 마음챙김 하는 것이다. 분노를 예로 들어보자. 우리는 늘 자신의 마음을 관찰하고 마음속에서 분노가 치밀 때 그것을 포착하도록 스스로를 훈련시킬 수 있다. 그러나 경험에 의하면 이 작업은 몸에서 하는 것이 훨씬 쉽고 효과적이다.

가령 화가 날 때 가슴과 이마의 긴장, 얕은 호흡 등이 부수적으로 따라오는 편이라면 불편한 상황에서 가슴이 굳어지고 호흡이 가빠지며 이마가 팽팽해지는 순간 여러분은 자신이 지금 분노가 치밀고 있음을 알게 될 것이다. 이걸 알면 자신이 선택한 방식으로 반응할 수 있는 능력을 갖게 된다(후회하게 될 일을 하기 전에 방을 떠난다거나 만약 그것이 그 상황에서 적절하다고 판단되면 화를 표출하기로 하는 것 등이다).

기본적으로 감정은 매우 강력한 생리적 요소를 갖고 있기 때문에 생리적 차원에서 접근하지 않으면 감성지능을 개발할 수 없다. 우리가 마음챙김을 그쪽으로 유도하는 것도 이런 이유 때문이다.

몸에 대한 고해상도의 인식능력을 훈련하는 또 다른 중요한 이유는 직관의 힘을 강화시키기 위해서다. 우리의 직관은 상당 부분 몸에서 나오며 그것에 유의하는 법을 배우는 것은 매우 유익할 수 있다. 말콤 글래드웰Malcolm Gladwell이 자신의 책《블링크Blink》에서 인용한 구체적인 예를 소개한다.

여러분 앞에는 카드 네 벌이 있다. 두 벌은 빨갛고 나머지 두 벌은 파랗다. 그 네 팩 속의 각 카드는 여러분이 돈을 따게 하거나 아니면 잃게 할 수 있다. 여러분이 할 일은 한 번에 하나씩 그 네 벌의 카드 중 아무거나 골라 가장 많은 돈을 딸 수 있도록 뒤집는 것이다. 그러나 처음에 여러분은 빨간색 카드 팩이 지뢰밭이라는 사실을 모른다. …… 여러분은 파란색 팩에서 카드를 취할 때만 이길 수 있다.

······ 문제는 이 사실을 알아내는 데까지 시간이 얼마나 오래 걸리느냐다.

아이오와대학교의 과학자들이 몇 년 전 이 실험을 진행했고 약 50장의 카드를 뒤집은 후에는 대부분의 사람들이 돌아가는 상황에 대한 예감을 형성하기 시작한다는 사실을 알아냈다. 자신이 왜 파란 팩을 선호하는지는 모르지만 그 시점이 되면 그쪽의 승률이 더 높다고 상당히 확신하게 된다. 약 80개의 카드를 뒤집은 후에는 대부분의 사람들이 게임의 흐름을 이해하고 처음 두 개의 팩이 왜 좋지 않은지를 정확하게 설명한다.

그러나 아이오와의 과학자들은 뭔가 다른 것을 시도했는데 여기서 이 실험의 이상한 부분이 시작된다. 그들은 각 도박꾼에게 거짓말 탐지기를 연결하여 손바닥 피부 밑에 있는 땀샘의 활동을 측정했다. 대부분의 땀샘은 온도에 반응하지만 손바닥에 있는 땀샘은 스트레스에 반응하여 구멍을 연다. 우리가 불안을 느낄 때 손이 축축한 이유는 이 때문이다.

과학자들은 도박꾼들이 열 번째 카드를 뒤집을 때쯤 붉은색 팩에 스트레스 반응을 일으키기 시작한다는 사실을 알아냈다. 그러니까 그들이 직감적으로 그 두 벌의 카드에 문제가 있음을 알게 되는 것은 아직 40장의 카드가 남아 있는 시점인 셈이다. 더 중요한 것은 그들의 손바닥에 땀이 나기 시작했을 때쯤에 그들의 행동 역시 바뀌기 시작했다는 점이다. 그들이 유리한 팩을 선호하기 시작한 것이다.

직관을 몸으로 경험할 수 있는 이유에 대해 신경학적인 설명이 가능할지 모른다. 이 연구에 관한 매튜 리버먼의 평가는 대뇌핵 Basal Ganglia, 대뇌반구의 안쪽과 밑면에 해당하는 부위로 종족 유지에 필요한 본능적 욕구와 관계있으며 기저핵基底核이라고도 한다－옮긴이이 암묵적인 학습Implicit Learning 과 직관의 신경해부학적인 기반임을 암시하는 증거를 보여주었다. 대뇌핵과 관련된 이야기는 다시 우리의 친구인 대니얼 골먼이 가장 잘 전해준다.

대뇌핵은 모든 상황에서 우리의 행동을 전부 관찰하며 결정규칙을 추출해낸다. …… 어떤 문제에 대해 우리가 갖고 있는 삶의 지혜는 대뇌핵에 저장된다. 대뇌핵은 너무 원시적이라 언어 피질Verbal Cortex과는 전혀 관련이 없기에 자신이 아는 바를 말로 전해줄 수 없다. 그것은 감정으로 말을 하며 뇌의 감정 중추와 내장Gut에 깊이 연결되어 있다. 대뇌핵은 직감Gut Feeling으로 이것은 옳고 저것은 그르다고 말해준다.

이것은 직관이 몸과 내장으로 경험되는 이유를 설명해주긴 하지만 쉽게 언어화시킬 수는 없다.

마음챙김에서 감성지능으로

감성지능 개발을 위한 접근법은 마음챙김에서 시작된다. 먼저 마음챙김을 이용하여 매우 청명하고 안정적인 주의력을 훈련시킨다. 다음에는 이 강력한 주의력을 감정의 생리적인 측면으로 인도함으로써 감정을 아주 생생하고 선명하게 인식하게 한다. 감정적인 경험을 명료하고 선명하게 인식할 수 있는 능력이 감성지능을 위한 토대를 형성한다. 그 이후에 우리는 행복한 삶을 살게 된다.

이어지는 여러 장에서는 이 접근법을 더 자세하게 살펴보고 그 바탕 위에 감성지능의 5개 영역 모두를 향상시키기 위한 추가적인 기술들을 쌓아갈 것이다.

2분 마음챙김

잠자리에 들기 전 대부분의 저녁시간에 내 어린 딸과 나는 함께 자리에 앉아 2분간 마음챙김 연습을 한다. 나는 2분이 우리에게는 최적의 시간이라고 농담한다. 왜냐하면 그것이 아이와 엔지니어의 주의지속시간이기 때문이다. 하루에 2분씩 우리는 조용하게 '살아 있음'과 '함께 있음'을 즐긴다. 더 근본적으로 존재상태를 즐긴다. 그냥 있는 것이다. 그냥 존재하는 것은 인생에서 가장 평범하면서도 동시에 가장 귀중한 경험이다.

나는 아이와의 경험을 통해 성인들을 어떻게 가르칠 것인지에 대한 단서를 얻는다. 이 매일의 2분 경험이 내가 성인 입문반에서 마음챙김 연습을 소개하는 방식의 기초가 된다.

마음챙김을 배우고 가르칠 때 좋은 소식은 그것이 어이없을 정도로 쉽다는 것이다. 우리는 이미 그것이 무엇인지를 알고 있다. 심지어 그것은 이미 우리가 이따금 경험하는 일이기도 하다. 존 카밧진이 마음챙김을 '판단을 배제한 채 의식적으로 현재의 순간에 주의를 기울이는 것'이라고 깔끔하게 정의한 내용을 기억해보라. 간단히 말하면 마음챙김은 그냥 존재하는 마음이라는 것이 내 생각이다. 판단을 개입시키지 않고 순간순간에 주의를 집중해야 한다. 이것이 마음챙김 한다는 의미다. 이렇게나 간단하다.

마음챙김 연습의 어려운 부분은 힘들 때조차 그것을 강화하고 지속시키는 일이다. 고통스러울 때조차 삶의 매 순간이 깊은 고요와 생생한 존재감으로 채워질 정도로 강력한 마음상태를 갖는 일은 매우 어렵고 많은 연습을 필요로 한다. 그러나 마음챙김 그 자체는 쉽다. 나는 교사로서 이 쉽다는 특성을 이용한다.

내 수업에서는 이론 몇 가지와 마음챙김의 기초가 되는 뇌과학을 설명한 후 마음챙김의 맛을 경험할 수 있는 두 가지 방법을 소개한다. 바로 쉬운 방법Easy Way과 더 쉬운 방법Easier Way이다.

쉬운 방법은 그저 2분간 자신의 호흡에 지속적으로 부드럽게 유의하는 것이다. 그렇다. 먼저 자신이 숨을 쉬고 있음을 의식하고 숨 쉬는 과정으로 주의를 돌려라. 주의가 딴 곳으로 방향을 틀 때마다 그냥 부드럽게 원위치시키면 된다.

더 쉬운 방법은 말 그대로 훨씬 쉽다. 세수할 때 코 만지는 것만큼 쉽다. 여러분은 그저 아무 계획 없이 2분 동안 앉아 있기만 하면 된다. 인생이 이보다 더 단순해질 수는 없다. 이것의 의도는 '행위'에서 '존재'로 전환한다는 데 있다. 그것이 여러분에게 무엇을 의미하든 그냥 딱 2분간만 존재하는 것이다. 그냥 존재하라.

자유롭게 이 2분 중 아무 때나 쉬운 방법과 더 쉬운 방법 사이를 왔다 갔다 해도 된다. 호흡을 의식하고 싶을 때마다 쉬운 방법으로 이동하고 아무 목적 없이 그냥 앉아 있고 싶을 때마다 더 쉬운 방법으로 갈아타라. 묻지도 말고 따지지도 마라.

이 간단한 연습이 바로 마음챙김 연습이다. 자주 연습하기만 하면 그것은 마음속에 내재하는 고요함을 더 깊게 해주며 인생의 소중한 매 순간을 온전히 만끽할 가능성을 열어놓는다. 이는 나 자신을 포함한 많은 사람들의 인생을 변화시키는 연습이다. 그냥 존재하는 법을 배우는 것 같은 간단한 일이 여러분의 인생을 바꿀 수 있다고 상상해보라.

무엇보다 좋은 것은 이 연습을 어린아이도 할 수 있다는 점이다. 물론 엔지니어도 할 수 있다!

2장

숨쉬기에
목숨을 걸어라

🔍 마음챙김명상의 모든 것

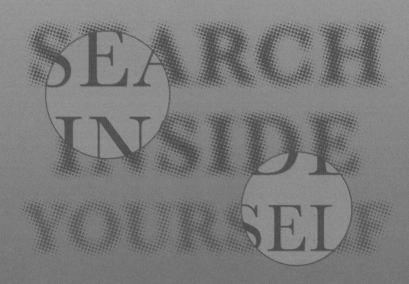

무위에 의해 모든 행동이 가능해진다.

\- 노자

명상은 전혀 신비로울 것이 없다. 그것은 그저 정신훈련에 불과하다. 줄리 브레프친스키 루이스가 시사한 바와 같이 명상을 과학적으로 정의하면 '특별한 종류의 정신적 과정에 익숙해지기 위한 정신훈련의 일종'이 된다.

명상에 대한 전통적인 정의 역시 현대의 과학적인 정의와 아주 흡사하다. 명상을 뜻하는 티베트어는 곰 Gom으로 이는 '익숙해지다' 또는 '습관이 되다'라는 의미다. 최초의 불교경전에 기록된 언어인 2,600년 된 팔리어Pali에서 명상을 가리키는 말은 '바바나 Bhavana'로 이는 작물을 심는 상황을 표현하는 '경작하다'를 뜻한다. 유구한 명상전통을 지닌 고대사회에서도 명상은 마술적이거나 신비로운 것이 아니라 단지 정신훈련일 뿐이었다. 명상에서 어떤 마술을 기대했다면 참 미안하지만 번지수를 잘못 골랐다.

명상에 대한 앞의 과학적인 정의가 정확히 암시하듯이 정신의 다양한 능력을 훈련시키기 위해 고안된 명상은 그 종류가 여러 가지다. 특히 감성지능 개발을 위해 우리가 주목하는 명상이 앞장에서 간단히 소개한 마음챙김명상이다.

만약 명상이 정신훈련과 관련이 있다면 마음챙김은 어떤 정신 능력을 훈련시키는 걸까? 마음챙김은 주의력Attention과 메타주의력Meta-attention이라는 두 가지 중요한 능력을 훈련시킨다. 주의력은 누구나 다 이해하는 개념이다. 현대심리학의 아버지 윌리엄 제임스William James는 주의력을 '마음이 뭔가를 명확하고 생생한 형태로 움켜쥐는 것'이라고 아주 멋지게 정의했다.

메타주의는 주의에 대한 주의를 말하는 것으로 메타주의력이란 주의 그 자체에 주의를 기울이는 능력이다. 간단히 말해 자신의 주의가 곁길로 샜다는 것을 알 수 있는 능력이다. 어떤 대상에 주의를 쏟고 있는데 그 주의가 갑자기 어딘가 다른 곳으로 한눈을 팔 때 마음속에서 뭔가가 옆구리를 쿡 찌르며 주의가 딴청을 피우고 있음을 알려주는 것, 이것이 메타주의력이다.

메타주의는 집중력의 비결이기도 하다. 이는 자전거를 타는 것에 비유할 수 있다. 자전거의 균형은 많은 '미세회복Micro-recoveries'을 통해 유지된다. 자전거가 왼쪽으로 기울어지면 오른쪽으로 조절하고 오른쪽으로 기울어지면 다시 왼쪽으로 조절하면서 균형을 회복한다. 미세회복을 자주 신속하게 실행함으로써 우리는 균형을 유지한다. 주의력의 경우도 마찬가지다. 메타주의력이 강해지면 한눈파는 주의력을 신속하게 회복할 수 있을 테고 주의력을 신속하게 회복하게 되면 지속적으로 주의를 기울일 수 있게 된다. 이것이 바로 집중력이다.

느긋하면서도 또렷한 마음상태

명상은 초기단계부터 우리를 편안하면서도 기민한 마음상태로 인도한다. 재미있는 것은 주의력과 메타주의력 모두가 강해질 때다. 집중이 잘되고 안정감을 느낄수록 마음이 느긋해지고 편안해진다는 것이다. 그것은 마치 평탄한 지형에서 자전거가 균형을 잘 잡게 되는 것과 같은 이치다. 연습만 충분히 하면 이 일은 손바닥 뒤집기만큼이나 쉬워진다. 앞으로 움직이면서도 동시에 느긋해지는 경험을 하게 될 것이며 있어야 할 곳에 도달하는 동시에 실제로 그곳에 이르는 경험을 즐기게 된다. 그 과정이 긴장을 풀어주고 마음을 편하게 해준다.

연습만 충분히 한다면 필요할 때 자신의 마음을 원하는 상태에 이르게 하고 제법 긴 시간 동안 그 상태에 머물 수도 있다. 아주 느긋하면서도 기민해질 때 자연스럽게 세 가지의 놀라운 마음상태가 조성된다. 바로 고요함, 기민함, 행복이다.

이렇게 비유해보자. 침전물로 가득한 물 항아리를 계속 흔들며 휘젓는다고 상상해보라. 물은 참 탁해 보인다. 이제 휘젓기를 멈추고 항아리를 가만히 놓아둔다. 곧 고요해지며 얼마 뒤에는 모든 침전물들이 가라앉고 물도 맑아질 것이다. 이것이 느긋하면서도 청명한 마음상태를 표현하는 고전적인 비유다. 물 항아리 휘젓기를 멈추는 것과 똑같은 방식으로 자신의 마음 휘젓기를 잠시 중단할 수 있다면 물이 맑아지는 것과 마찬가지로 우리의 마음도 고요해지고 맑아질 것이다.

행복은 마음의 초기 상태다

고요하고 또렷한 마음상태에는 위의 비유로 포착되지 않는 지극히 중요한 마음의 특성이 숨어 있다. 그것은 바로 행복이다. 마음이 평온하면서도 맑을 때 행복은 자연히 따라오며 우리는 곧 즐거워진다.

어째서 그럴까? 나는 그런 마음상태에 접근할 수 있게 된 후에도 그 원리가 명쾌히 이해되지는 않았다. 왜 고요하고 맑은 마음은 자동적으로 행복과 연결되는 것일까? 나는 내 친구 앨런 월리스Alan Wallace에게 물었다. 그는 마음을 가라앉혀 동요를 멈추고 차분하게 집중하는 '멈춤止, shamatha 수행', 즉 집중명상의 최고 전문가 중 한 명이다.

앨런은 그 이유가 아주 간단하다고 말했다. 바로 행복이 마음의 초기 상태이기 때문이라는 것이다. 마음이 평온하고 맑아지면 초기 상태로 복귀하게 되는데 그 초기 상태가 바로 행복이라는 이야기였다. 그렇다. 마술 따위는 없다. 단지 마음을 본래의 자연상태로 되돌리는 것뿐이다.

앨런은 지혜를 담아 평상시처럼 차분하고 즐겁고 절제된 태도로 답해주었다. 그의 말은 단순했지만 지극히 심오한, 삶을 변화시키는 통찰을 보여주었다. 그것은 바로 행복이란 우리가 추구하는 것이 아니라 허용하는 것이라는 깨달음이다. 행복은 그저 존재하는 것이란 사실. 이러한 깨달음은 내 인생을 바꿔놓았다.

참 허탈하다. 유사 이래 인류는 행복을 움켜쥐기 위해 온갖 짓을 다 해왔는데 알고 보니 그저 숨쉬기에 집중하는 것만으로 지속 가능한 행복을 낚아챌 수 있었다니 말이다. 인생 참 재밌다. 적어도 내 인생은 그렇다.

명상은 운동과 같다

명상은 운동에 견줄 수도 있다. 말하자면 명상은 마음 운동인 셈이니까.

우리가 체육관에 가서 몸을 단련시키는 목적은 더 많은 신체적 능력을 얻기 위해서다. 역기를 들어 올리다보면 결국 몸이 더 강해진다. 규칙적으로 조깅을 하면 달리기 기록도 단축되고 더 긴 시간을 달릴 수도 있다. 마찬가지로 명상도 더 많은 정신적 능력을 얻기 위해 마음을 훈련시키는 것이다. 명상연습을 많이 하면 마음이 더 차분해지고 통찰력이 더욱 예리해지며 더 강하게 더 긴 시간 동안 주의를 집중시킬 수 있다.

나는 명상이 체육관에서 땀 흘리는 것과 같다고 농담한다. 운동과 명상 사이의 중요한 유사점 한 가지는 두 경우 모두 저항을 극복할 때 성장이 이루어진다는 것이다. 가령 웨이트트레이닝을 할 때 아령의 무게에 저항하며 이두박근을 수축시킬 때마다 여러분의 알통은 조금씩 더 강해진다. 명상 중에도 똑같은 과정이 일어난다. 주의가 호흡에서 이탈할 때마다 다시 집중하는 것은 마치 이두박근을 수축시키며 알통 만드는 훈련을 하는 것과 같다. 이를 통해 여러분의 주의력 근육은 조금씩 더 강해진다.

이 통찰이 함축하는 의미는 잘못된 명상 따위는 없다는 것이다. 명상 중 주의가 호흡에서 벗어날 때가 많은데 우리는 그때마다 그것을 되돌리려고 노력한다. 이때 많은 사람들이 스스로가 명상을 완전히 잘못하고 있다고 생각하지만 전혀 그렇지 않다. 방황하는 주의력을 붙잡아 올 때마다 우리의 주의력 근육은 조금씩 성장하게 된다.

운동과 명상 사이의 세 번째 유사점은 이들이 둘 다 삶의 질을 크게 바꿔놓을 수 있다는 사실이다. 전혀 몸을 움직이지 않다가 규칙적인 운동을 시작한 사람은 몇 주일이나 몇 개월 뒤면 자신에게 여러 가지 큰 변화가 일어났음을 발견한다. 활력이 높아져 더 많은 일을 해내게 되며 병에 걸리는 횟수도 줄어들고 거울에 비친 모습도 더 그럴듯해 보인다. 결과적으로 스스로가 더 좋아진다. 명상도 마찬가지다. 몇 주일이나 몇 달간 규칙적인 명상훈련을 진행하고 나면 더욱 활력이 넘치고 평온해지며 즐거워진다. 병에도 덜 걸리고 웃음이 많아지면서 사회생활도 개선되어 자신에 대해 좋은 느낌을 갖게 된다. 게다가 명상 중에는 땀을 뺄 필요조차 없다!

마음챙김명상연습의 시작

다음 장의 그림에 제시된 것처럼 마음챙김명상의 과정은 아주 간단하다. 이 과정은 의도 혹은 목적에서 시작된다. 마음챙김을 계속하고자 하는 이유, 즉 목적을 정하는 것부터 시작하라. 아마 그 목적은 스트레스를 줄이고 행복해지는 것일 수도 있다. 재미와 유익을 위해 감성지능을 높이고 싶을지도 모른다. 아니면 그냥 세계평화나 다른 어떤 것을 위한 조건을 조성하고 싶을 수도 있다.

좋은 의도를 만들어내는 행위 자체가 명상의 한 형태다. 어떤 의도를 가질 때마다 미묘한 방식으로 정신적인 습관을 형성하거나 강화하게 된다. 만약 똑같은 의도를 여러 번 만들어낸다면 그것은 결국 하나의 습관이 되어 다양한 상황에서 마음을 지배하고 내가 하는 행동의 지침이 될 것이다. 예컨대 하루에도 여러 번 나 자신의 행복을 챙기겠다고 마음을 먹으면 얼마 뒤에는 내가 처한 모든 상황에서 나의 선택이 무의식적으로 행복을 증진시키는 방향을 지향

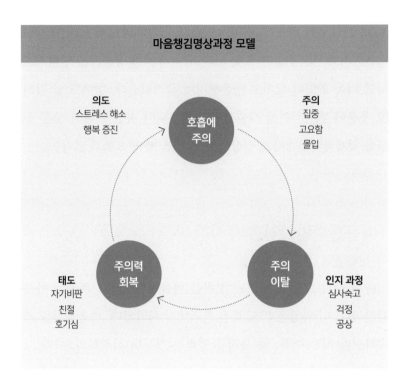

마음챙김명상과정 모델

의도
스트레스 해소
행복 증진

호흡에 주의

주의
집중
고요함
몰입

태도
자기비판
친절
호기심

주의력 회복

주의 이탈

인지 과정
심사숙고
걱정
공상

하게 될 가능성이 높다. 이 때문에 실제로 행복감도 높아질 것이다.

이것은 나의 의도가 타인의 행복을 향할 때 한층 더 강력한 힘을 발휘한다. 그저 이런 의도를 품기만 하고 아무것도 안 하더라도 나는 무의식적으로 남에게 더 친절해지고 다정해질 것이다. 그러면 머지않아 더 많은 사람들이 나를 좋아하고 나와 어울리고 싶어할 것이다. 허나 나는 이 사람들이 도대체 왜 그러는지 그 이유도 모르기 쉽다. 나는 그저 그들이 나의 잘생긴 얼굴에 끌렸기 때문이라고 생각할지 모른다.

할머니의 마음으로 수련하라

의도를 정한 후에 할 일은 호흡을 따라가는 것이다. 그냥 숨 쉬는 과정에 부드럽게 주의를 기울여라. 그게 전부다.

이 과정은 성문 앞에 서서 드나드는 사람들을 지켜보는 파수꾼의 모습과도 같다. 그는 아무 일도 하지 않는다. 그저 말없이 경계하며 사람들이 지나는 것을 지켜볼 뿐이다. 마찬가지로 마음을, 호흡이 들고 나는 것을 지켜보는 파수꾼으로 생각해볼 수 있다. 내 친구이자 내면검색 프로그램의 동료교사인 이본 긴스버그Yvonne Ginsberg는 이 과정을 정말 아름다운 비유로 표현했다. 바로 부드러운 산들바람에 흩날리는 꽃잎 위에 나비가 앉아 있는 모습이 그것이다. 여기서 나비는 주의력이고 꽃잎은 호흡이다.

이 시점에서 주의력은 차츰 강해진다. 마음은 차분하고 집중된 상태를 유지하는데 심지어 몰입의 상태에서 그냥 호흡과 함께 존재하기도 한다. 연습만 충분하다면 이 상태는 긴 시간 지속될 수 있지만 대다수 사람들에게는 그저 몇 초간만 이어지기 쉽다. 그 뒤에는 다시 주의가 본궤도를 이탈한다.

주의이탈상태에서는 뭔가를 곰곰이 생각하거나 걱정하거나 공상의 나래를 펴기 쉽다. 나는 때로 '어떻게 하면 걱정을 안 할까' 하는 문제에 대해 생각하기까지 한다. 얼마 뒤에 우리는 주의가 삐딱선을 탔음을 알게 된다. 이때 대부분의 사람들이 보이는 반응은 자기비판이다. 자신이 명상가로서 얼마나 자격 미달인지 생각하며 나아가 자신이 특별히 좋은 사람은 아니라고 고민하기 시작한다. 다행히 이 상태를 처리하기 위한 좋은 방법이 있다.

제일 먼저 할 일은 그저 호흡의 과정에 다시 집중함으로써 주의의 초점을 회복하는 것이다. 두 번째로 할 일은 이 장 앞부분에서 말한 중요한 통찰을 기억하는 것이다. 방랑하는 주의력을 회복시키는 과정은 체육관에서 운동할 때 이두박근을 단련하는 것과 같다. 이것은 실패가 아니라 성장의 단계이고 강력한 정신적 근육을 키우는 과정이다.

세 번째로 할 일은 자신을 향한 태도를 인식하는 일이다. 스스로를 어떻게 대하는지, 얼마나 자주 자신에 대해 험담을 지껄이는지를 살펴라. 가능하면 스스로에게 친절해지고 호기심을 갖는 쪽으로 태도를 바꿔라. 이런 변화는 그 자체로 또 다른 명상이 된다. 다시 말하지만 이것은 정신적인 습관을 형성하는 일이다. 스스로에게 친절하게 대할 때마다 우리는 차츰 이 습관을 강화시키게 된다. 이 과정을 거듭하면 자기혐오를 극복하게 되고 심지어 스스로의 제일 친한 친구가 될지 모른다.

이를 위한 한 가지 멋진 방법은 선을 수련하는 사람들이 '할머니의 마음'이라 부르는 마음상태를 갖는 것이다. 자애로운 할머니의 마음으로 스스로를 바라보라. 우리를 사랑하는 할머니의 눈으로 볼 때 우리는 모든 면에서 아름답고 완벽하다. 우리가 아무리 못된 짓을 해도 그분에게 우리는 완벽한 존재이며 그분은 있는 그대로의 우리를 사랑한다. 그것은 할머니가 우리의 잘못에 무지하다는 말이 아니며 우리 스스로에게 해가 될 행동을 묵인한다는 의미도 아니다. 때로 할머니는 엄하게 꾸짖으며 우리가 큰 말썽을 피우지 못하게 한다. 그러나 무슨 일이 일어나든 할머니에게 우리는 완벽하고 사랑스러운 존재다.

마지막으로 다시 자신의 호흡을 따라가라. 도움이 될 때는 언제든 자신의 의도를 상기하라.

장엄한 산처럼 앉아라

사실 명상은 어떤 자세로든 다 가능하다. 가령 전통적인 불교에서는 주요 명상자세를 네 가지로 정해놓고 있다. 앉기, 서기, 걷기, 눕기가 그것이다. 이렇게 보면 안 써먹는 자세가 거의 없는 듯하다. 불교도들은 참 욕심도 많다.

자신에게 적합한 명상자세를 선택할 때 기억해야 할 것은 딱 한 가지다. 바로 최고의 명상자세는 오랜 시간 맑은 정신과 편안한 상태를 동시에 유지하게 해주는 자세라는 점이다. 이것은 몸을 구부리는 자세가 여러분에게는 적합하지 않을 수도 있다는 의미다. 그 자세가 기민한 정신에 도움이 되지 않기 때문이다. 또 편안한 상태를 유지하는 데 지장을 주므로 등을 뻣뻣하게 경직시키는 자세 역시 여러분에게는 안 맞을 수 있다.

다행히도 이미 사람들이 명상을 해온 수천 년에 걸쳐 개발된, 기민함과 편안함 모두를 위해 최적화된 앉은 자세가 있다. 이 전통적인 자세는 때로 칠지좌법Seven Point Meditation Posture이라 불린다. 다음이 그 내용이다.

- '화살'처럼 등을 꼿꼿이 세운다.
- '가부좌' 자세로 다리를 교차시킨다.
- '독수리'처럼 어깨에 힘을 빼고 가슴을 활짝 편다.
- '쇠갈고리'처럼 턱을 살짝 안쪽으로 당긴다.
- 눈은 감거나 허공을 응시한다.
- 혀는 위쪽 입천장과 닿게 한다.
- 입술은 약간 벌리고 이는 악물지 않는다.

전통적인 자세를 꼼꼼히 연구할 필요는 없다. 대부분의 현대인들은 바닥에 앉는 일이 드물기 때문에 처음에는 이 자세가 어렵게 느껴진다. 등받이가 있는 의자나 소파에 앉는 데 익숙한 많은 사람들에게 전통적인 자세는 어색하게 느껴질 수밖에 없다.

그래서 나는 그저 기능적으로 최적화된 명상자세가 존재한다는 사실만 알아두라고 권한다. 그것을 지침으로 이용하되 무엇이든 자신에게 편안한 자세를 찾아내라. 자신을 기민하면서도 편안한 상태에 머물게 하는 자세여야 한다. 다리를 꼬고 앉든 등받이를 이용하든 머리 위에 부드러운 헬로키티Hello Kitty 인형을 올려놓든 사실 그것은 크게 중요하지 않다.

티베트불교의 스승 소걀 린포체Sogyal Rinpoche는 자신에게 맞는 자세를 찾기 위한 재미있고도 유용한 방법을 제안한다. 즉 '장엄한 산처럼 앉으라'는 것이다. 자신이 좋아하는 산을 생각하면서 자신이 마치 그 산인 척 앉아라. 장엄하고 위엄 있고 경외감이 느껴지는 자세로 앉을 경우 그것이 바로 여러분에게 기민함과 편안함을 안겨주는 자세가 될 수 있다. 재미있다. 한번 해보고 자신에게 맞는지 확인해보라.

이본 긴스버그도 간단하지만 유용한 제안을 내놓았다.

숨을 깊이 들이마시고 흉곽을 들어 올린다. 숨을 내보내면서 어깨를 내리고 척추는 부드럽게 제자리에 머물게 한다. 이런 방법으로 강물의 흐름과 산의 안정성을 동시에 구현하게 된다.

내가 자주 받는 질문 하나는 '명상 중에 눈을 떠야 하느냐, 감아야 하느냐' 하는 것이다. 답을 하자면 떠도 되고 감아도 되며, 둘 다 해도 되고 둘 다 안 해도 된다. 각각의 방법에 장단이 있으니 그 방법들을 이해하고 요령껏 하라.

명상 중에 눈을 감는 것은 좋은 방법이다. 눈을 감으면 차분해지고 집중을 방해하는 시각적인 요소들이 차단된다. 문제는 잠들기 쉽다는 것이다. 한편 눈을 뜨면 정반대의 문제가 생긴다. 쉽게 잠에 빠지지는 않지만 시각적 대상물에 주의를 빼앗긴다. 그럼 어떡하란 말인가?

두 가지 타협안이 있다. 하나는 시간적인 것이고 다른 하나는 공간적인 것이다. 시간적인 타협안은 눈을 감고 시작하되 꿈나라로 넘어간다 싶으면 이따금 눈을 뜨는 것이고 공간적인 타협안은 가능하면 눈을 반쯤 뜬 상태를 유지하는 것이다. 정확히 말하면 눈을 약간 뜬 상태로 시선을 아래쪽에 두고 특정한 대상을 응시하지 않는 것이다. 나 자신의 경험으로는 이 마지막 방법이 가장 적합하다. 각각의 방법을 시도해보고 자신에게 맞는 것을 찾아내기 바란다.

명상 중에는 환경, 생각 또는 신체적 감각에 주의를 빼앗기는 경우가 많다. 다음은 집중을 방해하는 요소들을 상대하기 위한 4단계 계획이다.

1단계_ 인정한다
뭔가가 일어나고 있다는 사실을 그냥 인정하라.

2단계_ 판단하거나 반응하지 않고 경험한다
경험하고 있는 내용이 무엇이든 그냥 경험하라. 그것이 좋거나 나쁘다고 판단하지 마라. 유명한 노랫말처럼 그냥 내버려둬라Let it be. 또 가능하면 그것에 반응하려 하지 마라. 반응해야 한다면(예를 들어 가려워서 꼭 긁어야겠다면) 그전에 5회 호흡하라. 이렇게 하는 이유는 자극과 반응 사이에 공간을 만드는 연습을 하기 위해서다. 자극과 반응 사이에 공간을 많이 만들어낼수록 자신의 감정적인 삶을 더 잘 통제할 수 있게 된다. 이 기술은 일상의 삶에 적용될 수 있다.

3단계_ 반응해야 한다면 마음챙김 상태를 유지한다

만약 반응해야 한다면(이를테면 몸을 긁거나 일어서야 한다면) 세가지에 계속 유의하라. 바로 의도, 움직임, 감각이 그것이다. 이 연습의 목적은 그저 가만히 있는 것이 아니라 마음챙김이라는 점을 유념하라. 따라서 얼굴의 가려움에 반응해야 한다면 먼저 가려움의 감각에 유의하고 다음엔 긁으려는 의도, 마지막으로 손과 손가락의 움직임과 얼굴이 긁히는 감각에 주의를 기울여라. 그 이상도 이하도 아니다.

4단계_ 그냥 내버려둔다

어떤 집중방해요소가 떠나려고 한다면 그냥 놔줘라. 아니라면 있는 그대로 놔둬라. 놓아준다는 것은 뭔가를 억지로 내쫓는 것이 아니라는 사실에 유의하라. 오히려 그것은 초대다. 우리는 넓은 마음으로 초대받은 사람이 초대를 받아들일지 말지를 선택하게 할 것이며 그가 어떤 선택을 하든 불만이 없을 것이다. 명상에 집중하지 못하게 하는 뭔가를 놓아버릴 때 우리는 부드럽게 이제 더 이상 집중을 방해하지 말라고 그것에게 권하면 된다. 그러면서도 관대한 마음으로 그것이 머물지 말지를 결정하게 하자. 그것이 떠나기로 결정해도 좋고 머물기로 해도 좋다. 우리는 그것이 존재하는 내내 친절과 관용의 태도로 대하면 된다. 이것이 내버려두는 연습이다.

마지막으로 만약 지금까지 이 긴'에서 읽은 내용을 하나도 기억하지 못한다면, 좋다(아마 여러분은 이 책에 별로 관심이 없는데 아내의 강요로 마지못해 읽었을 수 있다). 다행히도 존 카밧진이 이 챕터의 내용을 한 문장으로 요약해주었다.

"마치 숨쉬기에 목숨이 달린 것처럼 호흡하라."

이 장에서 딱 한 문장만 기억할 수 있다면 바로 이 문장을 기억하라. 그러면 마음챙김명상을 이해하게 될 것이다.

좌선을 실행하는 시간

마음챙김명상의 이론과 실제를 배웠으니 이제 앉아서 제대로 마음을 챙겨보자.

방법은 여러 가지다. 가장 단순한 것은 앞장에서 소개한 2분 마음챙김 연습을 그냥 연장하는 것이다. 먼저 기민함과 편안함을 동시에 느끼게 하는 명상자세로 앉아라. 편한 대로 쉬운 방법(호흡의 과정에 집중하고 주의가 곁길로 샐 때마다 부드럽게 돌아오는 것)이나 더 쉬운 방법(아무 목적 없이 그저 존재하는 것) 중 어느 하나를 택해도 된다. 원한다면 어느 때든 쉬운 방법과 더 쉬운 방법 사이를 오갈 수 있다. 10분 정도 아니면 원하는 시간만큼 이 연습을 진행하라. 이것이 여러분의 명상연습이 될 것이다.

만약 더 형식적이고 체계가 있는 것을 원한다면 이 장 앞부분에 소개한 마음챙김명상의 과정 모델을 적용할 수 있다. 먼저 기민한 정신과 동시에 느긋한 마음상태를 가져다주는 명상자세로 앉아라. 편안해지면 여러분이 여기 앉아 있는 이유, 즉 명상의 의도를 떠올려라. 이를 통해 연습을 계속할 수 있을 것이다.

호흡의 과정에 주의를 기울여라. 차분하고 집중이 잘 된 상태라면 그 마음에 머물러라. 마음이 소리, 생각 또는 가려움의 방해를 받는다면 그 방해요인의 근원을 인정하고 판단을 개입시키지 않은 채 그것을 경험하라. 그것이 떠나기를 원할 경우 그대로 놓아주어라. 움직여야 한다면 의도, 움직임, 감각에 계속 유의하라. 부드럽게 주의를 호흡으로 되돌려놓아라. 자기비판이나 자기판단의 욕구가 꿈틀대면 스스로에게 친절해야 한단 생각을 떠올리되 잘 안 된다고 해서 억지로 무리하지는 마라. 어떻든 그냥 내버려둬라. 다 상관없다. 이 연습을 10분이나 원하는 시간만큼 진행하라.

마음챙김명상

일단 편안히 앉는 것으로 시작하자. 편안하면서도 맑은 마음(이것이 여러분에게 무엇을 의미하든)을 갖게 해주는 자세로 앉아라. 원한다면 장엄한 산(이것이 여러분에게 무엇을 의미하든)처럼 앉아도 된다.

먼저 세 차례 천천히 그리고 깊이 호흡하면서 연습에 에너지와 편안함을 주입하라. 이제 자연스럽게 숨을 쉬며 아주 부드럽게 호흡에 주의를 기울이자. 콧구멍과 배 아니면 호흡의 과정과 관련된 모든 것(그것이 여러분에게 무엇을 의미하든)에 주의를 집중하라. 들숨과 날숨 그리고 그 사이의 공간을 의식하라.

(짧은 휴지)

이 연습을 통해 마음을 쉬게 한다고 생각해도 된다. 호흡을 휴식처나 쿠션, 침대라고 상상해보자. 마음을 아주 부드럽게 그 위에서 쉬게 하라. 그냥 존재하라.

(긴 휴지)

어느 때든 어떤 감각, 생각, 소리가 집중을 방해한다면 그냥 그것을 인정하고 경험하며 아주 부드럽게 보내줘라. 주의를 부드럽게 호흡으로 되돌려라.

(긴 휴지)

괜찮다면 즐거운 내적 평화가 샘솟기를 기원하면서 명상을 끝내자.
숨을 들이쉬며, *나는 평화롭다.*
숨을 내쉬며, *나는 미소 짓는다.*
이 현재의 순간,
정말 멋지다.

(짧은 휴지)

나 자신에 대한 통찰력을 키운다

명상과 과학 사이에는 한 가지의 중요한 공통점이 있다. 바로 탐구정신을 매우 중시한다는 것이다. 명상의 탐구정신에는 두 가지 측면이 있다. 첫째, 많은 명상은 자기발견에 초점을 맞춘다. 물론 우리는 주의력훈련으로 시작하지만 주의력은 대다수 전통적인 명상의 최종목표가 아니다. 진정한 최종목표는 '통찰'이다. 주의력을 기르는 이유는 우리의 마음과 우리 자신에 대한 통찰력을 키우기 위한 것이다. 고도의 주의력을 확보하는 것은 밝은 횃불을 갖는 것과 같다. 주의력 자체도 좋지만 그것의 진정한 목적은 마음속 어두운 방들을 구석구석 살펴서 자신의 내면을 탐색하는 것이다. 주의력은 궁극적으로 통찰력 강화와 관련이 있기 때문에 탐구정신, 최소한 내면을 들여다보려는 자세가 명상연습에 꼭 필요하다.

탐구정신의 두 번째 측면은 내면세계를 넘어 외부세계로 확장된다. 명상가들은 탐구행위에 매우 익숙하기 때문에 명상에 대한 과학적 탐구 자체도 아주 편안하게 받아들인다. 이것은 불교와 같은 고대의 명상전통에 따라 훈련을 받은 수행자들의 경우에도 마찬가지다. 내 친구들은 가장 놀라운 예를 달라이라마의 다음 발언에서 찾았다.

"과학적 분석을 통해 불교의 일부 주장이 잘못되었음이 결정적으로 증명된다면 우리는 과학이 밝혀낸 사실을 받아들이고 그 주장을 철회해야 한다."

이 점을 염두에 두고 전문가들이 평가한 과학적인 명상 관련 문헌을 대강 훑어보자.

명상에 관한 가장 의미 있는 연구 중 하나는 명상 신경과학 분야의 두 개척자 리처드 데이비슨Richard Davidson과 존 카밧진에 의해 수행되었다. 이 연구는 여러 가지로 놀라웠다. 그것은 어느 생명공학 회사의 직원들을 실험대상으로 삼고 비즈니스 환경에서 진행된 최초의 주요연구였기에 나처럼 기업세계에 몸담고 있는 사람들에게는 상당히 유의미한 것으로 다가왔다. 이 연구에 의하면 겨우 8주간 마음챙김 훈련을 받은 후 피실험자들의 불안수준이 눈에 띄게 낮아진 것으로 드러났다. 이것이 멋진 일이면서도 그다지 놀랍지는 않은 이유는 존 카밧진의 훈련프로그램 MBSR 자체가 '마음챙김에 기초한 스트레스 감소'를 의미하기 때문이다. 만약 불안수준이 측정할 수 있을 정도로 떨어지지 않았다면 아주 난처한 상황이 연출되었을 것이다.

더 놀라운 사실은 피실험자들의 뇌에서 일어나는 전기적 활동을 측정했을 때 긍정적인 감정과 연관된 뇌 부위에서 명상그룹에 속한 사람들의 뇌 활동이 크게 증가했다는 사실이다.

가장 매력적인 발견은 그들의 면역기능에 관한 것이었다. 연구가 끝날 때쯤 피실험자들이 독감 주사를 맞았는데 명상그룹에 속한 사람들이 인플루엔자 백신에 대해 더 많은 항체를 형성했다. 다시 말해 피험자들은 8주간 마음챙김명상을 한 후 그들의 뇌에서 측정된 대로 분명히 더 행복해졌고 면역력이 뚜렷이 증가했다. 이 연구가 수도원의 법복 입은 승려들이 아니라 현실의 굴레에 포박당한 채 고도의 스트레스를 받으며 일하는 미국의 평범한 직장인들을 상대로 진행되었다는 사실을 기억하라.

명상이 머리를 좋게 하고
건강을 증진시킨다?

헬린 슬랙터Heleen Slagter, 앤토인 루츠Antoine Lutz, 리처드 데이비슨 등의 연구는 주의력에 초점을 맞추었다. 특히 '주의깜박임Attentional Blink'으로 알려진 재미난 현상을 가지고 명상을 분석했다. 주의깜박임은 간단하게 설명할 수 있다. 여러분에게 컴퓨터 화면을 통해 한 번에 하나씩 빠르게 일련의 문자(숫자나 알파벳글자)가 제시된다고 하자. 문자들 사이의 지연시간은 약 50밀리세컨드ms, 즉 1,000분의 50초다. 그리고 전체 문자는 숫자 2개만 빼고 글자들로 이루어져 있다. 예를 들어 연속되는 문자배열이 P, U, H, 3, W, N, 9, T, Y라고 하자. 연속되는 문자들 안에는 숫자가 2개 끼어 있다. 여러분의 임무는 그 두 개의 숫자를 알아내는 것이다.

여기 흥미로운 부분이 있다. 두 개의 숫자가 제시되는 시간 간격이 0.5초 이내이면 두 번째 숫자는 대체로 잡아내지 못한다. 첫 번째 숫자를 찾는 데 집중력을 거의 다 소진하기 때문이다. 이 현상이 주의깜박임이다. 첫 번째 숫자를 알아챈 후에 '눈을 깜박이고' 뇌가 주의력을 회복하여 다음 숫자를 파악하기까지는 시간이 필요하다.

주의깜박임은 이전엔 인간 두뇌회로의 한 특성이라 바뀔 수 없다고 간주되었다. 그런데 슬랙터의 연구는 단 3개월간 마음챙김명상을 엄격하고 강도 높게 훈련하면 주의깜박임 증상을 크게 줄일 수 있음을 보여주었다. 우리의 뇌는 마음챙김명상훈련을 통해 자극을 더 효율적으로 처리하는 법을 배울 수 있다. 그 결과 첫 번째 목표물을 처리한 후에도 여전히 두 번째 목표물을 처리할 수 있는 정신적 자원을 갖게 된다.

이 연구는 마음챙김명상으로 뇌의 기능을 향상시킬 수 있는 가능성을 제시한다. 여러분이 장시간 정보에 집중할 수 있는 능력이 필요한 업무를 맡고 있다면 아마 명상훈련이 큰 도움이 될 것이다.

이외에도 명상에 대한 흥미로운 연구는 아주 많다. 눈에 띄는 것 몇 가지만 더 소개하겠다.

앤토인 루츠는 숙달된 불교 명상가들이 고진폭High Amplitude 감마 뇌파를 생성할 수 있음을 확인해주었다. 이 뇌파는 고도의 기억력, 학습능력, 인지능력과 관련이 있다. 더욱이 이들은 명상을 하지 않을 때도 감마대역Gamma Band의 활동수준이 더 높은 것으로 드러났다. 이것은 명상훈련이 휴식 중인 뇌도 바꿀 수 있음을 암시한다. 근육운동을 많이 하면 운동하지 않을 때도 근육이 불룩 튀어나온다. 마찬가지로 명상훈련을 많이 하면 그냥 빈둥거릴 때도 평온함, 기민함, 기쁨이라는 강력한 정신적 근육들을 갖게 된다.

존 카밧진이 진행한 이 분야의 초기 연구에 따르면 마음챙김은 '건선'이라 불리는 피부질환을 더 빠르게 낫게 한다. 방법은 간단했다. 참석자 모두에게 통상적인 치료를 해주되 그중 절반에게는 치료 도중 존 카밧진의 명상지도 테이프를 틀어주었다. 그런데 단지 테이프를 틀어준 것뿐인데도 치유과정이 상당히 촉진되었다.

결과 그 자체만으로도 흥미롭지만 이 연구의 진정한 매력은 실체가 있고 눈에 보이는 질환을 대상으로 했다는 데 있다. 건선은 붉은 반점이 점점 더 커지는 피부병이다. 따라서 명상이 어떻게 이 병의 치유에 도움이 되는지를 말하는 것은 어느 뉴에이지 신봉자의 입에서 나올 법한 초자연적인 이야기와 차원이 다르다. 명상의 효과는 실체가 있는 것이며 우리는 그것을 눈으로 보고 자로 잴 수도 있다.

마지막으로 명상이 신피질을 두껍게 할 수 있음을 시사하는 연구가 있다. 사라 라자Sara Lazar가 수행한 이 연구에서는 마음챙김명상가들과 비명상가들을 MRI 촬영했는데, 그 결과 주의력과 감각처리에 관련된 뇌 영역의 피질 두께가 명상가들의 경우 더 두꺼워졌음이 드러났다. 물론 이 측정은 인과관계가 아니라 상관관계를 보여준다. 해당 뇌 영역의 피질이 더 두꺼운 사람들이 우연히 명상가일 가능성도 충분하다는 말이다. 그러나 이 연구는 명상 피실험자들이 명상연습을 오래할수록 뇌의 해당 부위가 더 두꺼워진다는 사실도 보여주었다. 이는 명상연습이 뇌에 변화를 일으킨다는 사실을 암시한다.

위에 소개한 내용은 지난 25년간 수행된 일부 연구의 한 단면일 뿐이다. 마음챙김이 주의력과 뇌 기능, 면역력, 피부병까지 거의 모든 것을 개선시킬 수 있다는 점은 인상적이다. 마음챙김은 마치 맥가이버의 다용도 칼과 같다. 쓸모가 없는 곳이 없다.

잊지 마라. 나, 멩이 방석 위에 엉덩이를 붙일 수 있다면 여러분도 할 수 있다!

3장

일상이 학교다
마음이 스승이다

🔍 마음챙김의 이점을 좌선 공간 너머로

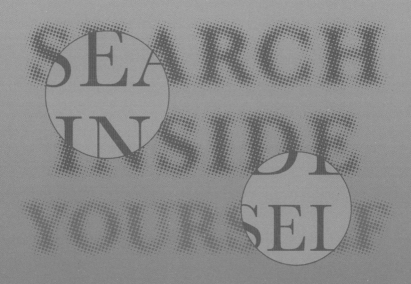

단언하건대 마음챙김은 어디에나 유익하다.

– 석가모니

마음챙김은 우리가 살면서 배울 수 있는 가장 중요한 가르침 중 하나일지 모른다. 하지만 내 말이라서 믿지는 마라. 윌리엄 제임스는 이렇게 말했다.

"방황하는 주의력을 자주적으로 계속 돌려세울 수 있는 능력이 바로 판단력, 인격 그리고 의지력의 뿌리다. 이 능력이 없는 사람은 자신의 주인이 될 수 없다. 이 능력을 키우는 것이야말로 최고의 교육이다."

그렇다. 마음챙김은 방황하는 주의력을 스스로 회복할 수 있는 능력을 키워주는 기술이며 윌리엄 제임스의 말대로 최고의 교육이자 우리가 배울 수 있는 최상의 가르침이다. 그러니 여러분도 이 책값을 너무 아까워하지 말았으면 좋겠다.

앞장에서 우리는 마음챙김명상이 감성지능을 키우는 핵심도구라고 배웠다. 이 장에서는 마음챙김을 일상생활의 모든 영역으로 확대하는 법을 배울 것이다. 마음챙김명상을 하는 동안 경험하는 평온하고 기민한 마음은 물론 아주 좋은 것이지만 일상의 삶 속에서 필요에 따라 그 마음을 불러올 수 있을 때에야 비로소 삶이 변화한다. 이 장에서는 그 방법을 배울 것이다. 이를 통해 이 책 사기를 정말 잘했다고 느끼길 바란다.

마음챙김의 이점을 일상생활 속으로

마음챙김명상가가 해야 할 가장 중요한 일 중 하나는 마음챙김의 좋은 영향을 명상시간을 넘어 삶의 모든 영역으로 확대하는 것이다. 좌선명상Sitting Meditation 중에 어느 정도의 평온함, 기민함, 행복을 경험할 수 있지만 그 상태를 좌선명상 바깥의 삶으로 일반화시키는 것이 더욱 중요하다.

다행히도 마음챙김 훈련의 여러 이점들은 자연스럽게 일반화될 수 있다. 달리 말해 그것은 삶의 모든 영역으로 쉽게 통합된다. 예컨대 우리의 주의는 자연스럽게 아주 유쾌하거나 아주 불쾌한 것들 쪽으로 쏠리게 마련이다. 따라서 자신의 주의가 호흡과 같은 중립적인 것을 향하도록 훈련한다면 다른 것에도 주의를 집중할 수 있다. 호흡에 주의를 고정시킬 수 있다면 수업이나 회의에도 훨씬 더 잘 집중할 수 있다는 논리다. 유명한 명상교사 샤일라 캐서린

Shaila Catherine은 대학 시절 명상법을 배운 후 A학점 밑으로는 점수를 받아본 적이 없다고 한다.

이것은 좋은 소식이다. 더 좋은 소식은 마음챙김 훈련을 삶의 다른 영역에 한층 더 다양하게 적용하기 위해 우리가 할 수 있는 일들이 있다는 것이다.

당장 자연스럽게 마음챙김을 통합하기 위해 시작할 수 있는 일이 두 가지가 있다. 첫째는 휴식 중의 마음챙김에서 활동 중의 마음챙김으로의 확장이며 둘째는 자율적인 마음챙김에서 타율적인 마음챙김으로의 확장이다. 두 가지 차원을 따라 마음챙김을 확장하거나 일반화하는 것이라고 생각할 수도 있다. 즉 하나는 휴식에서 활동으로, 다른 하나는 나에서 타인으로의 확장이다. 이어지는 내용에서는 각각을 위한 연습을 제안하려고 한다.

고급음식 명상에 눈뜨다

마음챙김을 연습하기 가장 좋은 공간은 일상생활 속이다. 매순간 마음챙김을 적용할 수 있다면 삶의 질이 크게 바뀐다. 틱낫한은 간단한 걷기체험을 묘사하면서 이것을 아름답게 설명한다.

"사람들은 대개 물 위나 허공 위를 걷는 것을 기적이라고 생각한다. 하지만 나는 진정한 기적이란 물 위나 허공이 아니라 땅 위를 걷는 것이라고 생각한다. 우리는 매일 자신도 의식하지 못하는 기

적에 휩싸여 있다. 푸른 하늘, 흰 구름, 초록 잎사귀들, 호기심 가
득한 아이의 검은 눈망울, 우리 자신의 두 눈동자 등 세상에는 기
적 아닌 것이 없다."

마음챙김 상태에 있을 때는 땅 위를 걷는 것 같은 간단한 체험조
차 아름다운 기적이 될 수 있다.

내 경험으로 미루어 마음챙김은 그 어느 것도 변화시키지 않으
면서 내 행복을 증진시킨다. 우리는 고통을 느끼지 않는 것, 하루
에 세 끼 밥을 먹을 수 있는 것, 이곳에서 저곳으로 걸어가는 것 같
은 인생의 많은 중립적인 현상들을 당연하게 받아들인다. 그런데
마음챙김 상태에서는 이를 더 이상 당연한 것으로 받아들이지 않
기 때문에 이러한 행위들이 곧 기쁨의 원인이 된다.

게다가 유쾌한 경험은 한층 더 유쾌해진다. 우리의 주의가 그것
을 충분히 경험하는 데 집중하기 때문이다. 가령 마음챙김 상태에
서는 맛있는 식사가 더욱 즐거운 경험이 된다. 이는 단지 음식을
즐기는 데 온전히 주의를 기울이기 때문이다. 마음챙김이 일상이
될 때 중립적인 경험은 유쾌해지며 유쾌한 경험은 더욱 유쾌해진
다. 여기에는 비용도 들지 않고 부정적인 측면도 없다. 이런 알토
란 같은 거래가 어디 있겠는가!

내가 아주 어렸을 때 온 가족이 값비싼 중국음식점에 가서 최고
요리 몇 가지를 먹었던 적이 있다. 식사 중에 나는 내가 먹는 일에
완전히 집중하고 있음을 알게 되었다. 음식이 정말 맛있고 굉장히
비쌌고 또 그것이 아주 진귀한 경험이라 생각했기 때문이었다. 우

리 가족이 매일 그렇게 호화롭게 외식할 형편은 아니었다. 이 모든 이유로 나는 식사 중에 깊이 마음챙김에 빠져 있었다. 그때 이런 생각을 했다. 왜 나는 비싼 음식을 먹을 때만 이렇게 집중할까? 모든 음식을 진귀하고 비싸다고 여기면서 음식에 최대한 주의를 집중한다면 어떻게 될까? 나는 그것을 '고급음식명상Expensive Food Meditation'이라 부른다. 그 이후 나는 식사를 할 때마다 거의 고급음식 명상을 연습해왔다. 이것이 약간 아이러니하긴 하다. 나는 대부분의 식사를 구글에서 하는데 여기 음식은 무료이기 때문이다.

앉아 있는 것 외에 다른 연습을 하지 않을지라도 마음챙김은 결국 일상생활 속으로 뿌리를 뻗어 여러분의 행복지수를 높여줄 것이다. 이 일반화 과정은 마음챙김을 일상적인 활동에 의도적으로 접목함으로써 더 가속화시킬 수 있다. 이를 위한 가장 간단한 방법은 판단하려는 마음을 접어두고 모든 일에 순간순간 온전히 집중하는 것이다. 주의가 궤도를 이탈할 때마다 그냥 부드럽게 돌려세워라. 명상의 대상이 호흡이 아니라 목전의 임무라고 생각하면 이는 좌선명상과 다를 바가 없다. 그게 전부다.

마음챙김걷기

좀 더 형식적인 연습을 선호하는 사람들에게는 걷기명상이 제격이다. 정식 걷기명상은 좌선명상의 위엄, 초점, 엄격함을 갖고 있어서 좋다. 사실 이것은 굉장히 유익해서 많은 명상훈련에서는 좌선명상과 걷기명상을 번갈아 하도록 교육한다. 게다가 걷기 명상은 생각만큼 간단하다. 걸을 때 몸의 모든 움직임과 감각에 온전히 주의를 집중하고 주의가 딴청을 피울 때마다 부드럽게 다독이며 원래 자리로 데려오면 그만이다.

걷기명상

가만히 서 있는 것으로 시작하여 몸에 온전히 주의를 집중하라. 발이 땅에 닿을 때 느껴지는 압력을 의식하고 잠시 땅 위에 서 있는 몸을 경험하라.

이제 한 걸음 앞으로 내디뎌라. 마음을 가다듬어 한 발을 들어올리고 주의하여 움직이며 주의하여 앞에 내려놓고 주의하여 체중을 이 발로 옮겨라. 잠시 멈췄다가 반대쪽 발로 이 과정을 반복하라.

원한다면 발을 들어 올릴 때 속으로 "올린다, 올린다, 올린다"라고 복창하라. 발을 움직여 앞에 내려놓을 때는 속으로 "움직인다, 움직인다, 움직인다"라고 읊조려도 된다.

몇 걸음을 뗀 후에는 그만 멈추고 돌아서고 싶을 수도 있다. 멈추고자 할 때는 서 있는 위치에서 그저 몇 초간 자신의 몸을 의식하라. 원한다면 속으로 "서 있다, 서 있다, 서 있다"라고 읊어도 된다. 돌아설 때는 주의하며 그 동작을 하고 원한다면 속으로 "돌아선다, 돌아선다, 돌아선다"라고 복창해도 좋다.

원한다면 움직임과 호흡이 동시에 이루어지도록 할 수도 있다. 발을 들어 올릴 때 숨을 들이쉬고, 내뻗고 착지할 때는 내쉬어라. 이렇게 하면 이 경험에 평온함을 주입시킬 수 있다.

걷기명상을 하면서 천천히 걸을 필요는 없다. 속도는 어떻게 해도 괜찮다. 이 말은 언제고 걸을 때마다 걷기 명상을 할 수 있다는 의미다.

나는 사무실에서 화장실까지 걸어갔다 올 때마다 걷기 명상을 한다. 마음챙김걷기Mindful Walking는 마음에 평안을 주며 평온한 마음은 창의적 사고에 도움을 준다. 창의적인 문제해결력이 필요한 내 업무영역에서는 이런 식의 걷기가 매우 유용하다. 화장실에 갈 때마다 내 마음은 창의적인 상태에 진입할 기회를 얻는다. 각종 문제는 화장실 가면서 쉬는 동안 해결되는 경우가 많다(그렇다. 나는 이렇게 휴식시간에 가장 생산적이므로 아마 회사는 내게 돈까지 주면서 제발 쉬라고 권해야 할 것이다. 우리 보스가 이 책을 읽으면 참 좋겠는데……).

다행스러운 것은 하루 중 어느 때고 걷기명상을 할 수 있다는 것이다. 사람들은 여러분이 그저 왔다갔다하는 것으로 여길 것이다. 걷기명상을 위해 굳이 화장실에 갈 필요조차 없다.

마음챙김듣기

우리의 사회적 삶을 개선해주면서 아주 아름답기까지 한 마음챙김 연습방법이 있다. 바로 마음챙김의 방향이 타인을 향하게 하여 그들의 행복을 빌어주는 것이다.

이 개념은 아주 단순하다. 판단을 배제한 마음으로 타인에게 그 순간 온전히 주의를 집중하고 주의가 딴 곳을 곁눈질할 때마다 그저 부드럽게 본래 위치로 돌려세우기만 하면 된다. 명상의 대상이 다른 사람이라는 것만 빼면 그것은 우리가 연습해온 명상과 전혀 다르지 않다.

마음챙김듣기Mindful Listening는 일정한 형식을 따르거나 그냥 자연스럽게 약식으로 연습할 수 있다. 정식연습은 한 사람이 주의 깊게 듣는 동안 다른 사람이 말할 수 있는 인위적인 환경을 조성하는 식으로 진행된다. 약식연습은 일상적인 대화중에 다른 사람의 말을 귀 기울여 듣고 그에게 말할 수 있는 공간을 넉넉히 마련해주면 된다.

마음챙김듣기의 정식연습

여기서는 평범한 듣기와는 다른 방식으로 듣는 법을 연습한다. 이 연습은 가족이나 친구와 짝을 이루어 진행하며 각 사람이 교대로 화자와 청자가 된다.

1. 화자의 행동

독백형식으로 진행된다. 여러분은 3분간 방해받지 않고 이야기한다. 할 말이 다 떨어져도 상관없다. 그냥 조용히 앉아서 할 말이 떠오를 때마다 다시 입을 열면 그만이다. 그 3분은 온전히 여러분의 것이므로 원하는 대로 사용할 수 있다. 말할 준비가 될 때마다 나의 말을 귀담아들을 한 사람이 있다는 사실을 기억하라.

2. 청자의 행동

여러분의 일은 듣는 것이다. 들을 때는 화자에게 온 주의를 집중하라. 이 3분 동안에는 결코 질문을 해선 안 된다. 표정, 끄덕임 혹은 "알겠어요"나 "이해합니다" 같은 말로 상대의 말에 맞장구칠 수는 있다. 하지만 상대의 이야기를 인정하는 말 외에는 어떤 말도 할 수 없다.

또 하나, 인정이 지나치지 않아야 한다. 그렇지 않으면 여러분이 화자를 리드하는 상황이 연출될지도 모른다. 화자가 할 말이 떨어지면 그에게 침묵할 시간을 주고 그가 다시 입을 열면 온전히 귀를 기울여라.

이제 각자 3분간 말하고 듣는 연습을 한 후 다시 3분간 역할을 바꿔 진행해보자. 그 후에는 3분간 서로 이 경험이 각자에게 어떤 느낌을 주었는지 이야기하는 메타 대화를 진행하라.

독백을 위한 주제로는 다음과 같은 것을 들 수 있다.

· 지금의 기분상태
· 오늘 일어난 일 중에 말하고 싶은 것
· 그 외 말하고 싶은 내용

친구나 연인이 여러분에게 말할 때 그에게 온전히 집중하면서 충분히 말할 기회를 주어라. 그는 여러분에게 너무도 소중한 존재이다. 따라서 그에게는 여러분의 완전한 주의 그리고 자신을 표현하는 데 필요한 모든 시간과 공간을 얻을 권리와 자격이 있음을 기억하라.

들으면서 화자의 말에 온전히 집중하라. 여러분의 주의가 곁길로 새면 마치 화자가 신성한 명상대상인 것처럼 부드럽게 주의의 방향을 그에게 되돌려라. 가급적 말하거나 질문을 하거나 화자를 리드하려는 시도를 자제하라. 그에게 발언시간이라는 귀중한 선물을 주고 있다는 사실을 기억하라. 표정, 끄덕임 또는 "알겠어요"나 "이해해요" 같은 말로 그의 말에 맞장구칠 수는 있지만 그것이 너무 지나쳐 화자를 리드하는 일이 생기지 않아야 한다. 화자가 할 말이 떨어지면 그에게 침묵을 허락하고 그가 다시 입을 열 때 귀담아 들어라.

수업 중 정식연습을 진행할 때 참석자들로부터 가장 흔하게 받는 피드백은 사람들이 자기 말을 경청해주는 것을 정말 고마워한다는 것이다. 우리는 7주간 진행되는 내면검색 프로그램 초기에 이 연습을 자주 진행하는데 이때 대부분의 참석자들은 서로를 잘 모르는 상태에서 출발한다. 이 연습이 끝난 직후 사람들은 대부분 이렇게 말한다.

"난 이 사람을 안 지 6분밖에 안 됐는데 이미 친구가 됐습니다. 반면 수개월간 겨우 벽 하나를 사이에 두고 일해온 동료와는 서로 남남으로 지내기도 하죠."

이것이 주의력의 힘이다. 우정을 형성하는 데는 서로에게 6분간 전적으로 몰입하는 것만으로 충분하다. 노먼 피셔는 이렇게 말한다.

"경청은 마술입니다. 그것은 한 사람을 막연히 의심스러운 낯선 타인에서 친구로 바꿔놓지요. 이렇듯 경청은 듣는 사람을 부드럽게 변화시킵니다."

주의와 관심은 내가 남에게 줄 수 있는 가장 가치 있는 선물이다. 누군가에게 온전히 주의를 기울일 때 그 사람은 그 순간 세상에서 내가 관심을 갖는 유일한 대상이 된다. 그 외의 것들은 전혀 중요하지 않다. 나의 의식영역 내에서 강한 존재감을 지니지 못하기 때문이다. 이보다 더 값진 것이 어디 있겠는가? 늘 그렇듯이 틱낫한은 이를 아주 시적으로 표현했다.

"우리가 타인에게 줄 수 있는 가장 귀중한 선물은 우리의 존재다. 마음챙김이 우리가 사랑하는 사람들을 끌어안을 때 그들은 꽃처럼 피어날 것이다."

마음에 두고 있는 사람이 있다면 매일 몇 분간 그들에게 오롯이 집중해보라. 그러면 그들은 꽃처럼 활짝 피어날 것이다.

마음챙김대화

마음챙김듣기는 굉장히 유익한 마음챙김대화Mindful Conversation 연습으로 확장될 수 있다. 이 연습은 명상에 특히 유용하다. 명상의 대가 게리 프리드먼Gary Friedman이 선사 노먼 피셔에게 그것을 가르쳤고 피셔는 다시 구글의 우리에게 전수했다.

마음챙김대화는 세 가지 핵심요소로 구성된다. 그중 첫 번째는 이미 연습한 마음챙김 듣기다. 두 번째는 게리가 루핑Looping이라 칭한 것으로 의사소통의 고리를 완성한다Closing the Loop of Communication는 의미를 간단히 줄인 것이다.

루핑은 간단하다. 알렌과 베키가 대화를 나눈다고 하자. 알렌이 말할 차례다. 알렌이 얼마 동안 말을 하고 그가 말을 마친 후 청자인 베키는 알렌이 한 말을 반복함으로써 고리를 완성시킨다. 그 후 알렌은 자신의 말을 되풀이한 베키의 말에서 빠져 있거나 잘못 표현된 것 같은 부분에 대해 피드백을 해준다. 이런 식으로 청자인 베키가 알렌의 말을 정확히 이해했다고 판단될 때까지 주거니 받거니 한다. 그러니까 루핑은 청자(베키)가 화자(알렌)의 말을 완전히 이해할 수 있도록 서로 돕는 협력 프로젝트다.

마음챙김대화의 세 번째 핵심요소를 게리는 '침잠하다'는 뜻의 디핑Dipping이라 칭한다. 이것은 내면으로 들어가 스스로를 점검하는 것이다. 우리가 남의 말을 잘 듣지 못하는 주된 이유는 흔히 상대의 말에 반응하여 촉발된 자신의 감정과 내적인 수다가 주의를 방해하기 때문이다. 이렇게 집중을 방해하는 내적 요소들은 그냥 주목하고 인정해야 한다. 판단을 배제한 채 그것이 그곳에 있음을 인식하고, 그것이 가고자 할 때는 그대로 보내줘라. 만약 그것이

머무르려고 한다면 그대로 눌러 있게 하고 여러분의 듣기에 어떤 영향을 주는지만 의식하라. 디핑은 듣기 중에서도 특히 자기지향적인 마음챙김이다.

디핑은 화자에게도 유용하다. 화자가 말을 할 때는 내면으로 들어가 어떤 감정이 솟아나는지를 확인하는 것이 좋다. 만약 화자가 원한다면 그것에 대해 말할 수도 있다. 그냥 그것을 인정하고 판단하려 하지 않으면서 그것이 떠나고자 할 경우 보내주면 된다.

수업에서 우리는 어떻게 화자의 말에 주의를 집중하면서 동시에 자기 안으로 침잠할 수 있느냐는 질문을 종종 받는다. 이때 제시하는 비유가 '주변시'이다. 뭔가를 볼 때 우리는 선택된 대상을 중심시력으로 명확하게 보면서 동시에 주변시를 통해 그 주변에 있는 것에 대한 시각적인 감각을 얻는다. 이와 비슷하게 우리는 주의력이 중심요소와 주변요소를 가진다고 생각해볼 수 있다. 상대의 말을 들을 때는 중심적인 주의력을 이용하고 내면점검을 위해서는 스스로에 대해 주변적인 주의력을 유지할 수 있는 것이다.

마음챙김대화연습은 정식으로도, 약식으로도 할 수 있다. 정식연습 때는 각자가 듣기, 루핑, 디핑의 세 가지 기법을 연습하기 위한 인공적인 환경을 조성해야 한다. 약식연습 때는 그냥 일상적인 대화에서 그 기법들을 이용하면 된다.

이 기술을 구성하는 세 가지 요소는 듣기, 루핑, 디핑이다. 듣기는 화자에게 온전히 집중하는 것이며 루핑은 상대의 말을 제대로 알아들었음을 보여줌으로써 의사소통의 고리를 완성한다는 의미다. 상대의 말을 일일이 다 기억하려고 하지 마라. 진정으로 경청한다면 제대로 들을 수 있다. 디핑은 자신을 점검하는 것으로 상대의 말에서 어떤 느낌을 받는지에 주목한다. 이 연습의 일부는 자신의 감정을 분명히 인지한 상태에서 화자의 말에 집중할 수 있게 되는 것이다.

1. 독백

인물A가 4분간 독백한다. 말할 때는 자신의 몸에 약간의 주의를 기울여야 한다(이것은 디핑과 관련된 부분이다). 전체 4분은 A의 것이므로 할 말이 생각 안 나면 그냥 조용히 앉아 있어도 되며 나중에 할 말이 떠오를 때 말하면 된다.

인물B는 듣는다. B가 할 일은 A에게 온전히 집중하는 것이며 동시에 어느 정도 자신의 몸에 유의하는 것이다(이것도 디핑과 관련된 부분이다). B는 자신의 몸을 의식하면서 화자에게 온전히 집중해야 한다. 상대의 말을 인정할 수도 있지만 지나쳐선 안 되며 맞장구치는 것 외에 어떤 말도 해선 안 된다.

2. 해결

이제 B는 A에게 들은 내용을 반복한다. B는 "그러니까 지금 하신 말씀은……"이라는 식으로 말을 시작할 수 있다. 그 말이 끝나면 A는 곧 B에게 그가 무엇을 잘 이해했고 무엇을 잘못 알아들었는지(가령 B가 무엇을 빠뜨리고 무엇을 잘못 표현했는지) 지적하는 피드백을 해준다. A가 만족할 정도로 B가 그의 말을 완전히 이해할 때까지 주고받기를 계속한다. 필요한 만큼 혹은 6분이 다 될 때까지 이 과정을 계속한다(이것이 루핑에 해당하는 부분이다).

다음엔 입장을 바꿔 B가 화자가 되고 A가 청자가 된다.

연습이 끝나면 이 경험을 이야기하는 메타대화에 4분을 써라.

대화주제로는 다음과 같은 것들을 생각해볼 수 있다.

· 나의 자기평가, 나 자신에 대한 인상, 좋아하는 것, 바꾸고 싶은 것
· 최근 혹은 오래 전에 일어난 일들 중에 말하고 싶은 어려운 상황
· 그 외에 나에게 의미 있는 주제

마음챙김대화의 약식연습은 은밀한 형태의 정식연습으로 생각할 수 있다. 굳이 친구에게 "이봐, 내가 정말 괜찮은 책에서 읽은 걸 연습해보고 싶은데 말야. 난 자네를 루핑하고 나 자신을 디핑할 작정이야"라고 말할 필요는 없지 않은가? 이럴 경우 참 어색한 상황이 연출될 것이므로 대신 "자네 말이 중요해 보이는군. 내가 들은 자네 말을 반복해볼 테니까 정확히 이해했는지 확인해줘. 괜찮지?"라고 말하라. 친구는 아마 이런 태도를 아주 고마워할 것이다. 여러분이 그의 말을 잘 듣고 정확히 이해하고자 애쓰고 있기 때문이다. 이런 요청은 여러분이 암묵적으로 그 친구를 소중히 여기고 존중한다는 사실을 보여준다. 이런 태도가 관계에 유익함은 두말할 것도 없다.

마음챙김대화 약식연습

어떤 대화 중에든 마음챙김 대화를 연습할 수 있지만 그것이 가장 유용한 것은 갈등상황처럼 의사소통의 흐름이 막혀 있을 때다.

이 기술을 구성하는 3대 요소는 듣기, 루핑, 디핑이다. 듣기는 화자에게 온전히 주의를 고정시키는 것이며 루핑은 상대의 말을 올바로 알아들었음을 보여주어 의사소통의 고리를 완성하는 것이고 디핑은 자신을 살핀다는 의미로 상대의 말에 어떤 기분을 느끼는지를 아는 것이다.

마음챙김듣기로 시작하라('마음챙김 듣기의 약식연습' 참조). 화자에게 주의를 집중하되 자신의 몸을 의식하라. 어떤 강력한 감정이 생성된다면 그것을 인정하고 가능하면 흘러가게 내버려둬라.

화자가 이야기를 마치면 들은 내용을 반복해도 되냐고 물어 스스로가 완전히 이해했는지를 확인하라. 만약 화자가 허락하면 그가 한 말을 되받아 전달하고 그에게 여러분이 정확히 이해했는지 알려달라고 청하라. 화자가 지적을 하면 그가 바로잡아준 내용을 나만의 언어로 반복하여 정확히 이해하라. 화자의 말을 완전히 파악했다고 그가 인정해줄 때까지 이 과정을 반복하라.

화자의 말을 이해하고 나면 이제 여러분이 말할 차례다. 만약 그렇게 하는 게 편하다면 루핑 과정을 설명하고 상대에게 정중하게 참여를 권유해봐도 된다. 이런 식으로 말해볼 수 있다.

"혹시 제가 의사를 잘못 전달하는 일이 없으면 해서 그러는데, 괜찮으시다면 제가 말한 후에 들으신 내용을 제게 다시 전해주실 수 있겠습니까?"

상대가 제의를 수락한다면 여러분은 루핑 과정을 적용할 수 있다.

연습을 지속하기 위하여

지금까지 마음챙김연습과 이 마음챙김을 일상으로 확장하기 위한 연습에 대해 이야기했다. 여기서 핵심어는 '연습'이다. 마음챙김은 운동과 같다. 주제를 이해하는 것만으로는 충분치 않다. 효과를 얻으려면 연습을 해야 한다.

사람들이 마음챙김연습을 시작하도록 만드는 일은 쉬웠다. 뇌과학과 함께 여러 가지 이점을 설명하며 짤막한 2분 좌선을 소개하기만 하면 사람들은 대개 금방 알아듣는다. 좋은 소식이다.

나쁜 소식은 연습을 시작하고 며칠이 지나면 계속하는 걸 어려워하는 사람들이 많았다는 것이다. 많은 사람들이 처음 며칠간은 굉장한 열정을 갖고서 하루에 10분이나 20분씩 연습에 임하지만 처음의 열기가 식고 나면 연습을 고역으로 느낀다. 그들은 지루해하고 불안해하며 왜 이리 시간이 더디 가는지 답답하다고 불평한다. 얼마 뒤에는 유튜브에서 고양이가 변기 물 내리는 영상을 보는 것처럼 더 중요하고 재미있는 일이 자신을 기다린다고 생각해버린다. 그리고 자기도 모르는 사이 연습을 빼먹는다.

이 상태를 재미있게 묘사한 인물이 티베트의 명상대가 욘게이 밍규르 린포체Yongey Mingyur Rinpoche다. 그는 풋내기 시절의 자신을 이렇게 소개했다.

"저는 명상의 개념은 좋아했지만 명상연습은 별로였지요."

그렇다면 어떻게 마음챙김연습을 지속시킬 수 있을까?

다행스럽게도 마음챙김연습이 어렵게 느껴지는 것은 대개 몇 개월 정도만 이어지는 양상이다. 이는 운동을 시작하는 것과 같다. 운동을 시작하고 보통 처음 몇 개월은 정말 힘들다. 여러분은 이때 스스로를 절제하고 단련하여 규칙적인 운동습관이 몸에 배게 해야 한다. 하지만 2~3개월만 지나면 그로 인해 삶의 질이 확실히 바뀌고 있음을 실감하게 된다. 활력도 높아지고 병으로 골골대는 날도 줄어들며 일도 더 많이 해치우고 거울에 비친 모습도 더 보기 좋아진다. 당연히 스스로에게 만족감을 느낀다. 일단 이 지점에 이르면 운동을 중단하는 일은 생각도 못한다. 상향조정된 삶의 질이 너무 매혹적이기 때문이다. 이때부터는 자연스럽게 운동을 계속한다. 물론 체육관에 가기 위해 이따금 자신을 다독이며 의지력을 발휘해야 할 때도 있지만 전보다는 한층 수월해진다.

　마음챙김연습을 꾸준히 이어가는 것도 마찬가지다. 아마 처음에는 어느 정도 절제와 단련이 필요할 것이다. 하지만 몇 개월만 지나면 삶의 질이 현저하게 달라졌음을 확인하게 될 것이다. 여러분은 더 행복해지고 평온해지며 감정적으로 회복력이 더 강해지고 활력이 넘치게 된다. 또 여러분에게서 뿜어져 나오는 긍정적인 기운 때문에 사람들이 여러분을 더 좋아하게 될 것이다. 물론 자연히 자신에게도 좋은 느낌을 갖게 된다. 이 지점에 이르면 명상의 참맛을 알아버렸기 때문에 연습을 안 하고는 못 배긴다. 물론 숙련된 명상가도 이따금 바닥에 엉덩이 붙이는 일에 질려 의지력을 발휘해야 하지만 그 일이 훨씬 쉬워져 습관으로 자리 잡는다.

이 수준까지 가려면 연습을 어떻게 지속시켜야 할까? 여기 세 가지를 제안한다.

친구를 구하라

우리가 농담 삼아 구글의 선 수련원장이라 부르는 노먼 피셔가 제안한 방법이다. 다시 한 번 체육관 비유를 들겠다. 체육관에 혼자 가는 것은 힘들다. 하지만 함께 가기로 약속한 친구가 있다면 규칙적으로 드나들 가능성이 훨씬 높아진다. 그 이유는 친구가 있기 때문이고 이런 관계가 서로를 격려하고 서로에게 책임을 느끼게 하기 때문이다. 이처럼 여러분도 마음챙김 친구를 찾고 매주 15분간 대화의 시간을 갖기로 약속하라. 그리고 최소한 다음의 두 가지 주제를 다루어라.

'내 연습약속은 어떻게 돼가고 있는가?'

'명상연습과 관련하여 내 삶에서 어떤 일이 일어났는가?'

또 '이 대화는 어떻게 진행되었는가?'라는 질문으로 대화를 마무리하라. 우리는 이것을 내면검색 수업에서 실행했고 실제로 아주 좋은 효과를 보았다.

할 수 있는 것보다 적게 하라

이 가르침은 밍규르 린포체가 내린 것이다. 연습량을 할 수 있는 수준 이하로 줄이라는 것인데 가령 싫증을 느끼기 전까지 5분 정도 좌선할 수 있다면 3분이나 4분 정도만 하루에 몇 차례 진행하라는 것이다. 그래야 연습이 부담되지 않는다. 명상이 고역처럼 느껴지면 계속 끌어갈 수 없다.

이본 긴스버그는 '명상은 도락'이라고 즐겨 말한다. 나는 그녀의 통찰이 밍규르의 생각을 멋지게 포착하고 있다고 생각한다. 부담으로 느껴질 정도로 너무 오래 앉아 있지 마라. 짧은 시간 동안 자주 앉아라. 그러면 여러분의 연습도 곧 도락처럼 느껴질 것이다.

하루에 한 번씩 호흡하라

나는 세상에서 제일 게으른 명상강사일지 모른다. 내 학생들에게 그저 하루에 한 번씩만 마음챙김 호흡을 하라고 말하기 때문이다. 딱 한 번이다. 주의를 기울이며 숨을 들이쉬고 내쉬라. 그러면 그날의 약속은 이행된 것이고 그 밖의 호흡은 보너스 연습이 된다.

한 차례의 호흡이 중요한 것은 두 가지 이유에서다. 첫째는 탄력이다. 만약 하루에 한 번 호흡으로 규칙을 정해놓으면 이 약속은 지키기 쉽고 연습은 계속 탄력을 유지할 수 있다. 또한 나중에 횟수를 늘릴 준비가 됐다고 느낄 때 더 쉽게 적응할 수 있다. 두 번째 이유는 명상의 의도를 갖는 것 자체가 명상이기 때문이다. 이 연습을 하면 매일 자신에게 친절하고 유익한 어떤 일을 하겠다는 생각을 품게 된다. 시간이 가면서 나를 향한 친절은 귀중한 정신적 습관으로 굳어진다. 이 습관이 강화될 때 마음챙김은 더 쉬워진다. 기억하라. 앞으로 남은 생애 동안 하루에 한 번씩 호흡하라. 이것이 내가 요구하는 전부다.

명상의 가벼움과 기쁨

명상에 입문할 때 나는 가장 단순하고도 어이없는 문제로 끙끙 댔다. 세상에, 숨을 쉴 수 없었던 것이다! 평범한 일과 중에는 공기 든 뭐든 다 흡수할 수 있었지만 의식적으로 호흡에 주의를 집중하 려 할 때는 제대로 숨을 쉴 수가 없었다. 너무 잘하려고 애를 썼던 탓이다.

어느 날 나는 더 이상 너무 애쓰지 않기로 했다. 그저 앉아 있는 동안 웃으며 내 몸에 주목할 작정이었다. 그렇게 실천한 지 겨우 몇 분 후에 나는 느긋하면서도 또렷한 정신상태에 젖어들었다. 그 러자 호흡도 정상적으로 돌아왔고 처음으로 내 호흡에 주의를 모 으면서 제대로 숨을 쉴 수 있었다. 너무 애쓰지 않는 방법을 통해 비로소 성공한 것이다.

농담처럼 표현하면 명상은 잠드는 것과도 같다. 느긋할수록, 목 표에 덜 집착할수록 더 쉬워지고 결과도 좋아진다. 이처럼 명상과 잠드는 것 사이에는 한 가지 중요한 공통점이 있다. 둘 다 내려놓 는 것에 성패가 달렸다. 내려놓기에 능할수록 그만큼 명상과 잠들 기는 수월해진다. 이런 이유로 많은 명상교사들이 학생들에게 연 습에 큰 기대를 갖지 말라고 하는 것이다. 결과에 대한 집착은 내 려놓으려는 마음에 딴죽을 걸기 때문이다. 나는 이런 접근법이 맞 다고 믿지만 그것은 귀찮은 문제를 만들어낸다. 사람들이 어떤 이 득을 기대하지 않는다면 뭐하러 힘들게 연습을 하려 하겠는가?

이에 대해 최고의 해답을 들려준 이가 앨런 월리스Alan Wallace다. 그는 "명상 전에는 기대를 갖되 명상 중에는 기대를 품지 말라"고 말했다. 해결됐다. 이런 간단하면서도 멋진 해결책은 나 같은 소심한 엔지니어들의 마음을 다독여준다.

명상 중에는 느긋하고 편안한 마음이 중요하다. 여유로움은 깊은 집중의 토대가 되며 여유로워질 때 마음은 더 차분해지고 안정된다. 그리고 이 상태는 다시 느긋한 마음을 강화하여 선순환을 만들어낸다. 역설적이게도 깊은 집중력은 느긋하고 편안한 마음 위에 구축되는 셈이다.

이와 유사한 메커니즘이 마음챙김을 연습할 때도 적용된다. 나는 가벼움Lightness이 마음챙김에 큰 도움이 된다는 사실을 알아냈다. 가벼움은 마음을 편안하게 한다. 편안해진 마음은 우리를 더 개방적이고 통찰력 있으며 함부로 판단하지 않는 사람으로 만들어준다. 이런 속성들은 마음챙김을 깊이 있게 해주고 다시 이것은 내면을 더 가볍고 편안하게 한다. 이렇게 더 심도있는 마음챙김을 할 수 있는 선순환이 형성된다.

이러한 지혜는 마음챙김을 연습하는 좋은 방법이 기쁨, 특히 감각을 압도하지 않는 부드러운 종류의 기쁨을 명상대상으로 이용하는 것임을 암시한다. 예를 들어 즐거운 산책, 연인과 손을 맞잡는 것, 맛있는 식사, 잠든 아기를 안고 있거나 좋은 책을 읽으며 자녀와 함께 앉아 있는 시간이야말로 순간에 집중하여 마음챙김을 연습할 수 있는 아주 좋은 기회들이다. 나는 이것을 기쁨의 마음챙김

Joyful Mindfulness이라 부른다.

즐거운 경험에 주목하는 마음챙김은 그 경험들을 한층 더 즐겁게 만든다. 이것은 추가비용 없이 덤으로 얻는 즐거움이다. 더 중요한 것은 이러한 마음챙김의 효과가 확장될 수 있다는 사실이다. 즐거운 경험을 하는 도중에 마음챙김을 연습하면 그 기쁨이 다른 경험들에도 파급된다. 결국 우리는 중립적이거나 불쾌한 경험에도 더 강하게 마음챙김을 적용할 수 있다. 명상도 하고 재미도 보고, 임도 보고 뽕도 따는 셈이다.

그렇긴 해도 기쁨의 마음챙김은 정식 좌선명상의 대체물이 아니라 보조수단으로 이용될 때 가장 효과적이라는 점을 유의해야 한다. 정식연습을 하려면 호흡과 같은 중립적인 경험을 마음챙김의 대상으로 삼아야 한다. 정식 좌선을 기쁨의 마음챙김과 비교할 때 우리는 전자가 더 나은 마음챙김의 이익을 주지만 불행히도 수련을 필요로 한다는 사실을 알게 된다. 수련은 희귀한 자원이다. 반면 기쁨의 마음챙김은 마음챙김의 이익은 덜 주지만 훨씬 더 지속가능하다. 게다가 그것이 재미있다는 데는 그 누구도 이의를 제기하지 못할 것이다.

기쁨의 마음챙김은 자동차의 최저속기어라고 생각하면 쉽다. 그것은 자동차를 쉽게 움직이게 하지만 그 기어만 사용하면 빨리 달릴 수 없다. 반대로 정식 좌선은 고속기어라고 생각하라. 이 기어를 사용하여 정지된 차를 움직이기는 어렵지만 그래도 속력을 내고 멀리 가려면 그것을 이용해야 한다.

이 두 연습은 서로를 아주 잘 보완해준다. 두 가지 연습을 매일 하는 것은 여러분의 차가 갖고 있는 기어들을 모두 이용하는 것과 같다. 처음엔 차를 부드럽게 출발시켰다가 차츰 속력을 낼 수 있는 것이다.

얼마 뒤 여러분의 정식명상에는 산스크리트어로 '수카Sukha'라 불리는 강력한 기운이 스며들지 모른다. 수카의 가장 흔한 번역어는 '더 없는 기쁨', '평안', '행복'이다. 내가 보기에 가장 적절한 번역어는 가장 전문적인 해석인 듯하다. 바로 '무에너지의 기쁨Non-energetic Joy'이다. 수카는 에너지가 불필요한 기쁨의 한 특성이다. 그것은 배경에 깔린 백색소음과 거의 비슷하여 항상 그곳에 있지만 좀처럼 인지되지는 않는다.

수카의 무에너지적인 특성에는 두 가지 중요한 의미가 함축되어 있다. 첫째, 그것이 지속 가능한 것은 에너지의 분출을 요구하지 않기 때문이다. 둘째, 수카는 에너지가 필요 없기에 감지하기가 힘들어 그것에 접근하려면 매우 고요한 마음이 필요하다. 이는 마치 큰소리로 말하는 사람이 없을 경우에만 방 안에서 들리는 부드러운 배경음과 같다. 따라서 수카에 접근하려면 마음을 고요하게 하는 법부터 배워야 한다.

그러나 일단 이 기술에 익숙해지면 감각적인 자극이 필요 없는, 고도로 지속 가능한 행복의 원천을 확보하게 된다. 인생이 바뀌는 것은 두말할 것도 없다.

내가 아는 대부분의 숙련된 명상가들은 명상생활의 어느 시점에 수카의 상태에 이르렀다. 내 경험상 기쁨의 마음챙김은 정식 좌선 명상에서 수카의 상태에 빨리 도달하게 만든다.

나는 기쁨의 마음챙김을 연습하는 것이 마음을 평안, 유머, 가벼움에 익숙해지게 해서 정식연습 중에 마음이 수카와 더 쉽게 연결되게 한다고 믿는다. 이때 수카는 조용히 삶에 스며들어 일상의 경험들을 좀 더 즐겁게 만들어준다. 이로써 기쁨의 마음챙김 연습을 위해 이용할 수 있는 유쾌한 경험이 더 많아지고 풍부해진다. 결국 또 다른 행복한 선순환이 형성되는 셈이다. 기쁨의 마음챙김은 그 자체로도 효과가 좋지만 정식 마음챙김 연습과 결합될 때 굉장한 시너지효과를 낸다.

집중형주의와 개방형주의

건강한 신체에는 두 가지 상호보완적인 특징이 있다. 바로 순발력과 지구력이다. 훌륭한 운동선수가 되려면 이 두 가지를 다 갖추는 것이 바람직하다. 이와 유사하게 주의에도 상호보완적인 특성이 두 가지 있는데 바로 집중형주의Focused Attention와 개방형주의Open Attention다. 숙련된 명상가가 되려면 이 두 가지 주의력을 모두 갖추어야 한다.

집중형주의는 선택된 대상에 강력히 초점을 맞추는 것이다. 그것은 안정적이고 강하고 확고하며 마치 렌즈로 초점을 잡은 햇빛

이 단 하나의 점에 강렬한 빛을 쏘아대는 것과 같다. 또 그것은 단단한 바윗덩어리와 같아서 바람이라는 방해요소가 제아무리 세차게 불어도 절대로 꿈쩍도 하지 않는다. 그야말로 집중형주의는 귀빈 중의 귀빈들만 입장할 수 있는, 경비가 삼엄한 왕궁과도 같은 마음인 것이다.

한편 개방형주의는 마음이나 감각에 들어오는 어떤 대상이라도 기꺼이 맞아들일 의지가 있는 주의력이다. 그것은 열려 있고 유연하고 유혹적이며 마치 주위를 비추는 햇볕과 같아 모든 것을 감싸 안는다. 또한 풀과 같아서 항상 바람결에 부드럽게 흔들리고 물을 닮아서 어느 때든 어떤 모양으로도 변할 수 있다. 마치 들어오는 사람이라면 누구든지 귀한 손님으로 환영하는, 인심 좋은 주인이 사는 열린 집과 같은 마음이다.

좋은 소식은 마음챙김명상을 하면 집중형주의력과 개방형주의력을 동시에 훈련시킬 수 있다는 것이다(하나 가격에 두 개다!) 이것이 가능한 이유는 마음챙김명상이 두 가지 요소를 다 포함하기 때문이다. 자꾸 곁눈질하며 궤도를 이탈하는 주의를 매 순간 되불러오면 집중형주의력이 훈련된다. 판단하지 않고 내려놓는 연습은 개방형주의력을 익히게 한다. 따라서 마음챙김명상을 하면 두루 다 좋아진다.

그렇긴 해도 우리는 참석자들이 그 둘 사이의 차이를 경험하고 자신이 선택하는 어느 하나의 훈련에 역점을 두는 방법을 배우는 것이 매우 유용하다는 사실을 발견했다. 우리가 만들어낸 연습은 여러

가지 운동을 돌아가면서 잠깐씩 하는 순환식훈련법Circuit Training과 비슷하다.

순환식훈련법은 고강도의 유산소훈련과 무산소훈련을 결합한 것이다. 트랙을 달린 다음(유산소훈련), 멈추고 엎드려 팔굽혀펴기(무산소훈련)를 하는 식이다. 훈련자들은 유산소운동과 근력운동을 번갈아 해서 순발력을 담당하는 속근과 지구력을 담당하는 지근을 동시에 기른다.

우리의 순환식훈련법도 3분간 집중형주의력훈련으로 시작한 다음 3분간 개방형주의력훈련으로 이동한다. 보통 12분 동안 이 훈련을 실시하며 여기에 각각 2분을 더하여 시작할 때와 끝날 때 호흡을 통해 마음이 휴식을 취하게 한다. 다음은 우리가 이용하는 방법이다.

순환식명상훈련

느긋하고 맑은 마음(이것이 여러분에게 무엇을 의미하든)을 갖게 해주는 자세로 편히 앉아라. 마음을 쉬게 하라. 호흡을 휴식처, 쿠션, 매트리스라 상상해도 된다. 마음을 그 위에서 쉬게 하라.

(짧은 휴지)

이제 집중형주의로 이동하자. 주의를 호흡이나 여러분이 선택한 다른 명상대상에 못 박아라. 이 주의가 어떤 방해요소에도 흔들리지 않고 바위처럼 견고하

게 하라. 마음이 한눈을 팔면 부드럽지만 단호하게 돌려세워라. 이 연습을 남은 3분간 계속한다.

(긴 휴지)

이제 개방형주의로 이동한다. 여러분이 경험한 것, 마음에 떠오르는 것이 무엇이든 그것에 주의를 모아라. 이 주의가 바람결에 흩날리는 풀처럼 유연하게 하라. 집중방해요소 같은 것은 없다. 여러분이 경험하는 모든 대상이 명상대상이다. 모든 것이 만만한 먹잇감이다. 이 연습을 3분의 남은 시간 동안 계속하라.

(긴 휴지)

3분간 집중형주의로 이동하고 이후 3분간 개방형주의로 이동하라.

마음을 쉬게 하는 것으로 이 명상을 끝낸다. 원한다면 다시 호흡을 휴식처, 쿠션, 매트리스라 상상하고 마음을 그 위에서 쉬게 하라.

(긴 휴지)

집중형주의와 개방형주의에는 공통적으로 몇 가지 중요한 특징이 있다. 이 특징들은 앞서 연습한 원래의 마음챙김명상과도 공통된다.

첫 번째 특성은 강력한 메타주의다. 어느 명상에서든 자신의 주의가 어떻게 움직이는지를(또는 움직이지 않는지를) 계속 명확히 인지하기 때문이다. 따라서 연습만 충분하면 메타주의는 움직이는 마음(개방형주의)에서든 정지된 마음(집중형주의)에서든 강한 힘을 발휘할 수 있다.

첫 번째 특징과 밀접히 연관된 두 번째 특징은 주의력의 명료함과 생생함이다. 어느 명상에서든 주의력이 아주 선명하게 유지될 수 있다. 이는 어느 한곳을 비추든, 온 방안을 다 비추든 똑같이 밝은 빛을 내는 횃불에 비유할 수 있다.

세 번째 특징은 두 명상 모두 노력과 휴식의 균형이 필요하다는 점이다. 어느 경우든 노력을 너무 많이 하면 피곤해지고 오래 지속할 수 없게 되며, 노력이 너무 적으면 자신의 주의력을 제어할 수 없게 된다. 이 균형상태는 흔히 시타르_{기타 비슷한 남아시아 악기-옮긴이} 줄에 적절한 긴장을 유지하는 것에 비유된다. 줄들이 너무 팽팽하면 쉽게 끊어지고 너무 느슨하면 아름다운 음을 빚어내지 못한다. 줄은 너무 팽팽하지도 느슨하지도 않은 '골디락스영역_{Goldilocks Zone, 태양과 적절한 거리에 있어 너무 뜨겁지도 너무 차갑지도 않은 곳으로 우주 생명체가 존재할 가능성이 높은 영역-옮긴이}'에 있어야 한다.

나는 이 균형을 유지하는 한 가지 재미있는 방법이 비디오게임 하듯 하는 것이라고 생각한다. 게임을 할 때는 난이도가 도전의지를 자극할 정도로 그리 낮지도 않고 또 매번 패할 정도로 너무 높지도 않을 때 가장 재미있다. 그래서 나는 초보자 수준의 설정에서 시작하여 게임에 더 능숙해지면서 난이도를 높여가는 방법을 택한다. 명상도 똑같은 방식으로 할 수 있다. 처음에는 게임을 쉽게 만든다. 이를테면 이렇게 생각하는 거다.

'딱 5분만 앉아 있자. 그 5분 중 어느 때든 열 번 연달아 숨을 쉬면서 호흡에 계속 집중할 수 있다면 내가 이기는 거야!'

이 정도 난이도 설정으로 90퍼센트 정도 게임에 이길 수 있다면 더 많은 재미를 위해 난이도를 높일 수 있다. 다시 말하지만 중요한 것은 난이도가 도전의지를 자극할 정도가 되어야지 자신을 낙담시킬 정도로 너무 어려우면 안 된다는 점이다. 이 게임에 아주 능숙해진 후에는 놀랍게도 가장 낮은 난이도의 게임이 정말 재미있어진다. 나에게 있어 적절한 수준은 어느 정도 맑은 정신으로 그냥 내 마음을 10분간 쉬게 하는 정도이다. 바로 그거다. 그냥 쉬는 것. 나는 이게 너무 좋아 지금도 좀 더 어려운 게임을 하는 사이사이에 이 정도 난이도의 게임을 많이 섞어 넣는 편이다.

세 번째 특징과 밀접한 마지막 특징은 어느 명상에서든 만족스러운 편안함과 깊은 몰입의 상태에 진입할 수 있다는 사실이다. 스키 타기나 춤추기, 코드작성 등 내가 잘하는 활동에 집중할 때는 특히 내 주의가 완전히 그 활동에 쏠린다. 그것이 쉽고 재밌으면서 동시에 충분히 도전적으로 느껴질 경우 몰입의 상태에 진입하게 되는데 이때 나는 최고의 역량을 발휘하면서도 마음은 지극히 평안해진다. 연습만 충분히 하면 단지 앉아 있는 것만으로 주의력게임을 즐기고 몰입상태에 진입하는 데 능숙해질 수 있다. 정말 근사하지 않은가?

선과 아기의 걸음마

명상연습을 표현하는 최고의 비유는 걸음마를 배우는 아기에 빗댄 것이다. 생후 약 아홉 달 무렵, 내 딸이 첫걸음을 떼던 때가 기억난다. 참 아름다운 한 걸음이었다. 그 한 발짝을 내딛고 아기는 이내 넘어졌다. 그토록 귀엽게 넘어지는 것은 오직 아기들만 가능한 일이다. 결국 딸은 한 걸음을 졸업하고 두 걸음까지 발전했지만 그 후 얼마간 정체상태를 유지했다. 두어 달 동안 딸은 한두 걸음을 넘기지 못하고 주저앉았다. 그러다가 돌이 지난 후 며칠 뒤에 나는 딸이 네 발짝 떼는 것을 보았다. 같은 날 아이는 그것을 두 배로 늘려 여덟 걸음까지 떼었다(당연히 나는 아이의 걸음 수를 셌다. 난 엔지니어니까). 다음 날 딸은 여덟 걸음에서 멈춰 선 듯하다가 오후 늦게 열여섯 걸음까지 내디디는 기염을 토했고 저녁에는 서른 걸음을 넘어섰다. 그 벽을 통과하자 곧 걸을 수 있었다. 딸은 그날로 걷기를 마스터했다.

나는 이 경험과 명상연습 사이의 중요한 유사성을 발견했다. 명상과정에는 두 단계가 있는 것 같다. 나는 이 두 단계를 '초기 접근단계'와 '공고화단계'라고 부른다.

초기 접근단계에서는 특정한 마음상태에 접근할 수 있지만 그 마음을 그리 오래도록 붙잡아두지는 못한다. 운 좋게 아주 평온하고 청명한 마음상태에 진입하여 마음속에 스며드는 깊은 기쁨을 느끼더라도 행복의 순간은 이내 사라져버린다. 이 단계는 아기가 첫걸음마를 떼는 것과 같다. 마침내 걷기에 접근한 셈이다. 아기는 드디어 걷는다는 게 어떤 기분인지 알게 되지만 이는 고작 한두 걸음에 그치고 만다.

공고화단계는 한 걸음 떼기에서 집안을 걸어 다니는 단계로 이동하는 긴 과정이다. 명상가로 치면 그 단계는 필요할 때 원하는 강도와 지속시간만큼 하나의 마음상태로 진입할 수 있게 되는 수준이다. 외견상 어떤 의미 있는 발전도 없이 긴 시간을 제자리에서 뱅뱅 돌다가, 어느 순간 아주 짧은 시간 안에 갑자기 솟구치는 셈이다. 이때 우리는 대도약을 하고 완전한 공고화단계에 이른다. 마치 내 딸이 몇 개월간 두 걸음 상태에 머물다가 갑자기 이틀 사이에 걷게 된 것과 같다. 무심한 관찰자에게는 아기가 겨우 이틀 만에 걷는 법을 배운 것처럼 보일지 모르지만 사실 그 애는 3개월에 걸쳐 연습을 해온 것이다. 그 마지막 이틀의 돌연한 대도약을 가능하게 한 것은 3개월에 걸친 꾸준한 연습이었다.

여기서 배워야 할 교훈은 여러분의 명상이 별 진척 없는 듯 보일 때 낙심하지 말라는 것이다. 이 과정을 이해하면 변화란 홀연히 찾아온다. 모든 노력의 순간이 여러분을 그 지점에 조금씩 더 가까이 데려다준다. 이는 흔히 얼어붙은 호수의 얼음이 깨지는 것에 비유된다. 얼핏 보면 얼음이 깨지는 것은 갑작스러운 현상처럼 보이지만 사실 그것은 오랜 시간에 걸쳐 맨 밑의 얼음층이 서서히 녹아온 탓이다. 선 명상에서는 이것을 일러 '꾸준한 정진과 돌연한 깨우침'이라 표현한다.

다음에 걸음마를 배우는 아기를 보게 되면 유심히 관찰해보라. 그 아기가 사실은 여러분에게 명상의 발전과정을 가르쳐주는 선사일지 모른다.

4장

저절로 자신감이 눈뜨는 순간

🔍 자신감을 키우는 자기인식의 힘

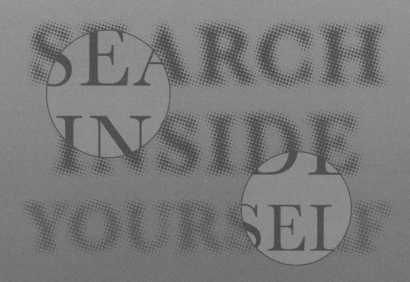

어떤 문제를 낳게 한 것과 동일한 사고방식으로는
그 문제를 해결할 수 없다.

- 앨버트 아인슈타인

오래전 고대 인도에서 있던 일이다. 파수꾼들을 피해 도망치던 한 도둑이 어두운 골목에서 잠자고 있던 거지를 발견했다. 그는 방금 훔친 작지만 대단히 귀한 보석을 몰래 거지의 주머니에 넣어두고는 다시 도망쳤다. 파수꾼들을 따돌린 후 거지에게 돌아와 다시 보석을 빼내갈 심산이었던 것이다. 그런데 밤사이에 도둑은 운수 사납게도 파수꾼들과의 격투 끝에 그만 살해되고 말았다.

　이제 졸지에 부자가 된 것은 거지였다. 그는 주머니 속에 평생을 떵떵거리며 먹고살 만한 부를 지니게 되었다. 하지만 한 번도 자기 주머니를 살펴보지 않았던 거지는 그 사실을 알 리 없었다. 결국 그는 남은 인생을 계속 거지로 살다 죽었다.

　안을 들여다볼 때 무엇을 발견할지는 자신도 모른다. 누가 아는가? 그 안에 값을 헤아릴 수 없는 대단한 보물이 숨겨져 있을지.

나의 내면을 더욱 명료하게

이 장에서는 자신의 내면을 살피는 문제를 이야기한다. 장 전체를 요약할 수 있는 한마디가 있다면 그것은 바로 명료성Clarity 또는 청명함이다. 자기인식능력을 높이는 것은 내면을 더욱 명료하게 하는 일과 관련이 있다. 아래 그림들이 보여주듯이 우리가 발전시키고 싶은 두 가지 구체적인 특성은 해상도와 생생함이다.

해상도와 생생함

오른쪽 그림은 두 가지 면에서 왼쪽 그림과 다르다. 먼저 해상도가 더 높기 때문에 훨씬 자세하게 볼 수 있다. 둘째, 밝기와 명암대비가 더 뚜렷해 이미지를 더 생생하게 볼 수 있다. 해상도와 생생함이 결합될 때 그림의 유용성은 더욱 높아진다. 마찬가지로 이 장에 소개되는 연습들은 두 가지 방식으로 우리가 자신의 여러 감정을 더 명확히 인식하도록 해줄 것이다.

첫째, 자신의 감정을 인식하는 해상도(또는 정확도)를 높여 감정이 일었다가 잦아드는 순간의 감정과 그 사이의 미묘한 변화들을 감지하게 한다. 둘째, 그 감정들의 밝기와 명암대비를 높여 그들을 전보다 더욱 생생하게 볼 수 있게 한다. 이 결합은 우리의 감정적 삶에 대한 유익한 정보를 제공해줄 것이다.

감정을 보는 순간 휘둘리지 않게 된다

대니얼 골먼은 자기인식을 '자신의 내적인 상태, 기호, 자원, 직관을 아는 것'으로 정의한다. 내가 이 설명을 좋아하는 이유는 자기인식이 찰나의 감정적 경험에 대한 통찰을 넘어선다는 것을 암시하기 때문이다. 이는 자기인식의 의미범주를 자신의 강점과 약점을 이해하고 내적인 지혜에 접근하는 것과 같은 더 광범위한 '자아'의 영역으로 확장시킨다.

자기인식은 그 외의 다른 모든 것을 가능케 하는 감성지능의 핵심영역이다. 이것은 자기인식이 감정의 과정에 신피질을 끌어들이기 때문이다. 자기인식은 생각하는 뇌라고도 불리는 신피질과 연결되는데, 신피질은 주의가 자신을 향하는 '자기초점적주의Self-focused Attention'와 언어에 관련이 있다. 그래서 우리가 강한 자기인식상태에 이르면 뇌의 그 부위에 불이 들어온다. 그러면 격정을 못 참고 누군가에게 소리를 지르는 대신 자신을 제어하고 '저 사람에게 소리치면 안 돼. 그는 사장이야'라며 감정을 다독일 수 있게 된다.

모든 감정경험에 신피질이 관여하는 것은 감정적 삶을 통제하기 위해 필요한 단계다. 밍규르 린포체는 그것을 시적인 은유로 묘사한다. 사납게 출렁이는 강물이 보인다는 것은 이미 우리가 그 강물의 영향권을 벗어났음을 의미한다는 것이다. 마찬가지로 어떤 감정을 보는 순간 우리는 더 이상 그것에 완전히 휘둘리지 않게 된다.

감정인식의 놀라운 힘

대니얼 골먼은 '감정능력Emotional Competence'의 개념을 '감성지능에 기초한 능력으로 뛰어난 업무성과의 동인이 되는 힘'이라 정의한다. 그는 자기인식의 영역 아래에는 세 가지의 감정능력이 있다고 말한다.

· **감정인식**: 자신의 감정과 그것의 영향에 대한 인식
· **정확한 자기평가**: 자신의 강점과 한계를 아는 것
· **자신감**: 자신의 가치와 능력에 대한 강한 의식

감정인식과 정확한 자기평가 사이의 중요한 차이는 전자가 주로 생리적 차원에서 작용하는 반면 후자는 주로 의미의 차원에서 작

용한다는 것이다. 감정인식은 내 몸 안의 감정들을 정확하게 인지하고 그것이 어디서 오는지를 알며 내 행동에 어떤 영향을 주는지를 이해하는 것이다. 반면 정확한 자기평가는 내가 느끼는 감정을 넘어 한 인간으로서의 나 자신에 대한 평가를 의미한다. '내 강점과 약점은 무엇인가?', '내 자원과 한계는?', '내게 중요한 것은 무엇인가?' 등의 질문들에 대한 대답이라 할 수 있다. 정확한 자기평가는 감정인식의 토대 위에서 가능하다.

　이 세 가지는 일과 삶에서 매우 유용하다. 1장에서 우리는 특히 몸 안에서의 강력한 감정인식이 어떻게 직관에 대한 접근성을 높이는지를 살펴보았다. 감정인식은 동기부여에도 직접적인 영향을 준다. 우리는 자신이 하는 일을 가슴 깊이 간직한 가치와 조화시킬 때 스스로에게 동기부여를 할 수 있으며, 강력한 감정인식능력은 그런 가치에 의식적으로 접근할 수 있게 한다. 6장에서 동기부여의 문제를 논하면서 이 주제를 더 깊이 파고들 것이다.

　감정인식은 심지어 돈벌이에도 직접적인 영향을 준다. 예를 들어 조직심리학자 케리 처니스Cary Cherniss 박사와 로버트 캐플란Robert Caplan 박사는 아메리칸 익스프레스의 재정고문들에게 감정인식기술을 가르친 결과 고문 한 사람당 수익이 증가했다고 보고했다. 이 재정고문들은 어려운 상황에서 자신의 감정적 반응을 확인하는 법을 배웠고 회의감과 수치심을 불러일으키는 비생산적인 혼잣말을 더 잘 인식하게 되었다. 이 감정인식능력으로 그들은 대처전략을 개발하여 업무를 더 효율적으로 수행하고 더 많은 돈도 벌었다. 아마 고객들에게도 더 유익한 재무상의 조언을 제공했을 것이다.

정확한 자기평가는 '자기객관성'이라고도 칭한다. 그것은 모두에게 유익하지만 특히 매니저들에게 그렇다. 대니얼 골먼의 글을 인용해보자.

각기 다른 조직 12개의 매니저들 수백 명을 연구한 결과, 정확한 자기평가는 우수한 성과의 보증수표였다. …… 정확한 자기평가능력을 지닌 사람들은 자신의 능력과 한계를 알고 피드백을 구하며 자신의 실수를 통해 배우고 개선해야 할 점이 어디인지, 보완적인 강점을 지닌 사람들과 협력해야 할 때가 언제인지를 안다. AT&T 와 3M 같은 기업에서 근무하는 과학자, 회계감사관 등 지식근로자 수백 명을 대상으로 한 연구에서 정확한 자기평가는 거의 모든 최고성취자에게서 발견되는 능력인 것으로 드러났다. …… 360도 다면평가에서 평균수준의 성취자들은 대개 자신의 강점을 과대평가하는 것으로 나타난 반면 우수 성취자들은 좀처럼 그런 착각을 범하지 않았다. 오히려 스타급 성취자들은 자신의 능력을 과소평가하는 경향이 있었는데 이는 높은 내적 기준을 나타내주는 지표였다.

본질적으로 완벽한 인간은 하나도 없다. 따라서 정확한 자기평가는 우리가 가진 한계에도 불구하고 성공의 열매를 수확할 수 있게 해준다.

자신감을 태산만큼 부풀렸다
모래알만큼 작아지게 하는 법

자신감은 강력한 능력이다. 노먼 피셔는 진정한 자신감을 다음과 같이 아름답게 묘사했다.

"자신감은 자만심이 아니다. …… 진정으로 자신감을 갖게 되면 자아에 대해 유연성이 생긴다. 필요할 때는 자아를 드러냈다가도 남에게서 완전히 새로운 것을 배우기 위해 필요할 때는 내려놓을 수도 있다. 자아를 내려놓을 수 없다 해도 최소한 그것이 자신의 모습이라는 것은 안다. 그 사실을 스스로 인정하는 것이다. 자책감을 느끼지 않고 자신의 한계를 인정할 정도로 겸손하려면 아주 깊은 자신감이 필요하다."

지금까지 몇 개 장을 거쳐 오면서 우리는 함께 어울리고 정도 들어 이제 거의 오랜 친구처럼 되었다. 그러니 이쯤 해서 여러분과 숨기고 싶은 작은 비밀을 공유하고자 한다. 사실 나는 수줍음이 아주 많은 사람이다. 성장기에 나는 부끄럼을 많이 탔고 사교성이 부족했다. 자라서 훌륭한 엔지니어가 될 만한, 괴짜 아이의 전형다웠다. 성인이 된 지금도 아직 숫기가 많이 부족하긴 하지만 나는 버락 오바마 같은 세계의 리더들을 만나든 대규모 청중 앞에서 연설하든 교통경찰관을 상대하든 차분하지만 확실한 자신감을 내뿜을 수 있다. 심지어 유엔에서 연설하는 나 자신의 비디오영상을 봤는데 당당해 보이는 모습에 스스로 놀라기도 했다. 만약 내가 영상의 그 친구를 이미 알고 있지 않았다면 그를 아주 멋진 사람이라고 생각했을 것이다.

내가 이렇게 자신감을 가질 수 있는 것은 당당하게 보이려 노력하기 때문이 아니라 나의 자아나 자존감에 대해 유머감각을 갖고 있기 때문이다. 사람들과 교류할 때 대부분의 상황에서 나는 내 자아를 작고 무의미한 것으로 축소시킨다. 다른 사람을 상대할 때는 그가 누구든 그를 친절하게 대하고 이롭게 하는 데 초점을 맞춘다. 동시에 내가 누구를 만나든 절대 기죽지 않을 정도로 내 자아를 크게 부풀린다. 그가 빌 클린턴이든 나탈리 포트만이든 교통경찰관이든 유튜브에서 나를 지켜보는 대규모 군중이든 말이다. 그런 의미에서 나는 자신감을 태산만큼 키우면서 동시에 하찮은 모래알만큼 작아지게 할 수 있는 능력을 가졌다. 나는 내 자아가 커지게 하고 동시에 작아지게 하면서 그것의 불합리와 모순에 슬며시 미소 짓는다. 이것이 수줍은 엔지니어의 자신감 비결이다.

놀랄 일도 아니지만 자신감은 일을 할 때도 매우 유익하다. 뛰어난 업무성과에 자신감이 얼마나 중요한지 증명하는 연구들이 적지 않다. 감성지능전문가 리처드 보야치스Richard Boyatzis 박사의 한 연구는 자신감이 최고수준의 경영자들과 그저 그런 평범한 수준의 경영자들을 구분 짓는 차별인자라는 것을 보여준다. 사실 114개의 연구에 대한 대규모 메타분석은 자신감의 한 형태인 자기효능감이 업무성과와 분명한 상관관계가 있음을 나타낸다. 자신감은 업무성과를 개선시키는 것으로 널리 알려진 목표설정 같은 전략보다 훨씬 효과적일 수 있다.

자신감을 키우는 손쉬운 방법은 나처럼 특이한 억양이 섞이지 않은 매끄러운 영어를 구사하는 누군가가 "당신은 성공할 수 있습니다! 당신은 위대합니다! 당신은 할 수 있습니다!"라고 외치며 모두가 박수를 쳐대는 동기부여강연에 참석하는 것이다. 이때 우리는 모두 자신이 위대하다고 느끼며 한껏 우쭐해져서 집으로 돌아간다. 하지만 이 약발은 고작 사흘 정도 지속된다. 지속 가능한 자신감의 유일한 원천은 깊은 자기이해와 뻔뻔한 정직성에서 나온다.

엔지니어의 마음으로 보면 나는 그것이 나의 두 주요 모드를 이해하는 것이라고 생각한다. 바로 실패 모드와 회복 모드다. 내가 어떤 시스템을 아주 철저하게 이해하여 그것이 정확히 왜 실패하는지를 안다면 그것이 언제 실패하지 않는지도 알게 될 것이다. 그러면 그 시스템이 완벽하지 않다는 것을 알고 있음에도 강한 자신감을 가질 수 있다. 각 상황에서 무엇을 조절해야 할지 알기 때문이다. 시스템이 실패한 후 정확히 어떻게 회복하는지도 안다면 그것이 실패할 때조차 자신감을 가질 수 있다. 마찬가지로 내 마음과 감정, 능력에 관해 충분히 이해하고 있다면 많은 결함과 문제에도 불구하고 스스로에 대한 자신감을 유지할 수 있다.

최근 베를린에서 열린 세계평화축제World Peace Festival에서 연설했을 때 이것을 시험할 기회가 있었다. 나는 특히 폐막총회 패널이 된 것에 불안을 느꼈다. 다른 참석자들 전부가 나보다 열 배는 쟁쟁한 인물이었기 때문이다. 그들은 노벨상 수상자에다 정부 각료,

저명한 자선가 그리고 내 친구 디팩 초프라Deepak Chopra 등으로 이루어진 눈부신 스타 군단이었다. 그에 반해 나는 그저 구글의 평범한 직원이었다. 나는 스스로가 어른들 테이블에 앉아 있는 꼬마처럼 느껴졌다.

나는 대개 대중연설을 준비하는 데 많은 시간을 보낸다. 영어를 적절히 다듬는 데 의식적으로 '정신적 처리과정'을 거쳐야 하기 때문이다. 말과 생각을 동시에 하는 것은 내게 버거운 일이었다. 그런데 이 날은 행사가 시작되기 1분 전까지 사회자가 내게 무슨 질문을 할지 몰랐기에 적절한 대비를 할 수 없었다.

정말 다행스럽게도 마음챙김 훈련이 그 위력을 발휘하기 시작했다. 먼저 나는 내 자아를 유머를 통해 긍정적으로 바라보면서 그것이 중요한 요소가 되지 않을 정도로 충분히 작게 만들었다. 한편 평화회의에서 노벨상 수상자와 대등한 자격으로 나란히 발언하는 것에 대해 전혀 주눅 들지 않을 정도로 큼지막하게 부풀렸다. 다음에는 내 강점과 한계를 기억했다. 이를테면 나는 기업에서 실행하는 명상프로그램에 있어선 전문가지만 국가적인 차원에서 평화기반을 구축하는 일에 대해서는 일자무식이었다. 그래서 내가 가장많이 기여할 수 있는 영역의 가치를 높이는 일에 집중했다. 또 나의주요 강점이 회의장에서 평화와 유머의 분위기에 추임새를 넣는 능력임을 상기하고 가능한 한 많이 기쁨의 마음챙김 상태에 머물렀다(3장 참조). 마지막으로 내가 당면한 실패 모드(말하는 동안 영어를더듬는 것)와 회복 모드(깊이 호흡하고 웃고 마음챙김 상태를 유지하며 이따금의 실수에 기죽지 않는 것) 전략을 잘 이해했다. 자기인식에 기초한 이 모든 전략을 이용하여 나는 그 시간 내내 자신감을 유지할 수 있었다. 이런 기술을 배워서 참 기뻤고 지금도 기쁘다.

깊은 자기이해와 뻔뻔한 정직성은 자신에게 숨길 것이 전혀 없다는 것을 의미한다. 그것은 정확한 자기평가에서 나온다. 스스로를 정확하게 평가할 수 있다면 자신의 가장 큰 장점과 가장 큰 약점 모두를 분명하고 객관적으로 볼 수 있다. 또 자신의 가장 소중한 열망과 가장 어두운 욕망에 대해 스스로에게 정직해지며 가장 깊은 곳에 자리한 삶의 최우선순위와 무시해도 될 정도로 하찮은 것들이 무엇인지를 알게 된다. 결국 우리는 알몸 그대로의 자기 모습에 편안해지는 경지에 이르며 이때 자신이 모르는 수치스러운 비밀이 사라진다. 자신에 대한 문제 중 우리가 상대하지 못할 것은 아무것도 없게 된다. 이것이 자신감의 기초다.

정확한 자기평가는 예리한 감정인식에 기반을 둔다. 감정인식능력을 높이기 위해서는 자신의 감정적 경험을 깊이 연구해야 한다. 우리는 말을 연구하는 조련사와 같다. 다양한 상황에서 말을 주의 깊게 관찰할수록 말의 성향과 행동을 더 많이 이해하고 녀석을 더 노련하게 상대할 수 있다. 이런 명료한 인식을 무기로 우리는 자신의 감정적 삶을 마치 객관적인 제3자를 보듯 관찰할 수 있게 된다. 객관성을 획득하고 각각의 감정적 경험을 있는 그대로 분명하게 인식하는 것이다. 이것이 정확한 자기평가를 위한 조건을 만들어주는 선명한 신호다.

자기인식의 세 가지 감정능력 사이에는 직선적 관계가 존재한다. 강력한 감정인식능력은 더 정확한 자기평가를 낳고 정확한 자기평가는 더 높은 자신감으로 연결된다.

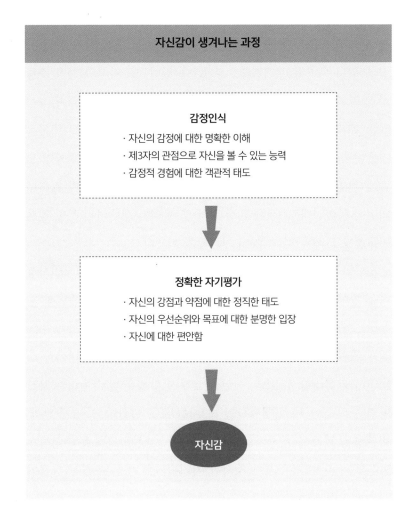

자신감이 생겨나는 과정

감정인식
· 자신의 감정에 대한 명확한 이해
· 제3자의 관점으로 자신을 볼 수 있는 능력
· 감정적 경험에 대한 객관적 태도

정확한 자기평가
· 자신의 강점과 약점에 대한 정직한 태도
· 자신의 우선순위와 목표에 대한 분명한 입장
· 자신에 대한 편안함

자신감

자기인식능력을 키우는 연습

인생의 어떤 것들은 너무도 분명하여 숨기려 해도 뻔히 드러난다. 한 가지 예가 자기인식과 마음챙김 사이의 유사성이다. 해당 분야의 두 권위자들이 각각을 어떻게 정의했는지 비교해보자.

자기인식은 …… 요동치는 감정의 소용돌이 속에서도 자기반성적 태도를 유지하는 중립적인 모드다.　　　　　　　　– 대니얼 골먼

마음챙김은 특별한 방식으로 주의를 기울인다는 의미다. 바로 의도를 가지고 현재의 순간에 비판단적으로 집중하는 것이다.

　　　　　　　　　　　　　　　　　　　　　　– 존 카밧진

이들은 본질적으로 똑같은 것을 이야기한다. 대니얼이 정의한 자기인식이 바로 존이 정의한 마음챙김이다. 사실 이것이 내가 내면검색 프로그램을 개발한 계기가 된 핵심통찰이었다. 나는 직접 실천해오고 있었기에 마음챙김이 훈련 가능하다는 사실을 알고 있었다. 그런데 자기인식이 본질적으로 마음챙김이라면 자기인식 또한 비슷한 방식으로 훈련할 수 있지 않을까? 유레카! 바로 이 통찰과 관련된 질문을 정리하는 방법으로 내 팀과 나는 전체 감성지능 교육과정을 개발하게 되었다.

이 마음은 전통적으로 깃대 위에서 펄럭이는 깃발에 비유된다.

깃발은 마음을 상징한다. 강렬한 감정 앞에서 마음은 세찬 바람에 나부끼는 깃발처럼 요동친다. 깃대는 마음챙김을 상징한다. 그것은 온갖 감정적 동요에도 불구하고 마음이 안정을 유지하고 제자리를 벗어나지 않게 한다. 우리가 스스로를 객관적인 시각으로 볼 수 있게 하는 것은 바로 이런 안정성이다.

깃대와 마음에 대한 이야기를 하다 보니 선과 관련된 우스갯소리가 생각난다. 한 선사의 말을 듣기 위해 많은 사람들이 몰려들었다. 그때 펄럭이는 깃발에 주의를 빼앗긴 한 사람이 말했다.

"깃발이 움직이네."

이에 다른 사람이 대꾸했다.

"아냐, 바람이 움직이는 거야."

그러자 무리 중에서 가장 똑똑한 세 번째 인물이 맞받았다.

"아닐세, 친구들. 마음이 움직이는 거라네."

이에 정말 짜증이 난 네 번째 친구가 쏘아붙였다.

"모두 틀렸네. 움직이는 건 바로 주둥아리들이지."

일반적이고 단순한 마음챙김명상 하나만으로도 자기인식능력을 기르는 데 도움을 얻을 수 있다. 그러나 우리는 정식연습이 훨씬 좋은 효과를 보일 수 있다고 생각한다. 그래서 우리 수업에 모두 마음챙김에 기초한 정식연습 두 가지를 도입했다. 첫 번째 연습인 몸 스캔Body Scan은 생리적 차원에서 작용하며 감정인식능력 계발에 가장 효과적이다. 두 번째 연습인 일지 쓰기Journaling는 의미의 차원에서 작용하며 정확한 자기평가능력 계발에 가장 효과적이다. 이

두 연습은 자기이해와 정직성을 키워줌으로써 자신감 강화를 위한 조건을 형성한다.

몸 스캔

1장에서 감정은 생리적인 경험이므로 감정을 고해상도로 인식하는 가장 좋은 방법은 몸에 마음챙김을 적용하는 것이라고 언급한 바 있다. 몸에 주의를 기울일 때마다 우리는 자신의 몸을 훨씬 잘 지각하고 그 결과 감정의 과정도 더 깊이 이해하게 하는 신경의 변화를 만들어낸다.

체계적인 방법을 좋아하는 사람들에게는 몸 스캔이라는 정식연습이 적합하다. 이것은 효과가 아주 좋은 존 카밧진의 MBSR 교육과정의 핵심연습 중 하나다. 이 연습 자체는 아주 간단하다. 그저 판단을 배제하고 차례대로 우리 몸의 각 부분에 주의를 기울이면 된다. 머리 꼭대기부터 시작하여 발가락 끝으로 계속 이동하며(그 반대로 해도 된다) 모든 감각 또는 감각의 부재에 주목한다. 중요한 것은 감각이 아니라 주의라는 점을 기억하라. 감각을 경험하느냐 못하느냐는 문제가 되지 않는다. 주의를 기울인다는 사실만이 중요하다.

MBSR에서 이 연습은 교사에 따라 20~45분간 계속된다. 내면검색과정에서는 시간이 더 짧아 감정경험과 많은 관련이 있는 신체부위에만 집중한다. 또 내면검색 교육과정은 주로 감성지능 프로그램이기 때문에 우리는 참석자들에게 앉아 있는 시간 중 절반은 각자 감정의 생리적 현상을 경험하게 한다.

몸 스캔

1. 주의력 안정화

2분간 편하게 앉아 있는 것으로 시작하자. 편안하면서도 동시에 또렷한 상태 (그것이 여러분에게 무엇을 의미하든)를 유지할 수 있는 자세로 앉아라.

이제 자연스레 숨을 쉬면서 아주 부드럽게 호흡에 주의를 집중하라. 콧구멍이나 복부, 또는 호흡에 수반되는 모든 것들(이것이 여러분에게 무엇을 의미하든)에 주의를 집중하라. 들숨과 날숨 그리고 그 사이의 공백을 의식하라.

2. 몸을 스캔하라

· **머리**: 정수리, 귀, 머리 뒤쪽에 주의를 집중시켜라. 1분간 감각 또는 감각의 부재 상태에 주목하라.

· **얼굴**: 이제 주의를 얼굴로 옮겨라. 1분간 이마, 눈, 뺨, 코, 입술, 입, 잇몸, 혀에 주목하라.

· **목과 어깨**: 주의를 옮겨 1분간 목과 목구멍 안, 어깨를 살펴라.

· **등**: 이제 등으로 주의를 돌려 1분간 등의 아래, 중간, 윗부분에 유의하라. 등은 많은 짐을 지고 긴장되어 있으므로 그에 합당하게 다정하고 따뜻하게 주의를 기울이자.

· **전면**: 이제 앞쪽으로 옮겨 1분간 가슴과 배에 유의하라. 가능하다면 내부의 여러 장기(그것이 여러분에게 무엇을 의미하든)에 주의를 돌려라.

3. 전체 몸을 한꺼번에 관찰

이제 1분간 한꺼번에 몸 전체에 주의를 쏟아라.

자신의 몸에서 어떤 감정을 찾아냈는가? 그렇다면 그냥 그것의 존재에 주목하라. 그렇지 않다면 그냥 감정의 부재를 의식하고 다음 2분 안에 어떤 감정이 솟아날 경우 그것을 포착하라.

1. 긍정적인 감정

이제 몸 안의 긍정적인 감정을 경험해보자. 행복하고 즐거웠던 사건에 대한 기억이나 최상의 컨디션을 유지하고 매우 생산적이었던 때 혹은 자신감을 느꼈던 때를 마음에 떠올려라.

긍정적인 감정의 느낌을 경험하라. 이제 주의를 몸으로 돌려라. 그 감정이 몸속에서 어떻게 느껴지는가? 얼굴에서 느껴지는가? 목, 가슴, 등에서? 호흡은 어떤가? 긴장의 수준에 어떤 차이가 있는가? 그냥 3분간 이 느낌을 경험해보자.

2. 현재로 복귀

이제 현재로 돌아오자. 감정으로 충전된 어떤 생각을 발견했다면 그냥 내려놓아라. 자신의 몸이든 호흡이든 마음이 더 안정되는 쪽으로 주의를 돌려라. 그냥 2분간 그곳에서 마음을 편히 쉬게 하라.

(긴 휴지)

이 연습에서 우리가 부정적인 감정이 아닌 긍정적인 감정만 환기하도록 권유했다는 사실에 유의하라. 부정적인 감정과 관련된 연습은 다음 장에서 다룬다. 바로 거기서 그것을 상대하기 위한 방법들을 소개하기 때문이다. 부정적인 감정을 관리하기 위한 도구를 소개하지도 않은 상태에서 그 감정을 떠올리게 하고 싶진 않다.

나는 모든 이들에게 정식으로 몸 스캔 연습을 해보라고 권하고 싶다. 이 연습에는 중요한 이점들이 많다. 먼저 그것은 단지 일상의 활동들을 마음챙김 하는 것보다 효과가 좋다. 그 주된 이유는 '초점'에 있다.

어떤 활동을 할 때 틱낫한처럼 마음이 고도로 훈련되어 있거나 그 활동이 댄스경기처럼 자신의 몸에 온전히 집중하는 일과 관련되어 있거나 아니면 자신이 댄스경기에 참여하고 있는 틱낫한이 아닌 한, 우리는 주의력의 극히 일부만 몸에 할애할 가능성이 높다. 반면 정식 몸 스캔 외에 전혀 하는 일이 없다면 주의를 온전히 몸에 집중시킬 수 있으며 이 주의가 신경의 변화를 자극할 수 있다.

내면검색 수업에 참여한 학생 중에 짐이라는 매니저가 있었다. 그는 겨우 몇 주간 몸 스캔을 연습한 후 내게 "저는 제가 감정을 몸 안으로 억압했다는 사실을 깨달았습니다. 이 때문에 몸이 늘 무기력했고 결근도 자주 했죠. 그런데 이 연습으로 결근횟수를 줄일 수 있게 됐습니다"라고 말했다. 짐에게는 부하직원이 9명 있다. 따라서 그의 연습으로 직장에서 최소한 열 명이 혜택을 본 셈이다(짐은 그의 진짜 이름이 아니다. 하지만 장담하건대 그의 몸은 진짜다).

몸 스캔의 두 번째 이점은 수면에 도움을 준다는 것이다. 이걸 잘 아는 이유는 MBSR 프로그램 참석자들이 누워서 몸 스캔을 연습하다 어느 수업에서든 최소한 한 명이 코를 골기 때문이다. 몸 스캔이 왜 수면을 자극하는지는 확실히 모르지만 경험을 통해 몇 가지 이유를 추론해볼 수 있다.

몸에 주의를 돌리는 일은 몸의 휴식을 자극한다. 몸에 주의를 기울이지 않아 신체에 긴장이 축적되는 경우가 아주 많다. 그래서 주의를 기울이는 것만으로 이 문제를 바로잡을 수 있다. 또 몸 스캔과 여타의 마음챙김에 기반한 연습들은 마음을 쉬게 한다. 몸 스캔은 몸과 마음을 다 진정시키며 더구나 누워서 할 경우 잠들기 딱 좋은 환경이 조성된다. 수면에 문제가 있다면 이 연습이 최고의 수면제가 될 수도 있다.

일지 쓰기

일지 쓰기는 자신에게 글을 써서 자기발견을 하는 중요한 연습이다. 그것은 마음속에 있지만 의식적으로 명확히 파악되지는 않는 것들을 발견하는 데 도움을 준다. 대개 글을 쓸 때 우리는 다른 사람과 생각을 나누고 소통하려고 한다. 하지만 이 연습은 다르다. 누군가와 의사소통을 하려는 것이 아니라 자신의 생각이 종이 위로 흐르게 하여 무엇이 나타나는지를 볼 수 있게 하는 것이다.

연습 자체는 아주 간단하다. 먼저 스스로에게 일정량의 시간, 예를 들어 3분 정도를 주고 유도문구를 받는다(또는 직접 유도문구를 정한다). 유도문구는 '지금 내 기분은……' 같은 개방형 문장이 된다. 이 3분간 마음에 떠오르는 것은 무엇이든 기록하라. 유도문구의 주제에 대해 쓸 수도 있고 생각나는 다른 내용에 대해 쓸 수도 있다. 쓸 내용에 대해 생각을 쥐어짜려 하지 말고 그냥 나오는 대로 적어라. 유도문구의 취지에 얼마나 충실한지는 중요하지 않다. 그냥 자신의 생각이 종이 위로 흐르게 하라. 규칙은 단 하나뿐이다. 시간이 다 될 때까지 쓰기를 멈추지 말라는 것이다. 쓸 말이 더 이상 생각나지 않아도 그냥 써라.

'쓸 내용이 다 떨어졌어. 더 이상 쓸 게 없어. 계속 쓸 말이 생각 안 나.'

다시 쓸 거리가 생각날 때까지 이렇게라도 휘갈겨라. 자신에게, 자신을 위해 쓰고 있다는 사실만 기억하라. 이것은 남에게 보여줄 필요가 없다. 따라서 완전히 정직한 태도로 작업에 임할 수 있다.

일지 쓰기는 생각과 감정에 대한 마음챙김이다. 바로 떠오르는 생각과 감정에 매 순간 비판단적으로 주의를 기울이고 그것을 종이 위에 끼적임으로써 흐름을 쉽게 하는 것이다. 이것을 두어 가지 다른 방식으로 바라볼 수도 있다. 나 같은 엔지니어의 방식은 그것을 여과되지 않은 '브레인 덤프Brain Dump, 대량의 정보를 한 사람에서 다른 사람에게 또는 종이에 쏟아놓는 것을 지칭하는 표현-옮긴이'로 보는 관점이다. 마음속에 흐르는 것들을 종이 위에 쏟아내는 것이다. 좀 더 시적인 관점은 자신의 생각을 부드럽게 흐르는 냇물로 보고 그 흐름을 종이 위에 풀어놓는 것이다.

이 연습은 너무 단순하여 도대체 그것이 어떤 쓸모가 있을지 의아할지 모른다. 나도 노먼 피셔가 처음에 이 기법을 설명해주었을 때 똑같은 생각을 했다. 그러나 이에 대한 연구결과는 나를 몹시 흥분시켰다. 스테파니 스페라Stefanie Spera, 에릭 버페인드Eric Buhrfeind, 제임스 펜베이커James Pennebaker 등은 연구에서 일단의 해고당한 전문직업인들에게 매일 20분간 5일 연속으로 자신의 감정을 글로 적게 했다. 그런데 이들은 글을 쓰지 않은 대조그룹의 사람들보다 훨씬 더 빨리 새 일자리를 구했다. 8개월 뒤 그들 중 68.4퍼센트가 새 직장을 구했지만 대조그룹에 속한 이들은 27.3퍼센트만 재취업에 성공했다. 이 수치는 내 마음을 크게 뒤흔들었다. 보통 어떤 개입을 통해 몇 퍼센트의 차이를 만들어내면 그에 대한 논문을 발표할 수 있다. 그러나 이 수치는 약 3퍼센트 정도가 아니다. 무려 40퍼센트가 넘는 수치였다. 이를 위해 필요했던 것은 100분간의 개입이 전부였다. 와우!

일지 쓰기를 어느 정도 해야 의미 있는 변화를 경험할 수 있을까? 2009년 3월 2일에 '베리쇼트리스트Very Short List'란 웹사이트에 등장한 어느 기사를 인용한다.

20년 전 텍사스대학교의 심리학자 제임스 펜베이커는 며칠 연속해서 하루에 15분간 자신의 가장 의미 있는 개인적 경험에 대해 글을 쓴 학생들은 기분이 더 좋아졌고 혈액검사 결과도 더 건강했으며 성적도 더 높은 것으로 나타났다는 연구결과를 내놓았다. 한편 미주리대학교의 새 연구는 고작 몇 분의 글쓰기만으로도 충분하다는 사실을 보여준다. 연구자들은 대학생 49명에게 이틀 연속으로 2분간 그들이 감정적으로 의미 있다고 생각한 내용을 글로 기록하게 했다. 참여자들은 즉각 기분이 더 좋아진 것으로 드러났고 생리건강 표준화검사에서도 더 좋은 결과를 보였다. 그 연구는 집중적인 자기성찰은 불필요하다고 결론 내린다. 사물을 균형 잡힌 시각으로 바라보는 데는 단순히 어느 날 주제를 끄집어내고 다음 날 그것을 간략히 탐색해보는 것으로 충분하다는 것이다.

눈에 띄는 차이를 만들어내는 데 4분이면 된단다. 정말 놀랍지 않은가?

매일 일지 쓰기를 연습하는 한 가지 재미있는 방법은 각 종이에 다른 유도문구를 써서 그 모두를 어항 안에 넣고(물론 물이 없는 것이 좋다) 매일 무작위로 한두 장을 골라내는 것이다. 아래에 몇 가지 유도문구를 제안한다.

· 지금 내 기분은……

· 내가 알고 있는 건……

· 내 의욕을 자극하는 건……

· 내게 영감을 주는 건……

· 오늘 내가 열망하는 건……

· 나를 아프게 하는 건……

· 내가 원하는 건……

· 다른 사람들은……

· 사랑은……

다음에 정확한 자기평가연습을 위한 하나의 방법을 소개한다. 통상적인 일지 쓰기 외에도 이 연습에 도움이 되도록 기본지침을 약간 추가했다.

자기평가를 위한 일지 쓰기

1. 준비

쓰기 전에 마음을 준비운동시키자.

2분간 여러분이 어려운 상황에 긍정적으로 반응하고 그 결과가 매우 만족스러웠던 사례를 하나 혹은 그 이상 생각해보라. 여러분은 자신이 대단한 일을 했다고 느꼈다. 만약 하나 이상의 예를 고려하고 있다면 어떤 연관성이나 패턴이 드러나는지 살펴보라.

이제 잠시 정신의 긴장을 풀자.

(30초 휴지)

2. 일지 쓰기

유도문구(문구당 2분)

· 내게 기쁨을 주는 것은……

· 내 강점은……

3. 준비

이제 2분간 여러분이 어려운 상황에 부정적으로 반응하고 그 결과가 매우 불만족스러웠던 사례를 하나 혹은 그 이상 생각해보라. 여러분은 자신의 일 처리가 부실했다고 느꼈고 뭔가 바꿀 수 있기를 바란다. 하나 이상의 예를 고려하고 있다면 어떤 연관성이나 패턴이 드러나는지 여부를 살펴보라.

이제 잠시 정신의 긴장을 풀자.

(30초 휴지)

4. 일지 쓰기

유도문구(문구당 2분)

· 나를 불쾌하게 하는 것은……

· 내 약점은……

몇 분간 자신이 쓴 글을 읽어보라.

내 감정은 내가 아니다

자기인식이 깊이를 더해가면서 우리는 결국 매우 중요한 통찰에 이르게 된다. 즉 나는 내 감정이 아니라는 사실이다. 우리는 보통 자신의 감정이 곧 자기 자신이라고 생각한다. 이것은 우리가 그 감정들을 묘사하기 위해 사용하는 언어에 반영되어 있다. 예컨대 우리는 마치 분노, 행복, 슬픔이 우리 자신이거나 우리의 본질인 것처럼 "나는 화났다", "나는 행복하다", "나는 슬프다"라고 말한다. 우리의 감정이 바로 우리의 존재가 된다고 여기는 것이다.

하지만 마음챙김 연습을 충분히 하면 미묘하지만 중요한 변화를 목격하게 된다. 즉 감정은 우리의 본질이 아니라 단지 우리가 느끼는 것에 불과하다는 사실에 눈뜨는 것이다. 감정은 존재적인 것("나는 존재한다")에서 경험적인 것("나는 느낀다")으로 이동한다. 마음챙김 연습을 더 많이 하면 또 다른 미묘하지만 중요한 변화를 경험할 수 있다. 즉 감정을 단지 생리적인 현상으로 보게 되는 것이다. 그러니까 감정은 몸에서 경험하는 어떤 것이 되어 우리는 "나는 화가 난다"에서 "나는 몸속에서 분노를 경험한다"로 의식의 대전환을 이루게 된다.

이런 미묘한 변화가 지극히 중요한 것은 그것이 감정의 통제가능성을 암시하기 때문이다. 내 감정이 나의 실체라면 그것에 대해 내가 할 수 있는 일은 거의 없다. 그러나 감정이 내가 몸 안에서 경험하는 어떤 것에 불과하다면 분노의 감정도 격한 운동을 하고 난 후 어깨에 느껴지는 고통과 아주 흡사한 것이 된다. 두 가지 모두 내가 영향력을 행사할 수 있는 생리적인 경험에 불과하다. 나는 그들을 누그러뜨리고 무시할 수 있다. 몇 시간 지나면 기분이 나아지리라는 것을 알기에 아이스크림이나 사먹으러 갈 것이다. 나는 마음챙김을 통해 그것을 경험할 수 있다. 기본적으로 나는 그것을 조종할 수 있다. 그것은 내 핵심존재가 아니기 때문이다.

명상전통에는 이런 통찰을 표현하는 아름다운 비유가 있다. '생각과 감정은 일부는 아름답고 일부는 어두운 구름과 같다. 그리고 우리의 핵심존재는 하늘과 같다'는 것이다. 구름은 하늘이 아니다. 그들은 생겼다가 사라지는 하늘의 한 현상에 불과하다. 마찬가지로 생각과 감정은 우리의 본질이나 실체가 아니다. 그들은 생겼다가 사라지는, 마음과 몸에서 일어나는 현상들일 뿐이다. 이런 통찰로 무장할 때 우리는 자기 안에서 변화의 가능성을 보게 된다.

5장

내 감정,
내 마음대로

🔍 자기통제력 계발

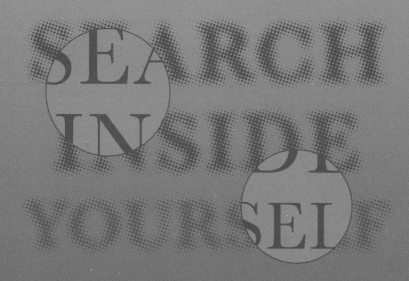

자신을 통제하는 것보다 더 작은 통제도, 더 큰 통제도 없다.
그것이 가장 작은 통제인 것은 자기 자신조차 통제하지 못하면서
자기 이외의 다른 것을 통제할 수는 없기 때문이며,
그것이 가장 위대한 통제인 것은
자신을 완전히 통제하는 것은 정말 어려운 일이기에
그걸 해내는 것이야말로 다른 어떤 일보다 큰일이기 때문이다.

- 레오나르도 다빈치

이 장의 주제는 다음 한마디로 요약할 수 있다.

'충동에서 선택으로.'

옛날 옛적 고대 중국에서 있었던 이야기다. 말을 탄 남자가 길가에 서 있는 한 남자 옆을 지나게 되었다. 길가의 남자가 물었다.

"어디 가시오?"

이에 말 탄 남자가 대답했다.

"나도 모르겠소. 말에게 물어보시오."

이 이야기는 인간의 감정적 삶을 은유적으로 표현한다. 말은 인간의 감정을 상징한다. 우리는 보통 자신의 감정에 내몰린다는 느낌을 받는다. 말을 통제할 수 없다고 느껴 그냥 녀석 마음 동하는 대로 어디로든 가게 된다. 다행인 것은 인간이 말을 길들이고 인도할 수 있다는 점이다. 이는 말을 이해하고 녀석의 기호, 성향, 행동을 이해하는 것에서 시작한다.

일단 말을 이해하면 우리는 녀석과 능숙하게 소통하고 어울리는 법을 배우게 된다. 그러면 녀석은 결국 우리를 우리가 원하는 곳으로 데려다준다. 이렇게 스스로를 위한 선택의 여지를 만들어낼 수 있다. 말을 타고 황혼의 들녘을 내달리며 존 웨인처럼 멋지게 보이기로 선택할 수 있는 것이다.

자기인식을 다룬 앞 장은 말을 이해하는 문제에 대한 것이었다. 이 장에서는 자기인식을 이용하여 자기감정의 주인이 되는 법을 배운다. 다시 말해 말 타는 법을 배우게 될 것이다.

자기조절은 감정을 피하거나 억압하는 것이 아니다

자기조절Self-regulation을 생각할 때 우리는 대개 사장 앞에서 울컥하지 않는 종류의 자제력만을 떠올린다. 이것이 생각하는 전부라면 온갖 아름답고 멋진 것을 놓치고 있는 셈이다. 자기조절은 자제력보다 훨씬 넓은 범위를 포괄한다. 대니얼 골먼은 자기조절의 우산 아래 5개의 감정능력이 있음을 밝히고 있다.

· **자제력**: 파괴적인 감정과 충동의 제어
· **신뢰성**: 높은 수준의 정직과 성실성

· **양심**: 개인적인 행위에 대한 책임

· **적응력**: 변화에 대한 유연성

· **혁신**: 새로운 아이디어, 접근법, 정보에 대한 개방성

이 모든 능력의 근저에는 한 가지 공통점이 있다. 바로 선택이다. 누구나 다 위의 자질들로 무장하고 싶어한다. 예를 들어 우리는 적응력을 갖추면서도 혁신적이기를 바란다. 누가 높은 수준의 정직과 성실성을 마다하겠는가?

그러나 많은 사람들이 이런 덕목에 늘 충실하지는 못한다. 왜 그럴까? 감정의 꼭두각시가 되어 다른 방향으로 움직이도록 떠밀릴 때가 많기 때문이다. 하지만 충동을 선택으로 전환할 수만 있다면 이 모든 자질은 우리가 원할 경우 언제든 주머니에서 꺼내 쓸 수 있는 유용한 도구가 된다.

충동 모드에서 선택 모드로 이동할 수 있는 능력이 이 모든 덕목을 발달시킬 수 있는 핵심이다.

얼마 동안 내면검색 프로그램을 운영한 후에 우리는 자기조절이 무엇인지 설명하는 것도 중요하지만 무엇이 자기조절이 아닌지를 설명하는 것도 그에 못지않게 중요하다는 사실을 깨달았다. 이유는 단순하다. 자기조절이 단지 괴로운 감정을 억압하는 것이라고 생각하는 사람들이 많기 때문이다. 하지만 이는 사실이 아니다.

자기조절은 감정을 피하는 것이 아니다. 고통스러운 감정을 느끼는 것이 적절한 상황도 있다. 이를테면 여러분의 친한 친구가 슬

픈 소식을 전할 때는 어느 정도 그의 슬픔에 공감하는 것이 적절한 반응이다. 여러분이 환자에게 아주 안 좋은 소식을 전하는 의사라면 아마 유감스러운 감정을 피하려고 하지 않을 것이다.

자기조절은 진정한 감정을 부정하거나 억누르는 것도 아니다. 감정은 귀중한 정보를 담고 있는데 만약 그것들을 부정하거나 억누르면 그 정보를 놓치게 된다. 가령 내면검색 프로그램 참가자 중 한 사람은 감정에 귀 기울이는 법을 배운 후 자신이 현재 역할에 만족하지 못하는 상황을 깊이 이해하기 시작했다. 결국 그는 교육이 끝난 직후 다른 부서로 옮겼고 그 결과 훨씬 행복해졌을 뿐더러 더 능률적으로 새 업무를 수행하게 되었다.

자기조절은 특정한 감정을 결코 느끼지 않는 것이 아니라 그런 감정들을 다루는 데 매우 노련해지는 것이다. 불교심리학에서는 화Anger와 의분Indignation 사이에 중요한 차이가 있다고 말한다. 화는 무력감에서 나오는 반면 의분은 힘에서 나온다는 것이다. 이 차이 때문에 화가 날 때는 자제력을 잃기도 하지만 의분을 느낄 때는 감정을 완전히 제어할 수 있다. 그래서 감정적이면서도 냉정을 잃지 않고 변화를 위해 싸울 수 있는 것이다. 의분은 숙련된 자기조절상태이며 최고수준의 자기조절능력을 보여주는 좋은 예다.

이 상태를 가장 잘 구현한 인물은 간디다. 간디는 화내지 않았지만 불의와 싸우거나 대규모 행진을 주도하는 일을 멈추지 않았다. 싸우는 내내 그는 결코 평온함이나 측은지심을 잃지 않았다. 나 역시 좀 더 성장하여 그렇게 되고 싶다.

물 위에 글 쓰듯이

그래도 간혹 해로운 생각이나 감정을 찍어 눌러야 할 상황이 생길 텐데 그때는 어찌해야 할까?

애초에 해로운 생각이나 감정이 솟구치는 것을 막을 길이 있는지를 따져보아야 한다. 내 경험상 그것은 불가능하다.

세계 최고의 심리학자 중 한 명인 폴 에크만 Paul Ekman은 내게 이 주제를 갖고 직접 달라이라마와 나눈 대화내용을 소개해주었다. 그들은 둘 다 어떤 생각이나 감정이 생겨나는 것을 막을 방법은 없다는 데 의견을 같이한다.

이것은 틀림없이 정확한 답일 것이다. 폴과 달라이라마와 나 모두가 동시에 틀릴 수는 없지 않겠는가?

그러나 달라이라마는 중요한 사항을 덧붙였다. 해로운 생각이나 감정이 생기는 것을 막을 수는 없지만 그것을 떠나보내거나 내려놓을 힘은 갖고 있으며 고도로 훈련된 마음은 이런 감정이 생기는 순간 바로 게워낼 수 있다는 것이다.

석가모니는 이런 마음 상태를 '물 위에 글씨를 쓰는 것과 같다'는 아주 아름다운 비유로 표현했다. 깨달은 마음에 불건전한 생각이나 감정이 고개를 쳐드는 것은 마치 물 위에 글씨를 쓰는 것과 같아, 쓰이는 순간 이내 사라진다.

내려놓기 연습

감각적 고통Pain과 정신적 고통Suffering은 질적으로 달라서 하나가 반드시 다른 하나를 뒤따르는 것은 아니라는 것. 이것이야말로 명상 중에 얻을 수 있는, 삶을 변화시키는 가장 중요한 통찰 중 하나다. 이런 통찰의 근원은 내려놓기 연습이다.

내려놓기는 지극히 중요한 기술이며 명상연습의 토대이다. 항상 그렇듯이 선의 전통은 이 지혜도 아주 재미있게 표현하고 있다. 중국 선종의 3대 조사인 승찬은 "지극한 도는 어렵지 않나니 다만 차별하는 마음을 버리라"고 했다. 마음이 지극히 자유로워 좋아하고 싫어하는 마음조차 내려놓을 수 있을 때 지극한 도는 더 이상 어렵지 않다는 것이다.

내려놓기의 핵심은 아주 중요한 물음을 제기한다. 인생의 오르막과 내리막, 쓴맛과 단맛을 다 내려놓으면서도 그들을 이해하고 온전히 경험한다는 것이 과연 가능할까?

나는 그것이 가능하다고 생각한다. 비결은 두 가지, 곧 탐욕과 혐오감을 내려놓는 것이다. 탐욕은 마음이 뭔가를 절실하게 움켜쥐고 놓아주지 않으려 할 때 생기며 혐오감은 마음이 뭔가를 필사적으로 배척하고 거부할 때 생긴다. 이 두 가지 속성은 서로의 이면이다. 탐욕과 혐오감은 우리가 경험하는 고통의 대부분, 거의 90퍼센트 이상을 차지한다.

어떤 현상을 경험할 때 감각기관과 대상이 접촉하는 즉시 감각과 지각이 일어나고 연이어 탐욕이나 혐오감이 생겨난다(일부 명상 전통은 마음 자체를 감각으로 분류하여 이 경험모델을 육체적인 현상은 물론 정신적인 현상으로까지 그럴듯하게 확대한다). 여기서 핵심이 되는 통찰은 탐욕과 혐오감은 감각과 지각으로부터 분리되어 있다는 점이다. 그들은 매우 밀접히 연결되어 함께 발생하기에 우리는 대개 그 차이를 알아채지 못한다.

그러나 마음챙김 연습이 심화되면 그 차이를 알아보고 심지어 그들 사이에 난 아주 작은 틈도 발견할 수 있다. 예를 들어 오랜 시간 앉아 있다보면 등에 고통이 느껴지고 곧바로 혐오감을 느끼기 쉽다. 이때 우리는 속으로 '이 고통이 싫어. 이 느낌을 원치 않아. 사라져!'라고 외친다. 마음챙김을 충분히 연습하면 두 경험이 다르다는 것을 알아차릴 수 있다. 육체적 고통의 경험과 혐오감의 경험은 별개이다. 훈련되지 못한 마음은 그들을 분리 불가능한 것으로 뭉뚱그리지만 훈련된 마음은 서로 다른 경험으로 구분하며 하나가 다른 하나를 낳는다는 사실을 알아본다.

일단 마음이 이 정도 수준의 지각에 이르면 우리 앞에 아주 중요한 두 개의 기회가 나타난다.

첫 번째 기회는 마음의 고통 없이 감각적 고통을 경험할 가능성이다. 감각적 고통 자체가 아닌 혐오감이 정신적 고통의 실제 원인이라는 이론이 이를 뒷받침한다. 감각적 고통은 단지 혐오감을 일으키는 감각에 불과하다. 그래서 마음이 이것을 인식하고 혐오감을 떠나보낼 수만 있다면 정신적 고통의 정도는 크게 줄어들 것이다. 어쩌면 전혀 고통을 느끼지 못 할지도 모른다. 존 카밧진은 이 이론이 실제 현실에서 어떻게 구현되는지 보여주는 아주 좋은 예를 제시한다. 다음에서 그는 자신의 MBSR 병원을 찾은 한 남자의 이야기를 전한다.

70대 초반의 한 남자가 발에 심한 통증을 호소하며 병원을 찾았다. 그는 휠체어를 타고 첫 수업에 들어왔다. …… 첫날에 그는 통증이 너무 심해 그냥 발을 잘라버리고 싶다고 했다. 그는 도대체 명상이 자신에게 무슨 도움이 될지 이해하지 못했지만 상황이 너무 다급하여 지푸라기라도 잡으려 했다. 모든 사람이 그의 사정을 몹시 안타까워했다.

…… 그는 두 번째 수업에 휠체어가 아닌 목발을 짚고 왔다. 그 후에는 지팡이만 이용했다. 몇 주간 그가 휠체어에서 목발을 거쳐 지팡이로 이동해가는 모습은 모두에게 아주 큰 인상을 주었다. 나중에 그는 통증은 크게 달라진 것이 없지만 통증에 대한 그의 태도는 많이 바뀌었다고 말했다.

이런 통찰에 이른 가장 흥미로운 역사적 인물 중 하나는 5현제 중 마지막 왕인 로마황제 마르쿠스 아우렐리우스였다. 그는 이렇게 썼다.

어떤 외부적인 요인 때문에 괴로워하고 있다면 고통은 그 요인 자체 때문이 아니라 그것에 대한 우리의 생각 때문에 생긴다. 그리고 우리는 어느 때든 그 생각을 철회할 힘을 갖고 있다.

우리가 논하는 주제를 생각하면 참 재미난 일인데, 위 인용문은 《명상록*Meditations*》이라는 그의 글 모음집에 수록되어 있다.

두 번째 중요한 기회는 개운치 않은 뒷맛을 남기지 않고 즐거움을 경험할 가능성이다. 유쾌한 경험의 가장 큰 문제는 결국 끝이 있다는 사실이다. 경험 자체는 고통을 유발하지 않지만 그에 대한 집착과 그것이 영속되기를 바라는 간절한 염원이 고통을 만들어낸다.

틱낫한은 이 상황을 아주 멋지게 표현했다. 고통의 원인은 시들어가는 꽃이 아니라 바로 꽃이 시들지 않기를 바라는 비현실적인 욕망이라는 것이다. 따라서 마음이 이를 인식하고 탐욕을 내려놓을 수 있다면 유쾌한 경험은 거의 혹은 전혀 고통을 야기하지 않는다. 시들어갈 운명은 피할 수 없겠지만 그 꽃들을 온전히 즐길 수는 있게 된다.

탐욕과 혐오감을 떠나보낼 때 우리는 내려놓으면서도 인생을 화려한 총천연색으로 충만히 경험할 수 있다. 사실은 내려놓는 마음을 통해 삶을 더 생생하게 경험할 수 있을지 모른다. 왜냐하면 그것은 탐욕, 혐오감, 고통의 시끄러운 간섭으로부터 우리를 해방시켜주기 때문이다.

고통에 대처하는 일반원칙

다음은 온갖 고통스러운 감정을 상대하는 데 매우 유익한 4가지 일반원칙들이다.

자신이 언제 고통스럽지 않은지를 안다

고통을 느끼지 않을 때는 자신이 고통스럽지 않다는 사실을 의식하라. 이것은 여러 면에서 매우 유익한 연습이다.

우선 그것은 행복감을 높인다. 우리는 아픔으로 고통스러울 때 항상 '이 아픔에서 벗어날 수만 있다면 그 다음엔 정말 행복할 텐데'라고 생각한다. 하지만 아픔에서 벗어난 후에는 그렇게 얻은 자유를 즐기지 못한다. 지속적으로 고통의 부재를 의식하는 이 연습은 우리에게 자유의 달콤함을 즐기게 함으로써 더 많은 행복을 느끼도록 해준다.

또한 우리가 고통을 경험하는 동안에도 그것이 지속적이지는 않다는 것을 인식해야 한다. 특히 감정적인 고통이 그렇다. 고통은 언제든지 왔다가 때가 되면 간다. 게다가 고통에서 해방되는 순간들도 있다(몇 분이나 몇 초간의 짧은 시간일 수도 있다). 고통의 부재에 주목하는 연습은 고통이 사라지는 작은 공간이 열릴 때 우리를 그 안에 머물 수 있게 해준다. 이 공간은 일시적으로 고통을 완화시켜주며 회복을 시작하고 문제와 대면할 힘을 발견하는 근거가 되어준다.

불쾌한 기분에 대해 나쁘게 생각하지 않는다

우리는 불쾌한 기분에 대해 나쁘게 생각하는 경향이 있다. 나는 이것을 '메타고통Meta-distress'이라 부른다. 이는 특히 민감하고 심성이 착한 사람들에게 심하다. 이들은 '내가 정말 좋은 사람이라면 왜 이렇게 질투심이 많은 거지?'라는 식으로 생각하며 자기를 책망한다. 명상연습까지 하는 착한 사람들의 경우 더 그렇다. 그들은 '내가 정말 제대로 된 명상가라면 이렇게 느끼진 않을 거야. 나는 위선자이고 쓸모없는 사람이야'라는 식으로 스스로를 나무란다.

고통은 자연발생적인 것임을 인식하는 것이 중요하다. 누구나 이따금씩 이런 경험을 한다. 평화의 상징인 틱낫한조차 누군가에게 너무 화가 나서 거의 주먹질까지 할 뻔한 적이 있었다고 한다.

또한 불쾌한 기분에 대해 나쁘게 여기는 것은 자아의 행위임을 기억하라. 그것은 자신에 대한 자아의 이미지를 반영한 것이다. 그 결과는 전혀 타당한 근거가 없는 새로운 고통이다. 이에 대한 해독제는 가능하면 언제나 유머를 잃지 않으면서 자아를 내려놓는 것이다.

괴물들에게 먹이를 주지 않는다

괴물들이 고통을 유발하며 우리 마음을 점령하고 감정을 엉망으로 헤집어놓는다고 생각하자. 이들을 막으려면 어떻게 해야 할까? 겉보기에 이들의 힘은 아주 막강하여 이들이 마음 안에서 준동하는 것을 막을 수 없는 것은 물론이고 이들을 내쫓을 수도 없는 것처럼 보인다.

그런데 천만다행으로 이 괴물들은 우리가 먹이를 줘야만 생존할 수 있다. 먹이만 주지 않는다면 그들은 배가 고파 다른 데로 가버리기 쉽다. 여기에 우리가 지닌 힘의 원천이 있다. 우리는 괴물들을 제압하거나 그들을 강제로 밀어낼 수는 없지만 그들에게 먹이 주는 것을 중단할 힘은 있다. 분노를 예로 들어보자. 누군가에게 정말 화가 났는데 그 화를 마음챙김으로 자세히 들여다본다면 그것이 항상 일정한 것은 아니라는 사실을 발견하게 된다. 그 감정은 미묘한 방식으로 계속 오르락내리락한다. 여러분은 스스로에게 하나 혹은 그 이상의 이야기를 되풀이하면서 마음이 계속 그 분노에게 먹이를 주고 있음을 깨닫게 될지 모른다. 그 이야기들을 멈출수 있다면 분노는 연료 부족으로 힘을 못 쓰게 된다는 사실도 알게될 것이다.

분노라는 괴물은 여러분의 분노에 찬 이야기들을 먹고산다. 먹을 이야기가 없을 때 이 괴물은 굶주리다 못해 슬그머니 자취를 감춘다. 녀석에게 먹이를 주지 않으면 여러분은 정신의 에너지를 절약할 수 있고 괴물은 여러분을 그냥 내버려둔 채 어딘가 다른 곳을 기웃거릴 것이다. 녀석은 다른 곳에서 얼마든지 분노 사료를 푸짐하게 얻어먹을 수 있음을 알고 있다.

모든 생각을 친절과 유머로 시작한다

어떤 상황에서든 생각을 시작할 때 자신과 타인에 대한 친절과 연민의 마음으로 시작하는 것이 좋다.

내 경험상 친절의 가장 중요한 특성은 치유효과다. 거칠고 끝이 뾰족한 솔로 피부를 계속 강하게 문지른다고 상상해보라. 결국 피부는 빨갛게 피가 맺히고 따끔따끔해질 것이다. 친절은 그 거칠고 해로운 솔질을 부드럽게 멈추는 행위다. 그렇게 하면 피부는 결국 치유된다.

자신의 약점에서 유머요소를 찾아내는 것도 아주 효과적이다. 예를 들어 냉정을 잃었을 때나 탐욕스럽고 악의적인 생각이 속에서 똬리를 틀 때마다 나는 내가 마차에서 떨어지는 장면을 상상한다. 물론 마차에서 떨어진 것을 부끄럽고 당혹스러운 경험으로 해석할 수도 있지만 그 경험을 오래전 흑백 코미디의 한 장면으로 생각하는 것이 훨씬 재미있다.

빠르고 경쾌한 음악이 흐르는 가운데 좀 모자라 보이는 어떤 사람이 마차에서 굴러떨어진다. 우스운 표정을 짓는다. 옷의 먼지를 털어낸다. 이어 잽싸고 어색하고 바보 같은 동작으로 다시 마차에 기어올라간다. 아주 우스운 장면이다. 결국 나는 실수할 때마다 코미디를 만들게 된다.

감정조절의 신경모델

뇌에서 일어나는 감정적 반응과 조절은 다음 페이지의 그림과 상당히 비슷하다.

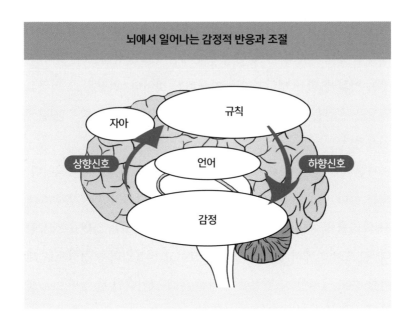

뇌에서 일어나는 감정적 반응과 조절

규칙

자아

상향신호

언어

하향신호

감정

스탠퍼드대학교의 연구원 필리프 골딘이 이 과정을 잘 설명해주고 있다.

실제이거나 상상 속의 위협적 환경에서 우리의 감정은 빠르게 두려움이나 불안의 상태로 전환된다. 이러한 감정적 반응의 변화는 변연계의 감정과 관련된 뇌 영역(또는 위에 표시된 '감정 뇌')에서 일어난다. 감정 뇌는 위쪽으로 다른 뇌 부위에 신호를 보내는데 이는 다른 뇌조직에서 보내는 하향신호의 도움을 받기 위해서다. 이 하향신호들은 특정한 감정적 반응을 억제하는 데 도움을 준다. 이 시스템이 작동할 때 조절체계는 주의, 생각, 행동의 변화를 일으킨다.

인지적 관점전환능력을 이용하여 우리는 위협의 근원이 무엇인지를 파악하고 계속되는 감정적 경험의 강도, 지속시간 그리고 그에 대한 해석을 조절하려면 어떤 전략이 가장 효과적일지를 결정한다. 특히 인간의 경우 자아에 대한 견해(그것이 긍정적이든, 부정적이든 아니면 다른 어떤 것이든)와 언어 및 사고를 이용하여 경험을 이해하고 감정을 조절한다.

마음챙김은 사고 뇌와 감정 뇌가 서로 명확하게 소통하게 함으로써 그들이 더 잘 협력할 수 있게 한다. 또 마음챙김은 필요할 때마다 사고 뇌에 더 많은 힘을 부여해준다. 우리는 마음챙김을 뇌가 훨씬 잘 기능하도록 두뇌조절체계의 동력출력Power Output을 증가시키는 것으로 생각해볼 수 있다. 여러 연구결과에 따르면 마음챙김은 실제로 두뇌의 운영센터인 내측전전두피질Medial Prefrontal Cortex의 신경활동을 증가시킨다. 마지막으로 마음챙김은 이 책에 소개된 다른 연습이나 통찰과 결합하여 뇌의 자아와 언어영역을 더 능숙하게 사용하게 한다.

끓어오르는 감정을 어떻게 다룰 것인가

자기조절기술이 정말 유용하게 활용되는 상황 중 하나는 자극을 받는 경우다. 이는 외견상 사소해 보이는 상황이 균형에 맞지 않게 격렬한 감정적 반응을 촉발할 때다. 가령 배우자가 나의 어떤 행동을 두고 별 뜻 없이 한 말에 바로 폭발해버리는 경우를 들 수 있다. 제3자의 관점으로 보면 침소봉대針小棒大란 표현이 딱 들어맞을 법한 상황이다. 예를 들어 신디가 한 일이라곤 그저 장난삼아 남편의 머리를 만지작거리며 "위쪽 머리가 조금 빠지고 있네"라고 말한 것이 전부였다. 그러나 남편은 분노로 얼굴이 벌게졌고 욕설을 내뱉으며 아내를 모욕했다. 이처럼 불안감, 분노 등 부정적인 감정을 일으키는 촉발 인자를 '트리거trigger'라고 부른다.

트리거 다루는 법을 배우는 첫 단계는 자극을 받았을 때가 언제인지를 알아내는 것이다. 구글의 경영고문 마크 레서Marc Lesser는 눈여겨보아야 할 것들로 다음을 제시했다.

· **몸**: 얕은 호흡, 빠른 심장박동, 위에서 느껴지는 메스꺼움
· **감정**: 투쟁/도피 반응 경험, 헤드라이트 불빛 앞의 사슴 같은 기분 혹은 감정

  폭발(골먼이 '편도체침탈Amygdala Hijack'이라 표현한 현상)
· **생각**: 희생자가 된 듯한 기분, 비난과 판단에 대한 생각, 집중의 어려움

트리거는 거의 항상 그 이면에 긴 역사를 갖고 있다. 감정이 격동할 때는 그것이 과거의 뭔가를 환기하거나 '저 인간이 또 저런다'는 식의 생각을 불러일으키기 때문일 때가 많다. 또 트리거는 대개 자신이 부족하고 무능력하다는 느낌과 연결되는데 이것은 일종의 아픈 곳이면서 고통의 근원이기도 하다. 업무실적에 많은 불

안을 느낀다면 프로젝트의 진척상황이 조금 우려된다는 상사의 별 것 아닌 지적이 감정 뇌관에 성냥불을 그어댈 수도 있는 것이다. 반면 내 일에 충분히 자신만만하다면 상사에 대한 내 반응은 완전히 달라질 것이다.

아래에 트리거를 상대하기 위한 '시베리아북부철도Siberian North Railroad'라는 연습을 소개한다. 이것은 트리거뿐만 아니라 부정적이거나 불편한 감정을 대해야 하는 다른 상황을 위해서도 유용한 연습이다. 연습은 5단계로 이루어진다.

- **1단계**: 멈춘다Stop
- **2단계**: 호흡한다Breathe
- **3단계**: 주목한다Notice
- **4단계**: 반추하다Reflect
- **5단계**: 반응한다Respond

우리 수업에 참여했던 제니퍼 베반Jennifer Bevan은 이 연습의 이름이 된 표현을 생각해냈다. 바로 각 단계의 첫 글자 'SBNRR'을 가지고 '시베리아북부철도'란 표현을 만들어낸 것이다. 나는 이 연상 기호 이면의 정신적인 이미지가 좋다. 우리는 트리거가 조장한 뜨거운 열기를 식혀야 하는 상황이다. 그것을 식히기에 혹한의 매서운 칼바람이 뺨을 할퀴는, 세계에서 가장 변방에 위치한 그 지역보다 더 좋은 곳이 어디 있겠는가?

첫 번째 단계이자 가장 중요한 단계는 멈추는 것이다. 자극을 받는다고 느낄 때마다 그냥 멈춰라. 감정이 격동할 때 멈추는 것은 매우 강력하고도 중요한 기술이다. 그저 잠깐만 반응을 자제하라. 이 순간은 '신성한멈춤Sacred Pause'이라고 알려져 있다. 이것이 나머지 단계를 가능하게 한다. 이 연습에서 딱 한 단계만 기억해야 한다면 바로 이 단계를 기억하라. 큰 차이를 만들어내는 데 이 하나의 단계로 충분한 경우가 거의 대부분이다.

다음 단계는 호흡이다. 마음을 호흡에 집중시키면서 신성한 멈춤의 순간을 더 견고하게 만든다. 게다가 의식적인 호흡, 특히 깊은 숨쉬기는 몸과 마음을 진정시킨다.

호흡이 끝난 후에는 주목하라. 몸에 주의를 돌려서 자신의 감정을 경험하라. 몸에서 이 감정은 어떻게 느껴지는가? 얼굴에서 느껴지는가? 아니면 목, 어깨, 가슴 또는 등에서 느껴지는가? 긴장의 정도와 체온변화에 주목하라. 판단하지 말고 마음챙김을 통해 순간의 느낌을 경험하라. 이때 가장 중요한 것은 괴로운 감정을 존재적 현상이 아니라 단순한 생리적 현상으로 경험하려 노력하는 것이다. 경험하고 있는 감정이 분노라면 관찰내용은 '나는 화났다'가 아니라 '나는 내 몸에서 분노를 경험한다'가 되어야 한다.

이제 반추할 차례다. 이 감정은 어디서 오는 것인가? 그 이면에 역사가 있는가? 스스로 찾아낸 내 부족한 면이나 무능력과 연관되어 있는가? 그것의 옳고 그름을 판단하지 말고 그냥 상황을 이런 관점으로 바라보자. 이 경험이 다른 사람과 관련되어 있다면 스스로 그 사람 입장이 되어 자신을 돌아보라. 그리고 다음의 진술들을 생각해보라.

'누구나 다 행복을 원한다.'

'이 사람은 이런 식의 행동이 어떻게든 자신을 행복하게 해줄 것이라 여긴다.'

다시 여기서도 그것의 옳고 그름을 판단하지 말고 균형 있는 관점을 견지하라.

마지막으로 반응한다. 이 상황에 반응하는 방법 중에서 긍정적인 결과를 가져올 만한 것을 생각하라. 실제로 행동에 옮길 필요는 없다. 그저 가장 친절하고 가장 긍정적인 반응을 상상하라. 그것은 어떤 모습일까?

내면검색 수업에서 시베리아북부철도 연습을 하기 전에 우리는 참석자들에게 그들이 감정적으로 울컥하는 상황을 이야기하게 한다. 이로써 그들은 연습에 대비한다. 보통은 세 명씩 짝을 이루어 각자가 2분간 독백하는데 독백주제는 다음과 같다.

· 어떤 사건이었나?

· 그때 어떤 감정을 느꼈는가? 제일 먼저 느낀 감정은 무엇이었나? 화가 났는가
  아니면 피하고 싶었나?

· 몸 어디에서 그것을 느꼈는가? 지금 느끼고 있는가?

최근 감정적으로 격해졌던 때가 언제였는지를 떠올리고 스스로

에게 위의 물음을 던져보라. 이를 통해 명상을 위한 다음의 준비를
하게 될 것이다.

시베리아북부철도

1. 주의력 조절

세 차례의 심호흡으로 시작하라.

부드럽게 호흡을 의식하라. 들숨과 날숨 그리고 그 사이의 공간에 주의를 집중
하라.

2. 부정적인 감정

이제 2분간 부정적인 감정으로 기어를 바꾸자.

불행한 사건에 대한 기억, 좌절, 분노 혹은 상처의 경험, 울컥했던 경험을 떠올
려라. 마음속에서 그 사건과 관련된 감정을 다시 경험할 수 있는지 보라.

3. 부정적인 감정의 관리

이제 7분간 마음속으로 반응전략을 연습해보자.

처음 두 단계는 멈추고 호흡하는 것이다. 트리거가 자극을 가할 때 정지하는
것이 신성한멈춤이다. 호흡에 집중하고 감정에 반응하지 않음으로써 이 멈춤
의 힘을 강화하자. 원한다면 천천히 깊이 호흡하라. 그리고 30초 더 이 정지상
태에 머물자.

(30초 휴지)

다음 단계는 주목이다. 몸에 주의를 기울여라. 고통스러운 감정이 몸에서 어떻게 느껴지는가? 얼굴에서 느껴지는가? 목, 어깨, 가슴, 등에서 느껴지는가? 긴장이나 체온의 수준에 주목하라.

판단하지 말고 그냥 경험하라. 이 단계에서 가장 중요한 것은 감정적 괴로움을 존재적인 현상이 아니라 단지 생리적인 현상으로 경험하는 것이다. 예를 들어 '나는 화났다'가 아니라 '나는 내 몸에서 분노를 경험한다'가 되어야 한다.

이제 1분간 몸속에서 감정의 생리현상을 경험하자.

(60초 휴지)

이제 반추할 차례다. 이 감정은 어디서 오는가? 그 이면에 역사가 있는가? 이 경험에 다른 사람이 관련되어 있다면 그의 내면으로 들어가 자신을 바라보고 이 진술을 생각하라.

"누구나 행복을 원한다. 그는 그런 행동이 어떻게든 자신을 행복하게 해줄 것이라 여긴다."

그것의 옳고 그름을 판단하지 말고 객관적인 시각을 견지하라.

(30초 휴지)

이제 반응할 차례다. 이 상황에 반응할 방법 중에서 긍정적인 결과를 낳을 만한 것을 생각하라. 실제 행동으로 옮길 필요는 없다. 그저 가장 친절하고 가장 긍정적인 반응을 상상하라. 그것은 어떤 모습인가? 다음 1분여의 시간은 그 반응을 생각하면서 보내자.

(60초 휴지)

4. 현재로 복귀

이제 2분간 현재로 돌아오자. 다시 호흡에 유의하라.

(짧은 휴지)

손으로 주먹을 꽉 쥐고 아직 남아 있는 감정을 움켜쥐어라. 천천히 손가락을 펴서 그 에너지를 떠나보내라.

그리고 다시 몸이든 호흡이든 여러분의 마음이 더 안정되는 곳으로 주의를 돌려라.

남은 1분간 그냥 마음을 그곳에서 쉬게 하라.

우리는 수업시간에 위의 연습이 끝난 직후 항상 짝을 이루어 마음챙김 대화(3장 참조)를 진행하여 모두에게 이 경험을 처리할 기회를 준다. 여기에 부담을 느끼지 않는 사람들은 자기 이야기를 하고 사적인 경험을 공유할 수 있으며 불편한 사람들은 그냥 이 과정 자체를 경험한 것이 어떤 기분이었는지를 이야기하면 된다.

이런 인위적인 환경에서는 5단계 과정이 7분 정도 걸리지만 현실에서는 전체과정이 순식간에 끝날 수도 있다. 이것은 충분한 연습이 안 되어 있을 경우 제대로 진행하기에 많이 부족한 시간이다. 이 과정을 연습하는 한 가지 방법은 소급적으로 진행하는 것이다. 이것은 감정을 촉발한 사건이 끝난 후 반추와 반응단계를 연습한다는 의미다. 처음 3단계(멈춤, 호흡, 주목)는 좌선 마음챙김 연습으로 보강할 수 있으며 남은 두 단계(반추와 반응)는 실제 사건을 통해 가장 잘 강화된다. 각각의 사건이 진행되는 빠른 속도를 감안할 때 실시간으로 훈련하기는 쉽지 않다. 하지만 사건이 끝나고 마지막 두 단계만 진행하는 것도 그에 못지않게 효과적이다. 반추/반응과정을 연습하는 시간이 많을수록 실제상황에서는 더 잘 대응할 수 있게 된다. 다음에 감정이 격동될 때는 잊지 말고 시베리아북부철도를 적용하라.

분노에 휘둘리지 않으려면

내면검색 수업 참석자 데릭은 내게 다음과 같은 이야기를 들려주었다.

"어머님이 깜박 잊고 20개월 된 제 딸이 탄 유아차에 브레이크를 걸어두지 않았던 적이 있어요. 결국 유아차가 내달리다 자동차를 들이받았죠. 내면검색 교육 덕에 저는 씩씩대며 험한 말을 하는 대신 두 차례 심호흡을 하고는 입을 꾹 다물었어요. 놀랍게도 거의 의식도 하지 않고 그 일을 해냈습니다. 그저 호흡에 집중하고 콧구멍으로 주의를 돌렸는데 효과가 있더군요. 심지어 심장이 뜀박질하다가 가라앉는 것과 배에서 느껴지는 거친 감각도 감지했어요. 믿기 힘들었죠. 성정이 격한데다가 머리보다는 입이 앞서지만 내면검색 훈련을 잘 이용해 어머님 목을 조르지 않는 데 성공한 사람의 예가 필요하다면, 제 이야기를 하셔도 좋습니다."

데릭은 그 순간 험한 말을 자제한 것으로 끝나지 않았다. 그는 몇 마디 따뜻한 말로 어머님의 부주의를 용서하기까지 했다. 내가 마지막으로 들은 소식은 그들이 그 후로 행복하게 살았다는 것이다(데릭의 실명은 그를 세상 모든 어머님들로부터 보호하기 위해 바꾸어 제시했다).

트리거를 다루는 또 다른 방법

시베리아북부철도 방법은 처음에는 주의력관리로 시작하여 점차 인지적 변화까지 이어지는 감정적 자기조절전략이기도 하다. 이런 식으로 이해하면 그 방법은 일반적인 틀이 되고 우리는 여기에 트리거를 대하는 다른 방법을 추가할 수 있다. 이 아이디어는 필리프 골딘이 내게 제안했는데 그는 또 케빈 옥스너Kevin Ochsner와 제임스 그로스James Gross의 논문을 통해 영감을 얻었다.

옆 페이지의 도표에서 보듯이 시간선은 감정을 촉발하는 사건을 시작으로 왼쪽에서 오른쪽으로 이동한다. 처음엔 주의력조절로 시작하지만 차츰 인지적 변화를 향해 움직인다.

감정이 촉발된 직후의 순간인 주의집중단계에서는 멈추고 호흡하고 주목한다. 이는 마음을 진정시키고 몸에서 느껴지는 감정적

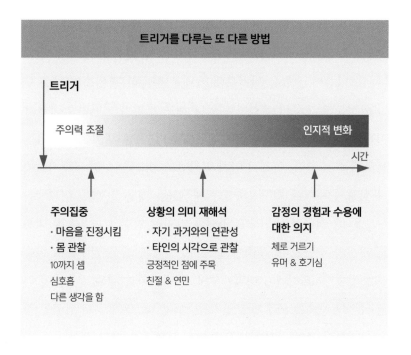

트리거를 다루는 또 다른 방법

트리거

주의력 조절   **인지적 변화**

시간

주의집중	**상황의 의미 재해석**	**감정의 경험과 수용에 대한 의지**
· 마음을 진정시킴 · 몸 관찰	· 자기 과거와의 연관성 · 타인의 시각으로 관찰	체로 거르기 유머 & 호기심
10까지 셈 심호흡 다른 생각을 함	긍정적인 점에 주목 친절 & 연민	

경험을 관찰하는 것에 해당한다. 이외에도 효과적인 또 다른 방법들이 있는데 그중 하나가 숫자를 10까지 세는 것이다. 이것은 신성한멈춤을 끌어내는 좀 더 계획적인 방법이다. 이 습관은 우리의 마음에 다른 할 일을 마련해줌으로써 마음이 상황을 처리할 수 있을 때까지 잠시 예민해진 감정과 거리를 두게 한다. 또 다른 방법은 천천히 깊이 호흡하는 것이다. 심호흡은 진정효과를 낳는데 그것은 심박수와 혈압을 낮추는 미주신경을 자극하기 때문이다. 마지막으로 감정이 너무 압도적이면 그 트리거와는 전혀 관련 없는 것으로 초점을 이동해서 잠시 주의를 돌릴 수 있다. 앞에 있는 읽을

거리를 노려본다든지 아니면 방을 나가 화장실에 가도 좋다.

주의력조절은 우리에게 꼭 필요하지만 잘 되지 않는 경우가 많다. 내 마음이 고통을 날려보내고 매우 신속히 평온을 되찾을 수 있을 정도로 고도의 훈련이 되었다 해도 트리거 이면의 문제들은 미해결상태로 남아 있게 되며 앞으로도 비슷한 방식으로 자극을 받고 욱하기 쉽다. 그래서 인지적 작업도 중요하다. 인지적 작업이란 상황의 의미를 재구성하고 재해석하는 것을 말한다. 여기에는 사물을 더 객관적으로 보고 자신과 타인을 연민의 마음으로 대하는 과정이 수반된다. 우리가 권고하는 인지연습은 반추하고 반응하는 것이다. 트리거가 어떻게 자신의 과거와 연결되고 그것이 다른 사람의 눈에는 어떻게 보일지를 생각한다. 만약 선택 가능할 경우 여러분이 보일 최적의 반응은 어떤 것일지를 판단한다.

트리거에 숨어 있는 긍정적인 요소에 주목할 수도 있다. 방금 새 남자친구 앞에서 폭발을 했고 그 감정이 격렬해서 놀랐다고 해보자. 이것은 상황을 진정시키고 두 사람이 함께 이야기할 자리를 만들며 남자친구가 여러분을 인간으로서 더 깊이 이해하게 할 수 있는 아주 좋은 기회다. 혹은 자기발견의 기회가 될 수도 있다. 예를 들어 이미 명상훈련을 많이 했는데 상사가 하는 말 때문에 갑자기 자신이 매우 취약해졌다는 느낌을 받는다면 여러분은 명상연습의 어느 측면에 초점을 맞춰야 하는지를 알아챌 수 있다. 마지막으로 연습할 아주 효과적인 심화단계는 상황에 친절과 측은지심을 적용하는 것이다. 이것은 7장과 8장에서 다룰 것이다.

이 틀을 구성하는 마지막 조각은 감정을 경험하고 수용하려는 의지를 다잡는 것이다. 어떤 구름이든 쉽게 감싸안는 하늘처럼 어떤 감정이든 쉽게 수용할 수 있을 정도로 마음과 정신의 문을 활짝 열어젖힌다. 우리는 이를 위해 두 가지 연습을 제안한다. 첫째는 마크 레서가 '체로 거르기Meshing'라 부르는 것이다. 먼저 자신을 '체'로 시각화한다. 화, 원한, 두려움 등 격한 감정들이 샘솟을 때 그것이 체의 구멍을 통과하듯 여러분의 몸을 통과하게 하라. 여러분은 이 강렬한 감정들이 자신에게 달라붙지 않고 그냥 지나가는 것을 보며 그것들이 나와 별개임을 확인할 수 있다. 두 번째는 내가 자주 쓰는 방법인데, 바로 내 삶이 시트콤이라 생각하고 모든 불합리한 상황 속에 존재하는 유머를 찾아내는 것이다. 그동안 살아오면서 나는 많은 불쾌한 상황과 마주쳤는데 이는 대부분 삼류 코미디 속의 장면들과 흡사했다.

자기조절이 자신감을 높인다

불쾌한 감정을 경험할 때마다 우리는 본능적으로 혐오감부터 느낀다. 우리에게 이 감정은 얼른 사라져주었으면 싶은 반갑지 않은 불청객이다. 이 혐오감 때문에 우리는 생각의 초점을 자기 자신에게 향하기보다 외부의 다른 사람이나 환경에게로 돌린다. 예를 들어 상처받을 때 우리 마음은 다른 사람이 얼마나 나쁜지에 대한 생각에 지배된다. 불쾌한 감정을 경험하고 싶지 않기 때문이다. 이 과정은 대부분의 사람들에게 대개 무의식적으로 일어난다.

그러나 마음챙김과 다른 연습을 통해 이 과정을 의식적으로 인지하게 되면 외부를 향한 우리의 부정적인 생각은 대부분 자신의 혐오감에서 비롯된다는 것을 확인할 수 있다. 이런 통찰에 비추어 불쾌한 감정을 경험할 수 있는 능력을 개발한다면 우리는 혐오감을 길들이고 반추행위나 강박적인 생각도 길들이게 될 것이다. 자신 안의 이런 생각들을 다룰 수 있는 능력을 키우면 자신감이 높아진다.

자기인식에 관한 장의 앞부분에서 실패 모드와 회복 모드를 깊이 이해할 때 어떻게 자신감이 솟구치는지를 이야기한 바 있다. 엔지니어 시각에서 나는 자기조절에 능숙해지는 것을 회복메커니즘이 업그레이드되는 것으로 본다. 한 시스템이 정확히 어떻게 실패에서 회복되는지를 알게 되면 그것이 실패할 때도 자신감을 잃지 않을 수 있다. 실패가 대수롭지 않을 만큼 신속하게 시스템이 원상복구될 수 있는 조건을 알기 때문이다.

시스템이 훨씬 빠르고 순조롭게(즉 문제를 더 적게 야기하면서) 회복되도록 회복메커니즘을 업그레이드시킬 수 있다면 나는 좀 더 그것을 더욱 흥미롭고 도전적인 환경에 노출시킬 수 있을 것이다. 결국 이 장의 연습은 회복 모드를 업그레이드시키는 과정이라 볼 수 있다.

내면검색 프로그램 참석자인 제이슨은 자기조절에 대한 통찰을 이용하여 자신감을 높이는 법을 배웠다. 그는 자신이 쉽게 욱하는 편이라 대인관계에서 난처한 상황에 처하는 경우가 많다고 했다. 내면검색 교육 중에 그는 호흡에 주의하고 괴물에 먹이공급을 중단하는 법을 배우면서 감정적인 격동은 '시간이 제한된' 경험이 될 수 있음을 깨달았다. 그는 자신이 할 일은 상황을 잘 견디고 15~30분간 몸을 리셋하면서 차분하게 불쾌감을 경험하는 것이 전부이며 그러고 나면 시야가 열리고 다시 한 번 냉정히 사고할 수 있을 정도로 마음이 맑은 기운을 회복하게 된다는 것을 발견했다. 또 마음챙김 훈련으로 리셋하는 데 걸리는 시간도 차츰 줄어들었다. 결과적으로 그는 무궁무진한 자신감을 얻었다.

의도하지 않았던 다행스러운 결과가 하나 더 있었다. 그의 말을 직접 들어보자.

"이 모든 것을 배우지 않았다면 직장에 사표를 내고 나중에 땅을 치며 후회했을 겁니다."

제이슨은 숙련된 엔지니어였기 때문에 이 결정으로 득을 본 것은 그 자신만이 아니었다. 구글 역시 훌륭한 인재를 잃지 않을 수 있었다.

자기조절은 감정과 친구 먹는 문제

이 장에서 언급된 모든 연습과 기법들, 즉 시베리아북부철도, 괴물에게 먹이 주지 않기, 트리거 속의 긍정적인 요소 찾기 등은 자신의 감정과 친구가 되는 것을 목표로 한다. 밍규르 린포체는 감정과 친구가 됐던 인상적인 경험을 밝혔다. 그는 13살 때까지 심각한 공황장애에 시달렸다. 한창 명상훈련 중이던 13세에 밍규르는 공황을 깊이 들여다보기로 결심했다. 그리고 두 가지 방법으로 자신의 공황을 더 크고 강하게 만들 수 있음을 알게 되었다. 공황을 보스처럼 대하고 그것이 내리는 모든 명령에 복종하는 것이 하나였고, 그것을 적처럼 대하고 사라지기를 바라는 것이 다른 하나였다.

하지만 밍규르는 공황과 친해지는 법을 배우기로 하고는 그것의 명령을 따르지도, 그것이 사라지기를 바라지도 않으면서 그냥 제 뜻대로 오가게 하며 친절하게 대했다. 그러자 겨우 3일 만에 공황은 사라졌다. 그것도 영원히. "공황은 제일 친한 친구가 되었죠. 하지만 겨우 3일 만에 가버리더군요. 가끔 그 친구가 그립답니다"라고 그는 반농담조로 말한다. 그는 이 연습을 통해 얻은 통찰을 다음과 같이 묘사한다.

3일간 명상을 하며 방에 머물렀다. …… 차츰 나는 오래도록 날 괴롭혔던 생각과 감정이 실은 얼마나 허약하고 덧없는지, 작은 문제에 대한 집착이 어떻게 큰 문제로 비화되었는지를 알아차렸다. 그냥 조용히 앉아 내 생각과 감정이 얼마나 빨리 그리고 얼마나 비논리적으로 여기저기에서 나타났다 사라지는지를 관찰했다. 그것만으로도 생각과 감정이 겉보기만큼 그렇게 견고하거나 실질적이지 않다는 사실에 눈뜰 수 있었다. 일단 감정이 지어내는 이야기에 대한 내 믿음에 코웃음을 치게 되자 내 눈에는 그 너머에 있는 '작가'가 보이기 시작했다. 그것은 마음 자체의 속성인 무한히 광대하고 무한히 열려 있는 인식이었다.

페르시아의 위대한 수피교 시인 루미Rumi는 유명한 시 〈여인숙 Guest House〉에서 감정과 친해지는 마음을 아름답게 표현하고 있다.

인간이란 마치 여인숙과 같아
매일 아침 새 손님을 맞는다.
기쁨, 우울, 비열함
그리고 순간적인 깨달음이
뜻밖의 손님처럼 찾아온다.
그들 모두를 환영하고 환대하라.
설사 그들이 슬픔의 떼거리여서
그대의 집을 가구 하나 안 남기고
몽땅 쓸어버린다 해도,
설령 그렇다 해도 한 분 한 분 정중히 모셔라.
그들은 어떤 새로운 기쁨을 주기 위해
그대를 청소하는 것인지도 모르니까.
어두운 생각, 수치심, 적개심,
이분들을 문 앞에서 웃으며 맞고

집 안으로 극진히 모셔라.

오는 손님은 누구에게든 감사하라.

그들 하나하나는 저 멀리서

그대의 길잡이로 파견된 분들이니까.

루미와 밍규르에게 감동했기에, 또 나 자신이 시인인 척하는 엔지니어이기에 이 장은 내가 직접 쓴 시로 마무리하고 싶다. 제목은 〈내 괴물들My Monsters〉이다.

내 괴물들은 모양도 크기도 가지각색이다.

그동안 나는 녀석들 다루는 법을 배웠다.

바로 내려놓는 것이다.

먼저 그들을 억압하려는 욕구를 내려놓는다.

그들이 올 때 나는 그들을 인정한다.

그냥 있는 그대로 내버려둔다.

다음엔 녀석들을 비난하고픈 본능을 내려놓는다.

나는 그들을 이해하려 한다.

그저 있는 그대로 바라본다.

그들은 단지 내 몸과 마음의 창조물일 뿐.

나는 조금씩 녀석들을 어르고 달랜다.

그들과 농담을 한다.

그들에 대해 농담도 한다.

녀석들이 멋대로 놀게 내버려둔다.

그리고 그들에게 먹이를 주려는 욕망을 내려놓는다.

녀석들은 여기서 무슨 짓이든 할 수 있지만,

나한테서 먹을 걸 얻지는 못한다.

원한다면 계속 머물 수도 있지만 배를 곯아야 한다.

나는 그냥 내버려둘 뿐이다.

그러면 녀석들은 정말 배고파진다.

그러면 더 못 견디고 이곳을 떠나기도 한다.

마지막으로 그들을 잡아두려는 욕망을 내려놓는다.

녀석들이 떠나고 머물고는 제 맘이다.

나는 그들을 내버려둔다.

나는 자유롭다.

당분간은.

나는 그들을 극복하지 않는다.

그들은 나를 극복하지 않는다.

우리는 함께 산다.

사이좋게.

6장

내 안의 심지에
불을 붙여라

🔍 자기 동기부여기술

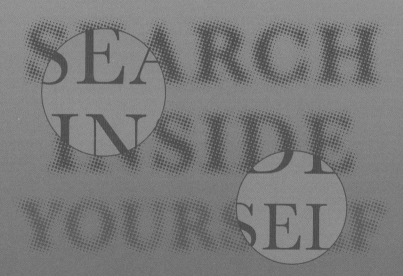

세상에서 가장 오래되고 분명하며 신뢰할 만한 불변의 진리는,
우리는 행복을 원할 뿐 아니라 행복만을 원한다는 사실이다.
우리의 천성이 그렇다.

- 성 어거스틴

이 장이 실속 있으려면 동기부여전문가의 힘을 빌려야 한다. 다행히 우리는 그 사람을 알고 있다. 바로 여러분 자신이다. 여러분이야말로 언제 가슴속 심지에 불이 붙는지 알아내는 세계 최고의 전문가다. 우리는 이미 자신의 가장 큰 동기와 가치를 알고 있다. 이 장에서는 그저 여러분이 그것을 발견하도록 살짝 힘을 보탤 것이다.

쾌락, 열정 그리고 더 높은 목적

토니 셰이Tony Hsieh는 내게 영감의 원천이다. 그는 24세에 자신이 공동설립한 링크익스체인지LinkExchange를 2억 6,500만 달러를 받고 마이크로소프트Microsoft에 팔았다. 나중에는 재포스Zappos의 CEO가 되어 보잘것없던 재포스를 거의 연매출 10억 달러의 기업으로 성장시켰다. 그러나 정말 나를 감동시키는 것은 그가 기업가로서 거둔 화려한 성공이 아니라 기업환경에서 그가 행복을 지혜롭고 노련하고 용기 있게 이용한다는 사실이다. 토니는 재포스의 성공비결을 행복배달Delivering Happiness에서 찾았다. 이것은 그가 쓴 책의 제목이기도 하다. 그는 직원의 행복을 보장하고 행복한 직원들은 고객에게 업계 최고의 서비스를 제공하며 행복한 고객들은 재포스에서 더 많은 돈을 쓰도록 기업문화를 형성했다. 달리 말해 행복은 단지 누려서 좋은 것일 뿐 아니라 재포스 사업전략의 중심이자 사업성공의 초석이었다. 정말 감동적이지 않을 수 없다.

토니는 일이라는 맥락에서 행복이 어떻게 이루어지는지에 대한 놀라운 통찰을 보여준다. 그는 세 가지 유형의 행복을 설명하고 있다. 바로 쾌락, 열정 그리고 더 높은 목적이다.

· **쾌락**Pleasure: 이 유형의 행복은 항상 더 강한 쾌락을 얻을 수 있는 다음 기회를 노린다. 이는 록스타 유형의 행복이다. 록스타의 생활방식을 따르지 않으면 유지하기 매우 어렵기 때문이다.

· **열정**Passion: '몰입Flow'으로도 알려져 있으며 최고의 역량이 최고의 집중과 만나는 지점이다. 이 상태에서는 시간이 화살처럼 날아간다.

· **더 높은 목적**Higher Purpose: 이는 내게 의미 있고 나보다 더 큰 어떤 것의 일부가 되는 것이다.

이 세 가지 행복의 한 가지 흥미로운 특징은 각기 다른 수준의 지속 가능성이다.

쾌락에서 비롯되는 행복은 지속성이 아주 낮다. 일단 쾌감을 주는 자극이 멈추거나 그것에 길들여지면 행복은 애초의 기본 설정값, 곧 원래의 행복수준으로 떨어진다. 몰입에서 비롯되는 행복은 쾌락보다 훨씬 오래가며 그것에 길들여질 가능성도 한층 적다. 더 높은 목적에 기초한 행복은 지속 가능성이 상당히 높다. 토니의 경험과 내 경험에 비추어볼 때 이 유형의 행복은 회복력이 아주 강하며 굉장히 오랜 시간 지속된다. 더 높은 목적이 이타적인 성격일 때 더욱 그렇다.

흥미롭게도 우리는 본능적으로 쾌락을 추구한다. 그것이 지속 가능한 행복의 근원이라 믿는지도 모른다. 그래선지 대부분의 시간과 에너지를 쾌락을 추구하는 데 쓰고 몰입은 가끔 즐기며 더 높은 목적에 대해서는 어쩌다 한 번씩만 생각한다. 그런데 토니의 통찰은 정확히 그 반대로 해야 한다는 사실을 시사한다. 대부분의 시간과 에너지를 더 높은 목적을 위해 일하는 데 보내고 때때로 몰입을 즐기며 이따금씩 록스타의 쾌락을 맛봐야 한다는 것이다. 최소한 우리가 하는 일과 관련해서는 이것이 지속 가능한 행복을 향한 가장 논리적인 길이다.

이 통찰은 일에서 동기를 부여받을 수 있는 가장 좋은 방법이 자신의 더 높은 목적을 찾는 것임을 암시한다. 자신에게 가장 소중하고 의미 있는 것이 무엇인지 안다면 그것을 위해 일하는 것이 자신의 더 높은 목적에 충실한 삶이라는 사실도 알게 된다. 이렇게 될 때 일은 지속 가능한 행복의 원천이 될 수 있다. 그러면 일하며 행복을 느끼고 일에 매우 능숙해져 더 자주 몰입의 행복을 즐길 것이다.

마지막으로 자기 일에 정말 능숙해질 때 우리는 인정받게 된다. 그 인정을 두둑한 보너스, 사장의 특별한 칭찬, 〈뉴욕타임스〉의 기사화 또는 달라이라마로부터의 감사처럼 묵직하게 받을 때도 있을 것이다. 이것이 록스타식 쾌락경험이다. 자신의 더 높은 목적을 실현하는 길로 나아가기 시작하면 일 자체가 보상이 된다(혹시 상사분이 너무 모르실까 봐 하는 얘긴데 그래도 이따금의 두둑한 보너스는 정말 굉장한 힘이 된답니다).

이 장에서는 세 가지 동기부여연습을 소개한다. 바로 공조Alignment 와 상상하기Envisioning, 회복력Resilience이 그것이다. 이 연습들이 원하는 삶의 방식을 알아내고 그곳에 이르는 길을 찾는 데 요긴하게 쓰이길 바란다.

일과 가치관의 조화, 공조

일을 즐기며 먹고살기

공조는 내가 하는 일을 자신의 가치나 더 높은 목적과 조화시킨다는 의미다. 반 농담으로 나는 공조가 남은 인생 동안 전혀 일하지 않으면서도 돈을 벌 수 있는 방법을 찾는 것이라고 말한다. 그 비결은 일을 재미 삼아 하고 누군가가 그에 대해 봉급을 주는(그리고 나는 그들에게 친절한지라 그들이 주는 돈을 차마 거절하지 못하는) 상황을 만드는 것이다.

고도로 생산적인 사람들 중에는 이런 상황을 성공적으로 만들어 낸 사례가 의외로 많다. 워런 버핏이 대표적인 경우로 그는 80대에도 여전히 일하고 또 그 일을 즐긴다. 노먼 피셔는 평생 단 하루도 일해본 적이 없다고 내게 말했다. 그럼에도 그는 가장 인기 있는 선사 중 한 명이며 내가 아는 실리콘밸리의 대다수 전문가들보다 훨씬 바쁘다. 또한 내가 함께 일했던 최고의 엔지니어 대부분은 취미로 코드를 작성하니까 사실 그들은 취미생활 하러 출근하면서도 받을 건 다 받아먹는 정말 부러운 족속들인 셈이다.

이런 성격의 일은 최소한 다음 두 가지 특성 중 하나를 갖고 있으며 두 가지 다 갖고 있는 경우도 많다.

· 일이 나에게 아주 큰 의미가 있다.
· 일이 나를 완전히 몰입하게 한다.

물론 이것은 토니 셰이의 쾌락·열정·더 높은 목적의 구조와 완벽한 공조를 이룬다.

몰입

몰입은 매우 중요한 개념인지라 자세히 논할 필요가 있다. 대니얼 골먼은 그것을 '궁극의 동기부여요소'로 평가했다. 몰입은 그 개념을 연구하는 데 20년 넘는 시간을 바친 미하이 칙센트미하이 Mihaly Csikszentmihalyi가 발견한 최고성취Peak Performance의 상태다. 칙센트미하이는 "몰입은 활동 그 자체를 위해 완전히 집중하는 것이다. 이때 자아는 사라지고 시간은 날아간다. 모든 행동, 움직임, 생각은 마치 재즈를 연주하는 것처럼 불가피하게 이전의 행동, 움직임, 생각으로부터 이어진다. 이 상태에서는 우리의 전 존재가 투입되며 이때 자신이 지닌 능력과 기술이 최대한으로 활용된다."라고 말한다. 운동선수들은 이 상태를 뭘 해도 다 잘 되는, 일종의 무아지경의 경지로 이해한다. 몰입은 암벽타기, 뇌수술, 서류 철하기, 심지어는 좌선명상(사실 몰입을 행동화된 선禪으로 볼 수도 있다) 같은 아주 다양한 분야에서 보고되었다.

몰입은 목전의 임무가 실행자의 기술 수준과 조화를 이룰 때 일어난다. 그것은 도전의지를 자극할 정도로 만만치 않으면서도 실행자를 압도할 정도로 어렵지는 않은 정도를 말한다. 기술 수준에 비해 일이 너무 쉬우면 실행자는 따분해하거나 흥미를 잃기 쉽고 반대로 너무 어려우면 불안해하거나 걱정하게 된다. 몰입은 난이도가 적정수준일 때 발동이 걸린다.

몰입은 주의력이 집중된 상태다. 따라서 명상가나 무술의 고수처럼 집중력이 뛰어난 사람들은 몰입을 경험할 가능성이 더 높다.

여러분이 이 책 앞부분에 소개된 마음챙김을 연습해왔다면 이미 절반쯤은 그 경지에 이른 상태일 것이다.

자율, 숙달, 목적

베스트셀러 저자 대니얼 핑크Daniel Pink는 우리가 이미 논한 것을 훌륭히 보완하는 구조를 제안한다. 핑크는 행동과학영역에서 이루어진 50년의 연구성과를 근거로 돈과 같은 외부적인 보상은 고도의 성취를 위한 최상의 동기부여요소가 아니라고 주장한다. 동기를 유발하는 최고의 자극제는 이른바 '본질적인 동기부여요소'라는 것이다. 이것은 우리가 자신의 내면에서 발견하는 동기이다. 그가 말하는 진정한 동기부여의 3대 요소란 다음과 같다.

- **자율**Autonomy: 자신의 삶을 주도하고픈 욕망
- **숙달**Mastery: 중요한 일에 점점 더 능숙해지고픈 욕구
- **목적**Purpose: 자신보다 더 큰 뭔가를 위해 일하고 싶은 열망

TED 컨퍼런스Technology, Entertainment, Design의 약자로 과학, 예술, 정치, 교육, 문화, 비즈니스 등의 다양한 주제를 놓고 전문가들이 창조적이고 지적인 아이디어를 공유하며 토론하는 행사-옮긴이 강연에서 대니얼 핑크는 촛불문제 연구와 관련된 흥미로운 이야기를 들려준다. 촛불문제는 다음과 같다. 연구 참가자들에게 압정상자, 양초, 성냥을 내어준다. 그리고 그들에게 양초에 불을 밝혀 벽에 붙이되 촛농이 책상 위나 바닥에 떨어지지 않게 할

방법을 찾아내라고 주문한다.

문제의 답을 알아내는 데 시간은 좀 걸리지만 해법은 아주 간단하다. 압정상자를 비운 후 양초를 상자 안에 붙이고 다시 그 상자를 압정으로 벽에 부착하면 된다. 이 문제를 푸는 열쇠는 상자가 해답의 일부임을 알아내는 것이다. 하지만 이것이 그렇게 금방 눈에 들어오진 않는다. 사람들은 대개 상자를 그저 압정을 담은 용기로 여긴다. 창의적인 "아하!"의 순간은 모호했던 상자의 용도를 생각해낼 때 찾아온다. 이는 상자 밖에서Outside the Box(즉 틀 밖에서, 새롭고 혁신적인 관점에서) 상자에 대해 생각하는 것과 같다.

여기 재미있는 사실이 또 있다. 무작위로 두 그룹이 배정된다. 이중 인센티브를 받은 그룹의 구성원들에게 이 문제를 빨리 풀수록 더 많은 돈을 받게 된다고 말한다. 한편 대조그룹의 구성원들에게는 문제를 푸는 데 시간이 얼마가 걸리든 같은 돈을 받게 될 거라고 말한다. 그런데 이때 진짜 재미난 일이 벌어졌다. 인센티브가 주어진 그룹의 해결속도가 더 느렸던 것이다! 그렇다. 외부적인 보상은 효과가 없을 뿐 아니라 오히려 반생산적이었다.

이것이 다가 아니다. 이야기는 더 흥미로워진다. 또 다른 실험에서 연구자들은 참석자들에게 압정을 뺀 상자와 함께 같은 물건들(압정상자, 양초, 성냥)을 주었다. 이 경우에는 상자가 해결책의 일부임이 즉시 명확해 보였고, 따라서 창의적인 "아하!"의 순간이 필요 없었다. 여기서는 인센티브를 받은 그룹이 대조그룹보다 문제를 더 빨리 풀었다.

이 실험과 유사한 많은 실험들은 금전적인 보상이 따르는 전통적인 인센티브는 규칙에 기초한 틀에 박힌 일, 즉 창의력이 많이 요구되지 않는 일을 할 때 효과가 좋다는 것을 보여준다. 반면 창의력이나 다른 인지능력이 필요한 종류의 일에서 금전적인 보상은 별로 약발이 안 먹혔다. 심지어는 반생산적이기까지 했다. 이런 유형의 일에서 효과가 있는 유일한 동기부여요소는 본질적인 것, 즉 자율, 숙달, 목적이었다. 사실 이것들은 효과가 아주 좋아 영혼을 메마르게 할 법한 일조차도 사람들이 자부심을 느낄 만한 일로 탈바꿈시킨다.

좋은 예가 재포스의 고객서비스팀이다. 그들은 스스로를 재포스 고객충성팀ZCLT이라 부른다. 팀원들에게는 아주 간단한 지시가 내려진다. 고객에게 봉사하고 고객의 문제를 해결하되, 자신이 원하는 방식으로 그 일을 해내라는 것이다. 이외에 '직원들의 성장에 대한 관심과 행복배달'이라는 기업모토는 ZCLT 팀원들의 일에 자율, 숙달, 목적이라는 동기부여요소들을 주입시킨다. 그 결과 나타난 것이 고객서비스를 배달하는 행복한 직원들이며 이들의 서비스 수준은 때로 최고수준의 서비스를 자랑하는 포시즌호텔Four Seasons Hotels and Resorts보다 훨씬 높은 평가를 받는다.

자신을 알고 자신과 공조하라

공조는 자기인식의 토대 위에 구축된다. 자신을 깊이 알 때 비로소 자신의 핵심가치와 목적 그리고 우선순위를 이해하게 된다. 우리 가슴속에는 불붙기를 기다리는 심지가 있다. 우리 삶에서 가장 중요한 순간은 바로 이 심지에 불이 붙을 때다. 불이 꺼져 있을 때는 어정쩡하게 몸만 사는 것이지만 불이 붙으면 비로소 진짜 살아 있게 된다. 자신을 알아야 내게 정말 중요하고 의미 있는 것이 무엇인지 찾아내고 이 심지에 불을 붙일 수 있다. 이런 명확한 이해가 선행되어야 일할 때 무엇이 나를 행복하게 하며 어떻게 세상에 잘 기여할 수 있을지를 알게 된다. 내게 바람직한 근무환경이 무엇인지 알고 적절한 기회가 생길 때 스스로에게 자율, 숙달, 목적의 동기들을 부여하며 일할 수 있게 된다. 이를 통해 일은 행복의 원천이 된다.

자신을 알고 자신과 공조하기 위한 초석이 마음챙김이다. 마음챙김 외에 다른 연습을 하지 않는다 해도 시간이 지나면 공조를 이루는 데 필요한 수준의 자기인식에 이르게 될 것이다. 마음챙김 훈련만으로도 충분하다. 좋은 소식이다.

더 좋은 소식은 스스로 자신의 가치와 더 높은 목적을 명확히 하는 데 도움이 될 만한 다른 방법도 있다는 것이다. 그중 하나가 남들에게 그것을 말하는 것이다. 가치와 더 높은 목적은 매우 추상적인 주제이기 때문에 말로 표현하고 나면 스스로 그것을 더 분명하고 실체적으로 인식할 수 있다.

다른 방법은 글을 쓰는 것이다. 여기서도 유사한 메커니즘이 작동한다. 추상적인 생각을 언어화하는 행동은 그것을 더 명확하게 만들어준다. 이 연습을 체계적으로 진행하면 더욱 큰 효과를 얻을 수 있다. 내면검색 프로그램 참가자의 상당수는 서로에게 겨우 몇 분 정도 이야기하는 것으로 생각이 적잖이 명료해졌다고 밝혔다.

가치와 더 높은 목적 찾기

집에서 혼자 이 연습을 한다면 아래의 유도문구 중 하나 혹은 모두를 기초로 몇 분간 일지 쓰기(4장 참조) 연습을 해보라.

· 나의 핵심가치는……

· 내가 지지하는(표방하는) 것은……

함께 진행할 가족이나 친구가 있을 경우 두세 명이 그룹을 이루어 마음챙김 듣기(3장 참조) 연습을 하라. 이때 돌아가면서 말하라. 화자는 독백으로 시작하는데 길이는 얼마가 되든 상관없다. 이후에는 자유롭게 대화한다. 이때 청자는 명확한 이해를 위한 질문을 하거나 짤막하게 의견을 제시한다. 대화의 유일한 규칙은 최초의 화자에게 우선권이 있다는 것이다. 이 말은 그에게 우선적인 발언권이 있으며 그가 말할 때는 아무도 끼어들 수 없다는 의미다.

독백의 주제는 아래와 같은 것이 될 수 있다.

· 나의 핵심가치는 무엇인가?

· 나는 무엇을 지지하는가?

모두가 말하고 나면 메타대화를 통해 각자에게 이 경험이 어떤 느낌이었는지를 이야기하라.

이상적인 미래의 발견, 상상하기

상상하기는 아주 단순한 개념이다. 어떤 것을 이미 달성한 것으로 시각화할 수 있다면 성취하기가 훨씬 쉽다는 것이다. 정신과의사 레지나 팰리Regina Pally는 그것을 이런 식으로 설명한다.

신경과학에 따르면 사건이 일어나기 전에도 뇌는 이미 일어날 가능성이 가장 높은 일에 대해 예측하며 예측된 내용에 가장 적합한 지각, 행동, 감정, 생리적 반응, 대인관계방식을 활성화시킨다. 어떤 의미에서 우리는 과거로부터 미래를 위해 무엇을 예측해야 할지를 배우며 이후에는 우리가 기대하는 미래를 살게 된다.

2005년 내 친구 로즈 새비지Roz Savage는 홀로 대서양조정경주Atlantic Rowing Race를 완주한 최초의 여성이 되었다. 그렇다. 여자 혼자서 배 한 척에 몸을 싣고 103일간 3,000마일의 망망대해를 가로질러 노를 저은 것이다. 조리용 스토브는 20일 후에 고장 났고 4개의 노도 모두 부러졌지만 그녀는 해냈다. 하지만 그것은 시작에 불과했다. 이후 로즈는 여성 최초로 혼자서 노를 저어 태평양을 횡단했다. 그녀는 이 대장정을 3단계로 진행했다. 2008년에 샌프란시스코에서 하와이의 오아후섬으로 혼자 노를 저었고 2009년에는 하와이에서 키리바시공화국의 타라와섬까지 그리고 2010년에는 파푸아뉴기니의 마당시까지 이동했다.

사실 로즈가 늘 모험가였던 것은 아니다. 조정모험에 나서기 전에는 그녀도 보통사람처럼 대체로 몸을 많이 움직이지 않는 편안한 중산층의 삶을 살았다. 그녀는 런던의 한 투자은행에서 경영컨설턴트이자 프로젝트매니저로 일했고 수입도 안정적이었으며 교외에 집도 있었다.

그런데 30대 중반의 어느 날 로즈는 자신의 부고를 쓰는 연습을 해보았다. 자신이 죽은 후 사람들이 그녀에 대해 뭐라고 말할지 궁금했던 것이다. 그녀는 부고를 두 가지 내용으로 작성했다. 첫 번째는 당시의 삶의 방식을 그대로 고수할 경우 어떻게 될 것인지를 반영했고 두 번째는 자신이 살고자 열망한 삶을 반영했다.

로즈는 이 과정에서 굉장히 중요한 발견을 했다. 즉 첫 번째 기사를 쓸 때는 에너지가 너무 많이 소진되어 미처 다 끝낼 수도 없었던 반면 두 번째 기사를 쓸 때는 너무 힘이 넘쳐 쓰기를 중단하고 싶지 않을 정도였던 것이다. 여기서 그녀는 인생을 변화시키는 통찰을 얻었다. 결국 그녀는 노를 저으며 드넓은 바다를 질주하는 꿈을 좇기 위해 그때까지의 생활, 직업, 안정된 수입, 집, 결혼까지 다 포기했다.

개중에는 로즈가 꿈을 따라 모든 것을 버릴 정도로 돈이 많았다고 생각하는 사람들이 있는데 사실 그녀는 부자가 아니었다. 그녀는 내게 대서양에서 노를 젓기 시작했을 때 자신의 순자산이 배와 그 안에 든 물건들(결국은 고장 난 조리용 난로를 포함해서)이 전부였다고 말했다.

로즈로 하여금 인생을 뒤바꿔놓은 통찰에 이르게 하고 그녀의 가슴속 심지에 불을 붙인 것은 상상하기 연습이었다. 그것은 그녀가 자신의 가장 깊은 가치와 내적인 동기를 발견하게 해주었고 동시에 자신이 원하는 미래를 상상하고 마음속에 그 미래를 공고히 할 수 있게 해주었다.

이상적인 미래를 발견하라

내면검색 프로그램에서 우리는 로즈가 한 것과 비슷한 상상하기 연습을 가르친다. 기본적인 개념은 자신의 이상적인 미래를 이미 현실이 된 것처럼 글로 표현함으로써 마음속에서 그 미래를 상상하고 발견하고 공고히 한다는 것이다. 이것은 내 친구이자 새로운 미래센터Center for New Futures의 CEO인 바바라 피티팔디Barbara Fittipaldi로부터 배운, 효과가 아주 대단한 연습이다.

아래에 그 방법을 소개한다. 한번 해보라. 여러분은 이런 일에 이미 전문가다.

나의 이상적인 미래 찾기

이것은 글쓰기 연습이다. 7분여에 걸쳐 진행되는데 이는 일반적인 쓰기 연습에 걸리는 것보다 더 긴 시간이며 유도문구는 하나뿐이다. 이 연습은 아주 재미있고 만족감을 줄 수 있다. 유도문구는 다음과 같다.

· 만약 오늘부터 시작해서 내 인생의 모든 것이 나의 가장 낙관적인 기대에 부

   응하거나 오히려 기대를 뛰어넘는다면 5년 후 내 인생은 어떤 모습이 될까?

마음속의 이미지가 더 상세할수록 연습효과도 좋아진다. 따라서 쓰기 전에 다

음의 질문들을 고려하라. 이 미래에서,

· 나는 어떤 사람이고 무엇을 하고 있나?

· 기분은 어떤가?

· 사람들은 나에 대해 뭐라고 말하는가?

쓰기 전에 1분간 조용히 명상해보자.

(1분 휴지)

쓰기 시작하라.

　　이를 변형할 수도 있다. 시간은 7분이 아니라 한 시간이나 두 시
간이어도 된다. 꿈이 실현되는 날짜를 바꿀 수도 있다. 5년 뒤가
적합하지 않은 것 같으면 10년이나 20년 후로 잡아보라. 또 다른
형태는 여러분이 이미 지금부터 5년 뒤의 이상적인 미래 속 삶을
살고 있다고 가정하고 그 미래로부터 일기를 쓰는 것이다. 이것이
우리가 바바라의 수업에서 응용한 형태였다.
　　이 연습을 변형한 주요 형태로는 최소한 두 가지가 있다. 하나는
로즈처럼 자신의 부고를 두 가지 방향으로 써보는 것이다. 다른 하

나는 다음 장면을 시각화하는 것이다.

나는 수많은 청중의 일원으로 한 강연에 참여하고 있다. 나를 포함한 모든 청중이 연사의 말에 깊이 감동하고 고무된다. 이 연사는 바로 지금부터 20년 뒤 나 자신의 미래 모습이다.

이때 고려해야 할 질문은 다음과 같다.

· 그 연사는 무슨 말을 하며 어떻게 나에게 감동과 영감을 주는가?
· 그 연사의 어떤 점이 나로 하여금 그를 우러러보게 하는가?

나의 이상적인 미래를 광고하고 다녀라

자신의 이상적인 미래가 마음에 든다면 다른 사람들에게 많이 알릴 것을 적극 권한다. 여기에는 두 가지 중요한 이점이 있다. 첫째, 그것에 대해 많이 말할수록 그것은 그만큼 현실적으로 변한다. 꿈이 굉장히 비현실적이거나 불가능해 보여도 마찬가지다. 나는 생전에 세계평화를 위한 조건을 조성하는 것이 꿈이다. 나는 내면의 평온과 기쁨, 연민의 마음 때문에 평화가 강물 같이 흐르는 세계를 상상한다. 이런 조건들은 고대로부터 이어진 지혜의 전통 덕분에 현대에도 광범위하게 퍼져 있다. 나는 스스로를, 기업과 사회에 이 지혜의 관행들을 이해하기 쉽고 실용적으로 만들어 누구나 그것을 유용하게 이용할 수 있도록 하는 사람으로 상상한다. 이 꿈을 생각하기 시작했을 때 나는 내 목표가 실현 불가능하다는 것을 알고 있었다. 하지만 어쨌든 이 목표를 많은 사람들에게 떠들고 다녔다.

그런데 그 이야기를 많이 할수록 그것은 불가능한 것에서 믿기 어려운 것으로 바뀌었고 그 다음에는 믿기 어려운 것에서 가능한 것으로 그리고 가능한 것에서 행동화할 수 있는 것으로 바뀌었다. 나는 이 꿈을 현실로 더 가까이 인도하기 위해 실제로 내가 할 수 있는 일이 있다고 느끼는 상태에 도달했다.

두 번째 중요한 이점은 이상적인 미래에 대해 많이 말하고 다닐수록 여러분에게 도움이 될 만한 사람들을 만날 가능성이 높아진다는 것이다. 이것은 미래에 대한 여러분의 열망이 이타적인 성격일 경우 특히 더 그렇다. 사람들이 여러분을 도우려 몰려들 것이다.

여러분의 소망이 고급자동차를 모는 것이라면 아무도 관심을 갖지 않을 것이다. 하지만 목표가 세상의 굶주린 자들에게 음식을 주는 것이라든지 샌프란시스코의 노숙자들이 얼어 죽지 않게 하는 것이라든지 내 지역사회의 불우한 아이들에게 더 나은 학습환경을 만들어주는 것이라면 그리고 남을 돕고 싶은 소망이 진심에서 우러나온 것이라면 장담컨대 가장 흔하게 듣는 말이 "어떻게 도와드릴까요?"가 될 것이다. 진정으로 이웃에게 도움이 되고자 한다면 그 마음은 사람들에게 감동을 주고, 그들은 여러분에게 힘이 되고 싶어할 것이다.

솔직히 말해 나는 이 방식의 효과를 보고 적잖이 놀랐다. 처음에 세계평화에 대한 열망을 이야기하기 시작했을 때 내가 미쳤다고 생각한 사람이 거의 없었다는 사실에(이제까지 겨우 두 명뿐이었다.) 유쾌한 놀라움을 느꼈다. 이 꿈이 내게 더 현실적으로 변하면서 나는 점점 더 자신을 갖고 말하기 시작했다. 얼마 뒤에는 사람들이 나를 돕거나 내게 도움이 될 만한 이들을 소개해주고 싶어했다. 나는 곧 동지들과 네트워크를 형성하게 되었다(나는 이것을 농담 삼아 '세계평화를 위한 거대한 음모'라 부른다). 나는 마티유 리카르 같은 명상 분야의 많은 명사들 그리고 실라 엘워시Scilla Elworthy 같은 평화운동 분야의 명사들과 친분을 쌓게 되었다. 리처드 기어Richard Gere와 달라이라마는 나를 부둥켜안았고 배우 오웬 윌슨Owen Wilson과 음악가 윌.아이.엠will.i.am은 나를 돕고 싶다고 말했다. 유엔에서 '연민'을 주제로 TED 강연을 해달라는 초대를 받기도 했다. 처음 보는 수백 명의 사람들이 나에게 감동받았다고 말해주었다. 나는 세계평화에 대한 내 단순한 열망이 그토록 많은 이들의 심금을 울린 것에 놀랐다. 그리고 내가 경험한 그 모든 우정과 친절에 겸허해졌다.

나는 사람들이 감동을 원한다는 사실을 알게 되었다. 봉사에 대한 우리의 열망과 모든 자선행위는 사람들을 감동시킨다. 그러므로 이타적인 열망을 갖고 있다면 특히 이미 행동에 옮기고 있다면 세상에 더 많은 선의의 물결이 출렁이도록 그것을 남과 공유할 것을 강력히 요청한다.

장애물 극복하기, 회복력

공조와 상상하기가 우리가 가고 싶은 곳이 어디인지를 알려준다면 회복력은 그곳에 도달하도록 해준다. 회복력은 '내적인 평온Inner calm', '감정적 회복력Emotional resilience', '인지적 회복력Conitive resilience'이라는 세 가지 차원에서 훈련할 수 있다.

내적인 평온

지속적으로 내적인 평온에 이를 수 있을 때 이는 모든 낙관주의와 회복탄력성의 토대가 된다. 나는 마티유 리카르에게 속이 빤히 들여다보이는 질문을 한 적이 있다.

"혹시 행복하지 않은 날도 있나요?"

중국의 쿵푸영화에서 보게 되는 대부분의 지혜로운 스승들처럼 마티유는 비유적으로 답했다.

"행복을 깊은 바다라 생각해보세요. 표면엔 파도가 일렁이죠. 하지만 바닥은 항상 고요합니다. 이처럼 아주 행복한 사람도 슬플 때가 있지요. 가령 사람들이 고통당하는 모습을 볼 때가 그런 경우입니다. 하지만 그 슬픔의 밑바닥에는 변함없는 깊은 행복이 자리하고 있답니다."

이 아름다운 비유는 평온과 회복력에도 적용된다. 마음속에 깊은 평온이 자리하고 있으면 일상에 어떤 오르막과 내리막이 있든 언제나 오뚝이처럼 발딱 일어설 수 있다. 그 어느 것도 우리를 오래도록 우울의 늪에 잡아두지 못한다. 뭔가가 우리를 쓰러뜨릴 때마다 항상 그 내면의 고요와 평온 속에서 쉬고 재충전할 수 있는 것이다.

다행히 이런 내면의 평화는 누구나 얻을 수 있다. 앞에서 언급했듯 마음챙김 훈련을 하면 마음이 차분해지고 맑아지면서 행복해진다. 훈련을 많이 하는 만큼 마음은 더욱 평온해지고 행복해질 것이다. 그러니 마음챙김명상을 많이 하라. 마술처럼 쉽게 마음에 평화가 깃들 것이다.

감정적 회복력

성공과 실패는 감정적 경험이다. 감정관리훈련을 통해 이 경험을 처리하는 능력을 향상시킬 수 있다. 성공과 실패로 인한 감정적 경험은 탐욕과 혐오감을 유발할 수 있으며 탐욕과 혐오감은 우리의 앞길을 가로막고 목표달성능력에 딴죽을 걸기 쉽다. 따라서 성공과 실패에 수반되는 감정을 잘 처리하는 연습을 통해 내적인 평온의 토대를 마련할 수 있다.

모든 감정적 경험이 그렇듯 성공과 실패 역시 몸에서 가장 강력하게 표현된다. 따라서 이 감정을 상대하기 시작할 장소는 바로 몸 안이다. 우리 몸에서 이 감정을 경험하는 일에 대해 아니면 밍규르 린포체의 말대로 그것을 친구로 만드는 일에 대해 부담을 느끼지 말아야 한다. 마음 안에서 고개를 쳐드는 탐욕과 혐오감도 내려놓아야 한다. 감정을 제어하고 탐욕과 혐오감을 떠나보낼 수 있을 때 우리는 성공과 실패에 회복력을 갖추게 된다.

내면검색 프로그램의 정식연습은 마음을 진정시키고 재빨리 몸을 스캔한 후 실패와 성공의 기억을 불러오는 것에서 시작한다. 각각의 경우마다 우리는 그것들을 몸에서 경험하며 탐욕과 혐오감을 떠나보낸다. 다음은 그 요령이다.

회복력 명상

1. 마음 진정시키기

세 차례의 심호흡으로 시작하라.

부드럽게 호흡을 의식하며 들숨과 날숨 그리고 그 사이의 공간에 유의하라.

몸에 주의를 기울여 발, 다리, 무릎, 골반, 가슴, 팔, 어깨, 등, 목, 뒤통수, 얼굴에서 느껴지는 감각에 집중하라.

(긴 휴지)

2. 실패

이제 4분간 실패의 경험으로 기어를 바꾸자.

큰 실패감을 느꼈던 기억을 떠올려라. 이는 목표를 달성하지 못하거나 자신과 다른 사람들을 실망시켰던 일이 될 수 있다. 그것을 보고 듣고 느껴라.

관련된 모든 감정들을 관찰하고 그것들이 몸에서 어떻게 나타나는지 보라.

(2분 휴지)

이제 그 모든 감정들을 혐오감 없이 경험할 수 있는지 보자.

여러분이 경험해온 이 감정들을 단지 생리적인 감각이라고 생각하라. 그게 전부다. 불쾌할지 모르지만 그것들은 단지 경험에 불과하다. 그냥 이 경험들이 존재하게 하고 그것들이 오고 싶을 때 오고, 가고 싶을 때 가게 하자. 그것들을 내버려두라. 친절하고 부드럽고 너그럽게.

(긴 휴지)

3. 성공

이제 좀 더 즐겁게 4분간 성공에 대한 경험으로 기어를 바꿔보자.

큰 성공의 느낌을 경험했던 기억을 떠올려라. 이는 목표를 초과 달성했거나 모두의 칭찬을 받았거나 아니면 자신에 대해 느꼈던 강한 자부심의 기억일 수 있다. 그것을 보고 듣고 느껴라.

관련된 모든 감정들을 관찰하고 그것들이 몸에서 어떻게 나타나는지 보라.

(2분 휴지)

그 모든 감정들을 탐욕을 느끼지 않고 경험할 수 있는지 보자.

자신이 경험하고 있는 이 감정들을 단지 생리적인 감각이라고 생각하라. 그게 전부다. 유쾌할지 모르지만 그것들은 단지 경험에 불과하다. 그냥 이 경험들이 존재하게 하고 오고 싶을 때 오고, 가고 싶을 때 가게 하자. 그것들을 내버려둬라. 친절하고 부드럽고 너그럽게.

(긴 휴지)

4. 평온한 마음으로 복귀

이제 3분간 현재로 돌아오자. 자신의 몸 상태와 느낌을 살펴라.

(휴지)

숨을 깊이 쉬고 내려놓아라. 느긋하게 호흡에 집중하고 원한다면 손을 올려 가
슴에 대라.

(휴지)

몸에서 무슨 일이 일어나는지 계속 주목하고 천천히 눈을 떠라.

인지적 회복력

자신의 실패를 바라보는 방식을 이해하고 유익한 정신습관을 형
성하는 것은 낙관적 태도를 갖추는 데 도움을 준다. 우리는 낙관적
태도를 함양하는 인지 훈련으로 감정회복력을 더 강화시킬 수 있
다. 실패 이야기로 시작해보자.

자신이 얼마나 많은 실패를 했는지 세상에 공개할 정도로 용감
했던 어느 운동선수가 있었다.

"저는 선수생활 중 9,000번 이상의 슛을 놓치고 거의 300회의 경
기에서 패했습니다. 또 제게 주어진 결정골 찬스를 26번이나 날렸
습니다. 저는 살아오면서 수없이 실패했습니다."

그가 계속 말을 이어갔다.

"…… 그리고 그것이 제가 성공한 이유입니다."

이 선수는 마이클 조던Michael Jordan이다. 그를 모른다면 그냥 역대 최고의 농구선수라고만 알아두면 된다.

실패는 성공의 기본 요소다. 소이치로 혼다Soichiro Honda는 "성공은 99퍼센트가 실패다"라고 말한 것으로 유명하며 토머스 왓슨Thomas Watson은 "성공률을 높이고 싶다면 실패율을 두 배로 늘려라"라고 말했다. 하다 못해 '실패는 성공의 어머니'라는 속담도 있지 않은가(물론 내가 그 가족의 엄마가 되고 싶지는 않지만).

실패를 싫어하면 상황은 더 나빠진다. 혁신적인 일을 하고 싶다면 자신이 어리석다고도 느껴봐야 한다. 마이크로소프트의 최고기술책임자였던 네이선 미어볼드Nathan Myhrvold도 이렇게 말했다.

"탐험가 루이스와 클라크는 길을 잃은 경우가 대부분이었죠. 만약 여러분이 탐험을 항상 자신의 위치를 알고 능력범위 내에 머무는 것이라 생각한다면 진짜 새로운 일은 할 수 없습니다. 혼란을 느끼고 갈팡질팡하고 자신이 어리석다고도 생각해야 합니다. 그럴 의지가 없다면 틀 밖으로 나갈 수가 없어요."

미어볼드는 23세에 박사학위를 받았으며 마이크로소프트의 최고기술책임자이자 마이크로소프트리서치Microsoft Research의 설립자였다. 또 수상까지 한 자연 및 야생동물 사진가이고 프랑스요리의 대가이며 베스트셀러 작가이기도 하다. 그는 틀림없이 세상에서 가장 지적인 인간 중 한 명이다. 빌 게이츠조차 "네이선보다 똑똑한 사람을 모른다"고 했을 정도다. 그러나 네이선 미어볼드와 빌

게이츠가 보기에도 혁신에는 '혼란을 느끼고 갈팡질팡하고 자신이 어리석다고 생각하는' 과정이 수반된다.

미어볼드의 말을 들으며 나는 자신에 대해 더 긍정적으로 느꼈다. 네이선 같은 사람조차 자신이 어리석다고 느낀다면 내가 그렇게 느끼는 것도 당연하다고 자위할 수 있지 않겠는가.

위의 이야기들은 많은 이들이 이미 삶을 통해 배운 진리를 확인시켜준다. 즉 실패는 흔한 경험이라는 것이다. 누구나 인생의 어느 시점에 어떤 식으로든 실패한다. 심지어 마이클 조던 같은 가장 위대하고 성공한 인물조차 이 법칙에서 예외가 아니다. 성공한 사람과 실패한 사람을 구분 짓는 것은 실패에 대한 그들의 태도와 특히 자신의 실패를 스스로에게 설명하는 방식이다.

심리학자 마틴 셀리그먼은 이를 '설명양식Explanatory Style'이라 칭한다. 이는 실패를 경험할 때 그것을 자신에게 설명하는 방식이다. 낙관적인 이들은 개인적인 힘에 대한 믿음을 갖고 실패에 반응한다. 그들은 실패가 일시적이고 특별한 상황에 한정된 것이며 결국 노력과 능력에 의해 극복될 수 있다고 느낀다. 반면 비관적인 이들은 개인적인 무력감으로 실패에 반응한다. 그들은 실패가 장기적이고 인생 전반에 걸친 일반적인 현상이며 자신의 부족함 탓에 극복할 수 없다고 느낀다.

자신에게 일어난 일을 설명하는 방식의 이런 차이는 삶에 큰 영향을 준다. 낙관주의자는 큰 실망을 경험할 때 다음엔 어떻게 더 잘할 수 있을까를 생각하지만 비관주의자는 그 문제에 대해 자신이 할 수 있는 건 아무것도 없다고 느끼고 그냥 포기해버린다.

보험사인 메트라이프MetLife와 공동으로 진행한 유명한 실험에서 셀리그먼은 낙관적인 보험설계사들이 비관적인 설계사들보다 판매량이 훨씬 높다는 걸 발견했다. 만성적으로 설계사부족 문제에 시달리던 메트라이프에게 셀리그먼은 입사시험에서 커트라인 바로 아래의 점수를 받았지만 낙관주의 점수는 높았던 지원자들을 채용하게 했다. 그 결과 이 그룹은 정상적으로 채용된 비관주의자 그룹보다 첫해에는 21퍼센트, 두 번째 해에는 57퍼센트 높은 판매 실적을 올렸다.

낙관주의 학습하고
비관주의 털어내기

다행히 낙관주의는 학습될 수 있다. 아이러니하게도 낙관주의는 현실적이고 객관적인 자세를 회복하는 것에서 시작한다. 우리는 타고나길 긍정적인 일보다는 부정적인 일에 훨씬 민감하게 반응한다. 예를 들어 여러분이 작가인데 본인 작품에 대한 열 건의 서평 중 9개는 극찬 일색이고 나머지 하나만 혹평이라면, 여러분은 극찬한 서평 아홉 개보다 혹평한 하나의 서평을 기억할 가능성이 높다. 이는 삶의 다른 측면에서도 마찬가지다.

긍정심리학자 바바라 프레드릭슨Barbara Fredrickson은 하나의 부정적인 경험을 극복하는 데는 긍정적인 경험 3개가 필요하다는 사실을 발견했다. 긍정과 부정의 비율이 3:1로, 일반적으로 부정적인 느낌은 긍정적인 느낌보다 그 힘이 세 배나 강하다. 잠시 균형 있는 관점을 취하여 여러분이 불행한 순간보다 행복한 순간이 두 배나 많은 삶을 살고 있다고 가정해보자(2:1의 비율). 그것은 마치 누군가가 1달러를 빼앗아갈 때마다 어떤 부자가 2달러를 주는 것과 같다. 객관적으로 보면 승리다. 여러분은 억세게 운 좋고 풍요로운 삶을 사는 듯 보인다. 그런데 주관적으로 보면 2:1의 비율은 프레드릭슨의 3:1 비율보다는 낮기 때문에 여러분은 "내 인생은 구질구질하다"고 생각하기 쉽다. 이 통찰은 내게 큰 충격이자 깨달음으로 다가왔다.

낙관주의를 학습하는 첫 단계는 우리 자신의 강력한 부정적 편향을 인식하는 것이다. 살면서 실패보다는 성공을 많이 경험하는 것이 전적으로 가능하며 심지어 그럴 가능성도 충분하다. 하지만 그렇게 보이지 않는 것은 우리의 신경 안테나가 너무 실패 쪽으로만 뻗어 있고 성공에 대한 관심과 주의에는 지극히 인색하기 때문이다. 단지 이 사실을 이해하는 것만으로도 우리는 자신을 바라보는 방식을 바꿀 수 있다.

두 번째 단계는 마음챙김이다. 낙관적 태도를 지니려면 자신의 경험을 객관적으로 볼 줄 알아야 한다. 4장에서 언급한 것처럼 마음챙김이야말로 이런 객관적 태도를 함양하는 최고의 방법이다. 특히 성공이나 실패를 경험할 때마다 자신의 몸을 마음챙김 하라.

다음에는 감정적 경험을 마음챙김 하며 감정이 가장 생생하게 드러나는 곳이 바로 몸임을 기억하라. 마지막으로 생각을 마음챙김 하라. 이 사건을 자신에게 어떻게 설명하는가? 스스로를 강하다고 느끼는가, 무력하다고 느끼는가? 여러분의 생각은 감정과 어떻게 연관되어 있는가? 이 사건이 성공경험이라면 그것을 대단치 않게 생각하려는 경향을 마음챙김 하고 그 사건이 실패경험이라면 그것이 내게 미치는 지나치게 강한 파급력을 마음챙김 하라.

마지막 단계는 변화다. 성공을 경험할 때는 그것에 의식적으로 주목하며 그것을 누릴 만한 자격이 있음을 받아들이고 명예로 여겨라. 이것은 성공에 합당한 주의를 기울이는 정신적인 습관을 만든다. 실패를 경험할 때는 그것이 일시적임을 암시하는 증거에 초점을 맞춰라. 자신이 부족하고 무능력하다는 생각이 든다면 의식적으로 주의를 기울이며 자신이 명예로 삼고 뿌듯해했던 과거의 성공을 떠올려라.

현실적인 희망의 증거를 발견한다면 그것에 주의를 집중하라. 이는 어느 정도 현실을 부정하는 태도처럼 보일 수 있지만 실제로는 강한 부정적 성향과 균형을 맞춤으로써 객관성을 높여준다. 이 연습을 자주 하면 새로운 정신습관이 형성되어 다음에 실패를 경험할 때도 여러분의 마음은 즉시 현실적인 희망의 이유를 찾아내어 실패로부터 더 빨리 회복된다. 그리고 이런 과정을 거쳐 낙관주의가 만들어진다.

거대한 파도

이 장은 내면의 회복력을 발견하여 두려움과 실패를 극복한 한 일본인 남자의 이야기로 갈무리하겠다.

메이지시대 초기 오나미o-nami라 불린 유명한 스모꾼이 살았다. 오나미는 '큰 파도'라는 뜻이다. 그는 힘이 대단한 장사였고 기술에도 일가견이 있었다. 그런데 비공식시합에서는 스승까지 이긴 그가 공식시합에서는 너무 숫기가 없어 제자들에게까지 패하곤 했다.

오나미는 선사를 찾아가 도움을 구해야겠다고 생각했다. 마침 방랑 선사인 하쿠주Hakuju가 근처의 작은 사찰에 머물고 있었다. 오나미는 그를 찾아가 자신의 고민을 털어놓았다.

이에 선사는 이렇게 조언했다.

"자네 이름은 큰 파도야. 오늘 밤 이곳에 머물며 자신이 큰 파도라고 생각하게. 더 이상 두려움에 떠는 스모꾼이 아니라 앞을 가로막는 건 무엇이든 모조리 쓸어버리고 삼켜버리는 그 거대한 파도가 되는 거네. 그렇게 상상하면 이 나라 최고의 스모꾼이 될 걸세."

말을 마친 선사가 물러갔다. 오나미는 좌선명상을 하며 자신을 파도라고 상상하려 했다. 여러 가지 다양한 것들을 생각하면서 차츰 파도의 느낌에 가까이 다가갔다. 밤이 깊어가면서 파도는 점점 더 커졌다. 그것은 꽃병의 꽃들을 휩쓸었고 심지어 법당의 부처상까지 삼켜버렸다. 새벽이 오기 전 사찰이 있던 자리에는 망망대해의 물

결만 출렁일 뿐이었다.

아침에 선사는 엷은 미소를 띤 채 명상하는 오나미를 보곤 그의 어깨를 두드리며 "이제 그 무엇도 자네 앞을 막지 못할 걸세. 자네는 파도야. 자네 앞에 있는 건 뭐든 다 쓸어버릴 거라네"라고 말해주었다.

그날 오나미는 시합에 출전하여 우승했다. 이후 일본의 그 누구도 그를 이기지 못했다.

7장

공감과
브레인 탱고

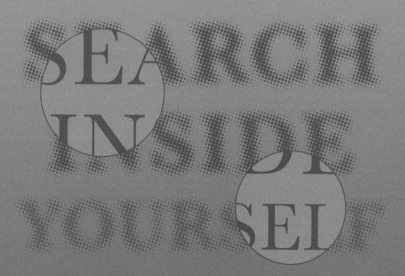

타인에 대한 이해를 통한 공감능력 계발

이해하는 것이 먼저고 이해받는 것은 나중이다.

– 스티븐 R. 코비

다음은 내가 오래전에 주워들은 이야기다.

옛날에 한 제자가 물었다.
"스승님, 경건한 삶의 절반은 사람과 어울리는 것인지요?"
스승이 대답했다.
"아니다. 경건한 삶 전체가 사람과 어울리는 것이다."

이 이야기는 아마 불교의 한 유명한 이야기를 잘못 읽은 데서 나왔을 것이다. 그 이야기에서 부처는 '훌륭한 사람들'과의 우정은 경건한 삶의 절반이 아니라 전부라고 말씀하셨다. 그러나 시간이 지나면서 나는 이 가짜 이야기에 깊은 지혜가 담겨 있음을 알게 되었다. 감성지능의 관점에서 볼 때 나는 타인과의 교류야말로 한 인간의 진가가 드러나는 장이라고 생각한다.

자기이해지능에 관한 장들을 마치고 대인관계지능 부분에 들어온 것을 환영한다. 이곳이야말로 검은 띠 유단자의 영역이다.

뇌는 원래 공감하도록 설계되었다

신경과학 분야의 가장 중요한 발견 중 하나는 누군가가 원숭이 앞에서 먹이를 집어 들었을 때 우연히 이루어졌다. 이탈리아 파르마대학교의 신경생리학자들은 신경활동을 기록하려고 원숭이 뇌에 전극을 설치하고는 원숭이가 먹을 것을 집어 들 때마다 일부 신경세포들이 불빛을 내는 것에 주목했다. 이들은 가끔 먹이를 집어 들어 원숭이에게 줄 때에도 똑같은 신경세포에 불이 들어오는 것을 보고 놀랐다.

더 연구를 진행한 후 이들은 '거울뉴런Mirror Neurons'이라는 신경세포가 존재한다는 사실을 알아냈다. 이는 다른 동물의 행동을 보기만 해도 자신이 직접 그 행동을 할 때와 똑같은 반응을 하는 뇌세포다. 별로 놀랄 것도 없이 나중에 인간의 뇌에도 이 거울 뉴런이 존재한다는 사실을 강력히 시사하는 증거가 발견되었다.

일부 과학자들은 거울 뉴런이 공감과 사회인지능력Social Cognition의 신경학적인 기반을 형성한다고 주장한다. 이런 주장을 뒷받침하는 과학적인 증거는 아직 결정적이진 않지만 어느 쪽이든 거울 뉴런은 인간 뇌의 사회적 성격에 대한 홍미로운 일면을 엿볼 수 있게 한다. 마치 뇌가 개별 신경세포의 차원에서까지 다른 사람들을 염두에 두고 설계된 것처럼 보이는 것이다.

신경 차원의 공감연구에서 또 다른 홍미로운 사실 한 가지는 뇌가 타인의 고통에 반응하는 방식에 의해 밝혀졌다. 고통스러운 자극을 받을 때는 '고통매트릭스Pain Matrix'란 별명이 붙은 뇌 부위에 불이 들어온다. 그런데 직접 고통자극을 받지 않고 사랑하는 사람이 고통받는 것을 지켜볼 때도 고통 매트릭스는 역시 불빛을 내뿜는다. 상당히 실제적으로 내 뇌에서 다른 사람의 고통을 경험하는 것이다. 꼭 상대와 똑같은 감각적 고통을 체험하는 것은 아니지만 그와 비슷한 감정적 경험을 공유하는 셈이다. 이것이 연민의 신경학적인 근거다.

'연민Compassion'이라는 말 자체가 '함께 고통받다'라는 뜻의 라틴어에 그 뿌리를 두고 있다. 별다른 노력을 기울이지 않아도 뇌는 이미 최소한 사랑하는 사람들에게 공감과 연민의 반응을 보이도록 설계되어 있는 것이다.

브레인 탱고란 무엇인가

자기인식과 공감 사이에는 홍미로운 관계가 있다. 자기인식능력이 높으면 공감능력 역시 높을 가능성이 크다. 뇌는 이 두 가지 기능을 위해 똑같은 장비를 사용하는 듯하다. 특히 이 두 가지 기능은 뇌의 '섬엽Insula'이라는 부위와 많은 관련이 있다. 섬엽은 신체 감각을 경험하고 인지하는 능력과 관련된다. 섬엽이 활성화된 사람들은 자신의 심장박동을 느낄 수 있다. 심지어 섬엽이 활동적인 사람들은 공감능력도 높은 경향이 있음을 드러내는 과학적인 증거도 있다.

어떻게 그럴까? 저명한 심리학자 존 가트맨John Gottman과 동료들의 연구는 흥미로운 단서를 제공한다. 가트맨은 결혼의 안정성과 관계분석에 대한 선구적인 연구로 잘 알려져 있다. 그의 전문적 역량은 가히 전설적이어서 부부 사이의 대화를 단지 15분 정도 관찰하는 것만으로 그들의 결혼이 10년 안에 이혼으로 이어질지 정확히 예측하는 것으로 유명하다.

가트맨이 진행하는 연구의 상당 부분은 부부를 방 안으로 불러들여 그들의 생리적인 신호를 기록하는 장비와 연결시키고 그들이 서로 대화하게 한 후(가령 서로 의견이 다른 문제에 대해) 그 장면을 비디오테이프에 녹화하는 형태로 이루어진다. 나중에는 각 배우자들이 따로 비디오를 보며 대화의 각 단계에 무엇을 느꼈는지 평가한다. 이 실험을 통해 대화 장면, 대화 중에 참석자들이 느낀 감정에 대한 당사자의 직접평가, 생리적인 데이터를 포함하는 정말 귀중한 자료들이 확보되었다.

한 흥미로운 실험에서 가트맨의 동료 로버트 레빈슨Robert Levenson은 제3의 피실험자에게(그를 '평가자'라 부르자) 위의 비디오 일부를 시청하게 한 후 비디오 속의 피험자가 대화 중에 어떻게 느꼈을 지를 평가하도록 했다. 이때 평가자의 공감능력이 측정되었는데 평가자가 피험자의 감정을 정확하게 평가할수록 공감능력이 높은 것으로 나타났다.

이 실험의 가장 재미있는 부분은 평가자의 생리적인 신호와 관련이 있었다. 이 역시 평가과정 중에 측정되었는데 평가자의 생리가 평가대상자의 생리와 조화를 이룰수록 대상자의 감정을 정확하게 알아맞힌 것으로 드러났다. 다시 말해 생리적으로 다른 사람과 비슷할 때 공감하게 된다는 것이다.

대니얼 골먼이 이 현상을 설명하기 위해 쓰는 말이 '동조Entrainment'다. 그는 이것을 '감정 탱고Emotional Tango'라고도 부른다. 공감이 자기인식과 밀접한 관련이 있는 것은 동조 때문이다. 바로 뇌가 공감을 위해 자기인식도구를 이용하는 것이다. 사실 공감은 자기인식능력에 달렸다고 말할 수 있으며 자기인식능력이 약하면 공감능력도 약하기 십상이다.

이 통찰이 함축하는 한 가지 중요한 의미는 자기인식능력을 키우는 연습이 공감능력도 동시에 향상시키는 경우가 많다는 것이다. 예컨대 몸에 대한 마음챙김은(이를테면 4장의 몸 스캔 연습을 이용하여) 섬엽을 강화시키는 것으로 알려져 있으며 이를 통해 자기인식능력과 공감능력이 동시에 개선된다. 하나 가격에 두 개를 얻는 셈이다.

공감은 심리분석이나
동의가 아니다

공감은 이른바 '심리분석Psychologizing', 내용도 잘 모르면서 심리적 동기에 대해 추측하는 행태와 혼동될 때가 많다. 예를 들어 상사에게 내 문제를 설명하고 있다고 하자. 그런데 이야기가 중간쯤 진행될 때 상사가 내 말을 자르고는 내 문제가 어떻게 내 어린 시절의 문제나 심리학책에서 읽은 다른 요인과 관련 있을 수 있는지를 그럴듯하게 풀어댄다. 이때 그는 공감하는 것이 아니라 심리적 해석을 가하는 것이다. 심리분석을 시도할 때 우리는 사실 문제를 이해하는 것이 아니라 묵살하는 것이다.

놀랄 일도 아니지만 심리분석은 경영자들의 평범한 성과와 연관이 있다. 내가 보기에 툭하면 심리적 해석을 시도하는 임원들은 코믹만화 주인공 딜버트Dilbert의 뾰족머리 상사처럼 머리가 꼬챙이처럼 자랄 것 같다. 하지만 상사가 온 주의를 기울여 내 말에 집중하고 내 문제가 내게 어떤 의미가 있는지를 지적이고 감정적인 차원에서 이해하려 한다면 그리고 이 모든 과정에 친절한 마음을 담는다면 그는 공감하고 있는 것이다.

공감이 꼭 상대의 말에 동의한다는 의미는 아니다. 친절한 마음으로 지적이고 감정적인 차원에서 상대를 이해하면서도 정중하게 그의 의견에 이의를 제기하는 것은 충분히 가능한 일이다. 아리스토텔레스가 말했듯이 "어떤 생각에 동의하지 않으면서도 그것을 환영할 수 있는 것이 교양 있는 지성의 증거이다." 공감하면서 반대하는 것이 이와 흡사하다. 다른 사람의 감정에 동의하지 않으면서도 그것을 이해하고 수용할 수 있는 것이 세련된 지성의 표지인 것이다.

이런 통찰은 공감하면서도 어려운 결정을 하는 것이 가능하다는 사실을 시사한다. 사실 많은 상황에서 힘든 결정을 내리는 가장 좋은 방법은 친절과 공감의 정신을 이용하는 것이다. 나는 비즈니스 환경에서 누군가에게 피해가 되는 결정을 내려야 한다면 그 상황에는 차라리 공감의 정신을 끌어대지 않는 편이 낫다고 생각했다. 마음을 약하게 먹으면, 어렵지만 꼭 필요한 결정을 내리기가 힘들어질 것이기 때문이다.

그런데 지금은 이것이 차선책임을 알게 되었다. 공감하지 않고 힘든 결정을 한다면 단기적으로는 원하는 것을 더 쉽게 얻어낼 수 있지만 동시에 원한과 불신을 조장하여 장기적으로 이로울 리 없는 것이다. 대신 결정으로 인해 피해를 입는 사람들을 친절과 공감으로 대한다면 신뢰와 이해의 분위기를 조성할 수 있다. 우리는 그들의 우려를 더 지혜롭게 협상하고 관리할 수 있게 된다. 신뢰와 이해의 토대만 충분히 형성되면 모든 사람의 문제를 해결하거나 최소한 일부 우려를 완화할 수 있는 창의적인 방법을 찾아낼 수도 있다.

요컨대 사람들이 여러분을 신뢰하고 여러분의 마음이 선의에서 나온 것이라 느끼며 더 큰 이익을 위해 이런 결정을 내리고 있다는 것을 이해하게 되면 그들의 협조를 얻어낼 가능성은 그만큼 더 높

아진다. 일단 신뢰가 구축되면 그것은 장기적 업무관계를 형성할
수 있는 튼실한 토대가 된다. 결국 여러분은 단기적으로도, 장기적
으로도 승리하게 된다.

공감의 정신으로 어려운 결정을 내린 좋은 예는 골먼의 《감성지
능으로 일하기*Working with Emotional Intelligence*》에서 찾아볼 수 있다.

두 회사에서 공장이 폐쇄되었을 때 직원들이 어떤 취급을 받았는
지 생각해보라. GE의 근로자들은 2년 전에 미리 공장 폐쇄통고를
받았고 회사는 그들이 다른 일자리를 찾도록 적극적으로 재취업을
알선하는 노력을 기울였다. 반면 다른 회사는 폐쇄소식을 겨우 일
주일 전에 발표했고 직원들의 재취업지원 노력도 나 몰라라 했다.
그 결과는 어땠을까? 거의 1년 뒤에 전 GE 직원들 대다수는 그 회
사가 일하기 좋은 곳이었다고 말했고 93퍼센트가 그들에게 제공된
직업전환서비스를 좋게 평가했다. 반면 다른 회사의 직원들은 겨우
3퍼센트만이 그곳이 일할 만한 곳이었다고 답했다. GE는 직원들
의 좋은 감정을 거의 그대로 유지한 반면 다른 회사는 원한의 유산
을 남긴 셈이다.

직원을 해고한다는 것은 그들을 인생의 가장 괴로운 경험에 노
출시키는 것이다. 하지만 이럴 때조차 공감을 발휘할 수 있다. 힘
든 상황에서도 신뢰와 선의가 조성될 수 있는 것이다. 혹자는 그것
을 '냉혹해지면서도 개자식 소리를 안 듣는 방법'이라 표현한다.

공감능력을 높이려면

공감능력은 친절과 짝을 이룰 때 높아진다. 친절은 공감의 엔진이다. 그것은 배려심을 자극하고 타인을 더 쉽게 수용하게 하며 그들도 여러분을 더 기꺼이 수용하게 한다. 사람들에게 친절을 베풀수록 그들과 더 쉽게 공감할 수 있는 것이다.

공감은 유사성이 느껴질 때도 생겨난다. 누군가가 우리와 비슷하다고 생각하는 만큼 그들과 더 많이 공감할 수 있다. 안드레아 세리노Andrea Serino와 그의 팀이 진행한 재미있는 연구가 있는데 제목이 바로 '네가 나와 같다면 느낌도 같을 거야 I Feel What You Feel If You Are Similar to Me'였다. 이 연구는 유사성에 대한 인식이 공감에 얼마나 강력한 영향을 줄 수 있는지를 보여준다. 이 연구는 자신의 몸이 만져지는 모습을 담은 비디오를 볼 때 일시적으로 촉각에 대한 민감도가 증가한다는 발견에 기초한다. 내가 지각할 수 있는 수준보다 낮은 강도로 뺨에 전기적 자극을 받을 경우에는 그것을 느끼지 못할 것이다. 하지만 내 뺨이 만져지는 모습의 비디오를 보는 것과 동시에 같은 자극이 가해진다면 그것을 느낄 확률이 높다. 다시 말해 내 뺨이 만져지는 모습을 볼 때 실제로 감각을 더 민감하게 느낄 수 있다는 것이다. 이 메커니즘은 '촉각의 시각적 재편Visual Remapping of Touch'이라 불린다.

그런데 이는 내 얼굴이 아닌 다른 사람의 얼굴이 만져지는 장면을 볼 때도 마찬가지다. 참 놀랍다.

세리노는 이런 시각적 재편의 원리가 자신과 비슷하다고 생각하는 사람의 얼굴이 만져지는 것을 볼 경우에 더 잘 적용되는지 살펴보았다. 첫 번째 실험에서 연구자들은 각 참석자가 속한 인종의 얼굴과 다른 인종의 얼굴(이 경우에 백인 대 흑인)을 이용했다. 별로 놀랄 것도 없이 이 원리는 관찰대상이 각 참석자가 속한 인종의 얼굴일 경우 상당히 더 잘 적용되는 것으로 드러났다.

두 번째 실험에서는 각 참석자가 속한 정당의 지도자들 얼굴과 반대당 지도자들의 얼굴(모두 같은 인종 출신이었다)을 이용했다. 결과는 자신과 같은 정당 소속인 사람의 얼굴일 경우 시각적 재편이 훨씬 잘 진행되었다. 이는 정말 벌어진 입을 다물지 못할 정도로 놀라운 발견이다. 단순히 나와 같은 정치적 신념을 공유하는지에 따라 무의식적이고 신경학적인 차원에서 내가 상대에게 반응하는 방식에 큰 영향을 줄 수 있다는 것이니 말이다.

그러니 공감능력을 높이려면 모든 사람을 친절하게 대하고 그들도 '그저 나와 똑같은 사람'이라고 인식하는 마음을 만들어내야 한다. 바꿔 말하면 정신적인 습관을 형성해야 하는 것이다.

바람직한 정신습관 만들기

정신습관을 만드는 연습은 단순하지만 굉장히 의미심장한 통찰에 바탕을 둔다. 석가모니는 이를 "사람의 마음은 그가 자주 생각하는 것을 향해 움직인다"라고 표현했다. 사람은 자기가 생각하는 대로 된다는 의미다.

방법 자체는 간단하다. 어떤 생각을 마음속에서 자주 떠올려라. 그러면 그것은 정신적인 습관이 된다. 이를테면 누군가를 볼 때마다 그 사람의 행복을 기원해보라. 그것은 결국 나의 정신습관이 되어 타인을 볼 때마다 본능적으로 제일 먼저 그 사람이 행복하길 바라게 될 것이다. 이렇게 얼마의 시간이 지나면 친절본능을 형성하게 된다. 친절한 사람이 되는 것이다. 그러면 나의 친절은 누군가를 만날 때마다 나의 얼굴, 자세, 태도에 나타나게 되는데 이쯤 되면 사람들은 단지 나의 잘생긴 얼굴만이 아니라 나의 성품에 끌리게 된다.

나처럼/자애심연습

이를 연습하는 비형식적인 방법은 그저 사람들을 만날 때마다 이런 생각들을 떠올리는 것이다. 하지만 많은 사람들에게 매우 효과적일 수 있는 형식적이고 체계적인 연습방법도 있다. 우리는 그것을 '나처럼/자애심Just Like Me/Loving Kindness연습'이라 부른다.

유사성을 찾고 친절을 베풀기 위한 두 가지 연습 가운데 첫 번째는 이른바 '나처럼연습'이다. 여기서는 다른 사람들이 나와 얼마나 비슷한지를 상기하여 평등성이라는 정신습관을 형성한다. 두 번째는 자애심연습으로 여기서는 타인의 행복을 비는 마음을 키워서 친절의 정신습관을 형성한다. 우리는 이 두 가지 연습을 하나로 결합했다.

수업 중에는 짝을 이룬 참석자들이 서로를 마주 보며 이 연습을 진행하는 경우가 많다. 여기서는 마주할 상대를 찾는 대신 그냥 연습을 하는 동안 여러분이 관심 갖고 있는 누군가를 마음속에서 시각화하라.

아래에 제시된 나처럼/자애심연습을 위한 대본을 천천히 그리고 휴지시간을 넉넉히 갖고 읽기 바란다.

나처럼/자애심연습

1. 준비

마음을 느긋하면서도 동시에 맑게 하는 편안한 자세로 앉아라. 2분간 호흡을 통해 마음을 쉬게 하는 것으로 시작하라.

마음에 두고 있는 누군가를 떠올리고 그를 시각화하라. 원한다면 그 사람의 사진이나 비디오를 이용해도 좋다.

2. 나처럼

이제 아래의 대본을 천천히 읽고 한 문장이 끝날 때마다 멈추고 깊이 생각하라.

이 사람도 나처럼 육체와 정신을 지닌 존재다.

이 사람도 나처럼 감각과 감정과 생각이 있는 존재다.

이 사람도 나처럼 살아오면서 슬펐고 실망했고 분노했고 상처 입었고 방황했다.

이 사람도 나처럼 살면서 육체적·감정적 아픔과 고통을 경험했다.

이 사람도 나처럼 아픔과 고통에서 해방되기를 원한다.

이 사람도 나처럼 건강하고 사랑받고 싶어하며 만족스러운 관계를 원한다.

이 사람도 나처럼 행복하기를 바란다.

3. 자애심

이제 이런 소망들이 피어오르게 하자.

나는 이 사람이 어려움을 헤쳐 나갈 힘과 자원을 갖추고 감정적·사회적 지원을 얻기를 바란다.

나는 이 사람이 아픔과 고통에서 자유롭기를 바란다.

나는 이 사람이 행복하기를 바란다.

이 사람은 나와 같은 인간이기 때문이다.

(휴지)

이제 나는 내가 아는 모든 사람이 행복하기를 바란다.

(긴 휴지)

4. 마무리

1분간 마음을 쉬게 하며 연습을 마친다.

참석자들에게 연습 중 기분이 어땠냐고 물을 때마다 가장 흔하게 나온 반응이 '행복했다'였다. 그들은 친절을 베푸는 것이 평화롭고 행복한 경험이며 적어도 친절을 받는 것만큼이나 기분 좋은 경험이란 사실을 발견했다. 이는 좀 직관에 반하는 듯 보이지만 인간이 고도로 사회적인 동물이며 우리의 뇌도 사회적으로 프로그래밍이 되어 있다는 사실을 기억하면 크게 이상할 것도 없다.

인간이 생존하기 위해 얼마나 사회적이어야 하는지를 생각하면 타인을 향한 친절이 본질적으로 우리 자신에게도 보람 있고 득이 된다는 것은 충분히 수긍할 만한 일이다. 그것은 아마 우리의 생존 메커니즘의 중요한 일부일지 모른다. 심지어 단 열흘간 하루에 한 번 친절한 행동을 하면 눈에 띄게 행복감을 높일 수 있음을 보여주는 연구도 있다. 친절은 지속 가능한 행복의 원천이며 이는 인생을 변화시킬 수 있는 단순하지만 심오한 통찰이다.

인간관계를 지키는 법

위의 연습이 지닌 가장 좋은 점은 그것이 어떤 상황에서든 관계를 치유하는 데 활용될 수 있다는 점이다. 나는 이 연습이 갈등을 처리하는 데 굉장히 유용하다는 사실을 알게 되었다. 아내나 동료와 다툴 때마다 나는 다른 방으로 가서 감정을 가라앉히고 몇 분간 마음을 진정시킨 후 은밀히 이 연습을 한다. 상대를 시각화한 후 이 사람도 나와 같은 사람이고 나처럼 고통에서 해방되기를 원하며 나처럼 행복하길 바란다는 사실을 떠올린다. 그리고 그의 건강,

행복, 고통으로부터의 자유 등을 기원한다. 이렇게 하고 겨우 몇 분이 지나면 나 자신과 상대방 그리고 전체상황이 훨씬 더 좋게 느껴진다. 그와 함께 분노의 상당 부분이 즉시 휘발된다.

여러분이 마음에 두고 있거나 함께 일하는 누군가와 갈등에 휘말릴 때마다 이 연습을 해보라. 아마 여러분의 관계에 기적이 일어날 것이다. 내 결혼생활이 완전히 개판이 되지 않은 것도 상당 부분 이 연습 때문이라는 것이 내 생각이다.

전통적인 자애심 연습

위의 자애심 연습은 '메타바바나Metta Bhavana', 즉 자애 명상이라는 오래된 연습을 각색한 것이다. 이 연습의 전통적인 형태는 좀 더 구조적이고 더 느린 속도로 진행된다(재미있게도 나는 엔지니어임에도 그 연습을 덜 구조적으로 만들었다).

다른 모든 명상연습이 그러하듯 전통적인 자애심 명상도 몇 분간 마음을 안정시키는 것에서 시작한다. 마음이 안정되면 스스로에게 친절의 마음을 환기시킨다. 이를 위해 조용히 다음의 구절을 반복하라.

내가 건강하기를.
내가 행복하기를.
내가 고통으로부터 자유롭기를.

몇 분간 이 과정을 진행한 후 여러분이 좋아하고 있는 사람 또는 자애심을 느끼기 쉬운 누군가를 향해 친절의 감정을 불러일으킨다. 원한다면 그를 위해 위의 표현들을 사용해도 좋다. *그가 건강하기를. 그가 행복하기를. 그가 고통으로부터 자유롭기를.*

몇 분간 이 연습을 진행한 후에는 중립적인 사람, 특별히 좋아하거나 싫어하지 않는 사람 혹은 잘 알지 못하는 사람을 위해 같은 과정을 반복하라. 그리고 다시 몇 분 뒤에는 어려운 사람 혹은 싫어하거나 여러분을 많이 힘들게 하는 사람을 위해 기원하라. 그가 건강하고 행복하고 고통으로부터 자유롭기를. 마지막으로 이 감정을 의식 있는 모든 존재에게 확장시켜라. *의식 있는 모든 존재가 건강하고 행복하고 고통으로부터 자유롭기를.*

이 전통적인 훈련의 가장 좋은 점 중 하나는 상대하기 어려운 사람의 행복을 기원하는 단계에 이를 때쯤 여러분의 마음이 이미 자애심에 푹 젖어들어 그 사람에 대한 여러분의 정신적 습관을 깨뜨리기 더 쉽게 만들어준다는 것이다.

여러분의 정신습관이 릭이란 인물을 생각할 때마다 자연스럽게 혐오감이 드는 것이라 하자. 그를 매일 자애심 명상의 대상으로 삼는다면 얼마 뒤부터는 차츰 릭을 긍정적인 감정과 연관시키게 된다. 명상을 통해 릭을 생각할 때마다 여러분의 마음이 자애심으로 물들 것이기 때문이다. 얼마 후에는 더 이상 릭을 싫어하지 않게 되어 자애심 명상의 대상으로 또 다른 어려운 사람을 찾아야 할지도 모른다(결국 싫어하는 사람들이 모두 없어질 텐데 이는 명상을 위해

선 참 난처한 일이지만 사실 그리 큰 문제는 아니다).

전통적인 이 연습방법이 더 효과적이라면 얼마든지 이용하라.

신뢰가 업무에 미치는 결정적 영향

공감은 좋은 것이지만 그저 좋은 데서 끝나지 않는다. 그것은 일에서 성공하는 데도 필수적이다. 특히 그 일이 팀을 이끌거나 남을 코치하고 멘토링하고 배려하는 것과 관련 있을 때 더 그렇다.

이런 일들을 매우 효과적으로 수행하도록 해주는 기본적인 능력이 하나 있는데 그것이 바로 신뢰구축능력이다. 이건 확실히 내 말을 믿어도 된다.

공감은 신뢰를 쌓는 데 큰 역할을 한다. 공감을 하면서 상호교류할 때 사람들은 주목받고 이해받는다는 느낌이 커진다. 이때 안정감이 느껴지고 자기를 이해해주는 사람을 신뢰하기 쉽다.

업무효율성 전문가들은 신뢰를 행동과 접근방식의 근간으로 삼는다. 가령 성공한 CEO이자 경영고문인 마크 레서는 코칭/멘토링 사이클에는 다음의 단계들이 포함된다고 말한다.

· **1단계**: 신뢰를 쌓는다.

· **2단계**: 경청한다(루핑과 디핑을 통해).

· **3단계**: 생각을 자유롭게 답할 수 있으며 깊이 있는 질문을 한다.

· **4단계**: 피드백을 제공한다.

· **5단계**: 서로 힘을 합하여 선택과 실천방법을 만들어낸다.

가장 중요한 단계는 바로 첫 단계인 신뢰구축이다. 신뢰는 코칭/멘토링 관계의 초석이다. 이는 아주 간단한 논리다. 멘티와 함께 일하려면 그가 여러분에게 마음을 열어야 한다. 그가 자신의 마음을 열어 보일수록 여러분은 그와 더 효율적으로 일할 수 있으며 그가 여러분을 신뢰하는 만큼 솔직해질 가능성도 높아진다.

이렇게나 단순하다. 신뢰 없는 멘토링관계는 그저 시간낭비에 불과하다.

마찬가지로 신뢰는 고도로 능률적인 팀의 토대다.《팀워크의 부활 *The Five Dysfunctions of a Team*》에서 패트릭 렌시오니 Patrick Lencioni 는 팀이 제 기능을 못하게 되는 원리를 다섯 가지 단계로 설명하고 있다.

· **1단계**: 결과에 대한 부주의

· **2단계**: 책임회피

· **3단계**: 헌신의 결여

· **4단계**: 갈등에 대한 두려움

· **5단계**: 신뢰의 부재

인과관계 순서로 다섯 가지 역기능을 정리하면 다음과 같다.

- **신뢰의 부재**: 직원들이 팀 동료의 의도를 못 믿는다. 서로에게서 스스로를 보호해야 한다고 느끼며 조심스럽게 다른 팀원들 눈치를 살핀다. 이것이 그 다음 단계의 역기능을 초래한다.

- **갈등에 대한 두려움**: 신뢰가 뒷받침되지 않으면 생산적인 논쟁이나 건전한 갈등을 회피하게 된다. 그럴 경우 문제가 해결되지 못하거나 해결되더라도 결과가 불만족스럽기 십상이다. 사람들은 자신이 결정에 관여하지 못했다고 느끼며 이는 다음 단계의 역기능으로 이어진다.

- **헌신의 결여**: 자기 의견이 제대로 고려되지 않고 자신이 결정과정에 적절히 참여하지 못한다고 느낄 때 사람들은 전력을 다하지 않는다. 우선순위와 방향성이 더욱 애매해지고 불확실성이 사라지지 않는다. 이는 다음 단계의 역기능으로 연결된다.

- **책임회피**: 결정에 관여하지 않을 때 사람들은 책임을 지지 않으려 한다. 더욱 심각한 것은 그들이 팀원에게 높은 기준에 부합할 것을 요구하지도 않는다는 점이다. 적개심이 깊어지고 평범함이 확산된다. 이것은 마지막 역기능의 원인이 된다.

- **결과에 대한 부주의**: 이것이 팀의 최종적인 역기능이다. 팀원들은 팀의 집단적인 목표보다는 뭔가 다른 것에 신경을 쓴다. 목표는 실현되지 못하고 성과가 달성되지 못하며 최고의 인재들은 경쟁사로 발길을 돌린다.

이 모든 것이 신뢰로부터 시작된다. 신뢰부족이 다른 모든 역기능의 근본원인인 것이다. 특히 렌시오니가 말하는 종류의 신뢰는 이른바 '취약성에 기초한 신뢰Vulnerability-based Trust'이다. 이런 신뢰는 팀원들이 자신의 취약점 노출에 부담을 느끼지 않을 정도로 서로의 의도를 믿을 때 형성된다. 이들이 자신의 약점 노출을 꺼리지 않는 것은 그것이 자신에게 불리하게 이용되지 않으리라는 확신 때문이다. 그래서 문제와 결함을 기꺼이 인정하고 도움을 요청하는 것이다.

그들은 자신의 자아를 방어하고 동료들에게 잘 보이려 애쓰는 데 시간을 낭비하기보다는 팀의 공동목표를 달성하는 데 에너지를 집중하게 된다. 취약성에 기반한 신뢰는 마크 레서가 효과적인 멘토링/코칭 관계의 토대로 이야기하는 것과 같은 종류의 신뢰다. 이런 종류의 신뢰를 쌓게 되면 여러분은 팀장으로서만이 아니라 멘토와 코치로서도 유능해질 수 있다.

진실, 친절, 열린 마음으로 시작하라

오래전 나는 내가 아주 좋아하고 존경했던 매니저 존 밑에서 일한 적이 있다. 존과 나는 사적으로도 좋은 친구가 되었다. 그런데 그는 내가 보기에 그에게 상당히 불공평했던 아주 불쾌한 상황에서 근무하던 회사를 떠났다. 당연히 그의 후임자로 에릭이 부임했을 때 나는 적잖이 기분이 꼬여 있었다. 나는 감정적으로 에릭에게 날을 세웠지만 이성적으로는 그게 에릭 잘못이 아니라는 걸 알고 있었다. 그래서 그를 향한 감정을 풀기로 했다. 그때쯤 나는 이미 숙련된 명상가였기에 정확히 어떤 도구를 사용해야 할지 알고 있었다. 바로 공감이었다.

에릭은 내가 이미 알고 지내던 사람이었고 가끔 일을 같이했던 적도 있어서 그가 나쁜 사람이 아니라는 건 알고 있었다. 사실 이성적으로는 그가 좋은 사람이라고 생각했다. 그건 엄연한 사실이었다. 따라서 내가 할 일은 그저 내 감정 뇌를 설득하는 것뿐이었다. 그래서 그와의 첫 일대일 만남 중에 나는 사적인 문제에 대해서만 이야기했고 친절하고 열린 자세로 대화에 임했다.

우리는 서로 살아가는 이야기와 사적인 소망들을 주고받았다. 나는 그에게 어떻게 세상을 구하고 싶은지 물었다. 이 모든 행동은 나의 이성 뇌와 감정 뇌가 에릭을 한 인간으로 이해하게 하고 그를 그의 선한 심성과 연관시켜 생각하게 하려는 의도였다. 그래야 그를 볼 때마다 내 감정 뇌가 '그는 좋은 사람이야. 난 그가 좋아'라는 마음으로 반응할 수 있을 테니까.

그것은 마법과도 같은 효과를 냈다. 에릭은 나의 진실함, 친절, 개방적인 태도에 화답함으로써 즉시 내 신뢰를 얻었다. 더욱 좋은 것은 알고 보니 그가 정말 훌륭하고 좋은 사람이었다는 사실이다. 그는 청년기의 상당 기간을 제3세계에서 평화구축활동을 하며 보냈다. 이는 그가 좀처럼 말하지 않은 내용이지만 내가 무척 존경하는 일이었다.

첫 대화가 끝날 때쯤 내 감정 뇌는 기분이 풀어졌고 내 이성 뇌는 감정 뇌에게 "거봐, 내가 그 친구 좋은 사람이라고 했잖아!"라고 말하며 한쪽 눈을 찡긋했다. 그에 대한 적의는 눈 녹듯 사라졌다.

한 시간 정도의 대화가 끝나기도 전에 에릭과 나는 든든한 상호 신뢰의 기반을 쌓았다. 이후 우리는 내내 긍정적이고 생산적인 업무관계를 유지해왔고 나는 기꺼이 그를 내 친구라 부른다.

이 이야기는 만남의 자리에 항상 도넛을 준비해두라는 교훈을 알려준다. 아니, 이건 농담이고 이 이야기의 진짜 교훈은 신뢰란 성실, 친절, 열린 마음으로 시작되어야 한다는 것이다. 일과 삶에서 모든 관계를 그런 식으로 시작할 때 가장 생산적인 결과를 불러올 수 있다. 가능하면 언제나 상대는 좋은 사람이며 그렇지 않다고 증명될 때까지는 좋은 사람으로 대우받을 가치가 있다고 가정하라.

또 다른 교훈은 항상 상대를 한 사람의 인간으로 생각하는 편이 유익하다는 것이다. 신뢰를 구축할 때 이성 뇌는 대체로 상대하기 쉬운 편이다. 어려운 부분은 감정 뇌를 달래는 것이다. 감정 뇌를 달래려면 상대방도 그저 나와 똑같은 인간임을 인정해야 한다. 그는 단지 협상상대, 고객 혹은 동료일 뿐 아니라 나와 같은 인간이기도 하다. 우리 마음이 모든 상황에서, 특히 어려운 상황에서 이런 식으로 작동할 때 우리는 상호신뢰를 위한 확실한 조건을 형성하게 된다.

구글의 리더십 및 인재 담당 부사장이자 내가 함께 일한 사람들 중 공감능력이 가장 뛰어난 카렌 메이Karen May 박사는 신뢰구축을 위한 요령으로 두 가지를 제시한다.

- **사람들의 미심쩍은 점을 일단 선의로 해석하는 연습을 하라**: 대부분의 사람들이 나름의 방식으로 행동하는 것은 그 당시에는 그것이 적절한 선택이라 여겼기 때문이다. 그들의 행동이 납득되지 않을지 몰라도 그들 자신에게는 이치에 어긋나지 않는다. 비록 그들을 이해 못하거나 그들과 다른 길을 갈지라도 일단 그들이 올바른 선택을 하고 있다고 가정하라.
- **신뢰가 신뢰를 낳는다는 사실을 기억하라**: 신뢰를 쌓을 수 있는 한 가지 방법은 상대방을 믿을 만한 사람으로 대하는 것이다. 누군가가 여러분을 믿는다고 느낄 때 여러분도 그를 믿기가 더 쉬워진다. 반대의 경우도 마찬가지다.

세 가지 가정 연습

나는 회의를 이끌 때마다 소위 '세 가지 가정Three Assumptions'이라는 연습으로 시작하기를 좋아한다. 회의실에 모인 모든 참석자에게 다른 사람들에 대해 다음과 같이 가정할 것을 권한다.

- 이 방 안에 있는 모든 이들이 그렇지 않은 것으로 증명될 때까지는 더 큰 선을 실현하기 위해 모였다고 가정하라.
- 위와 같이 가정했으므로 그렇지 않은 것으로 증명될 때까지는 그 누구도 숨은 의도를 갖고 있지 않다고 가정하라.
- 위와 같이 가정했으므로 각자가 의견이 다를 경우에도 그렇지 않은 것으로 증명될 때까지는 나름대로 다 합리적이라고 가정하라.

이런 가정들을 토대로 회의를 시작할 때 방 안에는 더 큰 신뢰의 기운이 감돈다. 여러분의 팀도 신뢰를 쌓는 방법으로 이 간단한 연습을 실천하기 바란다. 회의 때마다 그렇게 하라. 그러면 팀원들이 차츰 서로를 믿게 될 것이다.

공감하며 듣기 연습

만약 마음챙김 듣기(3장의 루핑과 디핑)를 계속 연습해왔다면 지금쯤 여러분은 주의 깊게 듣는 일에 능숙해졌을 테고 그 놀라운 경청능력으로 동료들의 칭송을 받고 있을 것이다. 이제 여기서 한 단계 더 뛰어올라 공감하며 듣기로 자신의 기술을 업그레이드시키고 상대의 감정에 귀 기울이는 능력을 키워보자.

공감하며 듣기는 매우 강력한 기술이다. 내면검색 수업 중 공감하며 듣기연습에서 나는 빈자리를 채우기 위해 한 참석자의 역할을 한 적이 있다. 연습의 일부로 나는 내 파트너가 말할 때 그녀의 감정에 귀를 쫑긋 세웠다. 그리고 알아들은 대로 그녀가 느끼는 감정이 어떤 것인지 말해주었다. 그런데 내가 말을 마치자 그녀는 울음을 터뜨렸다. 왜 그러느냐고 묻자 그녀는 정말 오랫동안 자신의 감정이 이해받는다는 느낌을 가져본 적이 없었다고 답했다. 바로 그때 나는 공감하는 경청의 힘을 실감했다.

사람은 누구나 남들에게 감정을 이해받고 싶어한다. 그리고 누군가 그렇게 해줄 때 그들은 크게 감동하여 때로는 울기까지 한다. 여러분이 공감하며 듣는 데 능숙해질 경우 사람들에게 얼마나 큰 감동을 줄 수 있을지 상상해보라.

내면검색 수업에서 우리는 공감하며 듣기를 3장의 정식 마음챙김 대화연습으로 진행한다. 이번에는 한 가지 중요한 변화가 있다. 마음챙김 대화에서 루핑하는 청자는 "그러니까 당신이 말하는 건……"이라는 말로 피드백을 시작한다. 그런데 공감하며 듣기 연습에서 루핑하는 청자는 "그러니까 당신이 느끼는 건……"이라는 말로 피드백을 시작한다. 이를 위해 청자는 상대의 감정에 귀를 열고 그에 대한 피드백을 제공해야 한다.

공감하며 듣기 정식연습

이것은 3장의 마음챙김 대화연습과 같지만 여러분은 내용을 듣는 대신 감정을 듣게 된다.

짝을 이루어 교대로 화자와 청자가 되며 평소처럼 화자는 독백으로 시작한다. 여러분이 청자라면 화자의 독백이 끝난 후 파악한 화자의 감정을 루핑하라. 즉 "그러니까 당신이 말하는 건……" 대신에 "그러니까 당신이 느끼는 건……"이란 말로 시작하라.

독백을 위한 주제로는 다음과 같은 것을 들 수 있다.

· 내가 상사, 동료 또는 부하직원과 겪고 있는 갈등이나 어려운 업무상황

· 내가 다른 사람의 고통을 느낄 수 있었던 때 또는 그러고 싶었지만 그럴 수
  없었던 때
· 감정적 내용이 담긴 다른 주제

각자가 교대로 화자와 청자 역할을 마친 후에는 대화가 어땠는지에 대한 메타
대화를 진행하라.

수업에서 이 연습을 마친 후 우리는 참가자들에게 항상 중요한
사항을 지적한다. 우리는 절대 학생들에게 공감하며 듣기의 방법
을 설명하지 않는다는 것이다. 우리는 사람들이 이미 그 방법을 안
다고 가정한다.

그것은 효과가 있다. 우리가 이 사실을 지적하면 참석자들은 대
개 아무 지시 없이도 공감하며 듣기를 훌륭히 해낸 것에 즐거운 놀
라움을 느낀다. 그들은 공감하며 듣기가 타고나는 능력임을 스스
로 발견한다. 그것은 사회적 두뇌의 일부로 내장되어 나오는 기본
패키지의 일부다. 우리가 해야 할 일은 그저 연습을 통해 공감능력
을 향상시키는 것뿐이다.

공감하며 듣는 능력을 강화하기 위해 할 수 있는 일에는 네 가지
가 있다.

· **마음챙김**: 이를 통해 더 많은 통찰력과 수용능력을 갖추게 된다.

· **친절**: 친절한 마음을 지닐 때 감정을 더 잘 들을 수 있다.

· **호기심**: 누군가의 이야기를 들을 때 그가 어떤 기분일지 상상하는 연습을 하라.

· **연습**: 공감하며 듣기를 많이 하라. 많이 할수록 더 능숙해진다. 특히 그것을 마음챙김, 친절, 호기심과 결합하여 연습할 때 그렇다.

이런 통찰의 바탕 위에, 일상적인 환경에서 약식으로 공감하며 듣기를 연습할 수 있는 방법을 몇 가지 소개하겠다. 약식연습이 정식연습보다 좀더 까다롭다는 사실에 주목하라. 정식연습에서는 서로의 감정을 얼마나 잘 듣는가를 확인하기 위한 인위적인 환경을 만들게 된다. 그러나 자연스러운 대화에서는 대개 "이제 내가 파악한 당신의 감정에 대해 말해볼 테니까 내가 제대로 이해했는지 확인해줘요"라고 말하지 않는다. 이건 좀 어색하다.

약식연습에서는 공감하며 듣기에 필요한 자신의 내적인 능력에 더 집중한다. 부드럽게 피드백을 전달하며 부담 없이 편하게 느껴지는 소통방식을 적용한다. 사람들은 대개 남에게 감정을 들키고 싶어하지 않는다는 사실에 유의하라. 여러분의 지적이 옳다 해도 그렇다(확인해보고 싶으면 집에서 실험해보라. "당신 분명 기분이 상했어." "절대 아냐!"). 그러므로 상대에게 어떻게 느꼈는지 물어라. 아니면 최소한 "내가 듣기로는 이런 뜻인 것 같다"와 같은 말로 시작하라. 정확히 알아듣지 못했을 경우 화자에게 여러분을 바로잡을 수 있는 기회를 주어라. 여러분의 노력이 항상 마음챙김, 친절, 호기심으로 뒷받침되는 한 공감하며 듣는 연습을 통해 더 좋아질 것이다. 본인에게 편한 소통방식을 적용해도 그렇다.

공감하며 듣기 약식연습

1. 대화 준비

공감하며 듣기에 가장 도움되는 능력은 마음챙김과 친절이다. 대화를 준비할 시간이 있다면 먼저 몇 분간의 마음챙김명상(2장 참조)으로 이 능력들의 펌프에 마중물을 부어라. 마음챙김 상태에 있을 때 자기 자신과 상대의 감정에 더 잘 집중할 수 있다. 또 판단하지 않고 들을 수 있는 능력도 강해져 귀로 들어오는 내용에 더 너그러워진다. 시간이 더 있다면 상대를 향해 이 장 앞에 소개한 나처럼/자애심연습을 몇 분간 진행하라. 이런 마음상태일 때 상대는 여러분을 더 쉽게 받아들이고 여러분도 그를 더 쉽게 받아들일 것이다.

2. 대화 도중

'나는 이 사람이 행복하길 원한다'는 생각으로 대화를 시작하라. 들을 때는 마음챙김 듣기(3장 참조)를 실행하면서 상대의 감정을 들어야 한다는 점에 유의하라. 그가 느끼는 감정에 호기심을 갖고 말할 시간을 넉넉히 주어라. 상황에 적절하고 여러분도 별 부담을 느끼지 않는다면 상대에게 어떤 기분인지 물어도 좋다. 부드럽고 친절하게 "그러니까 지금 당신 기분은……"이라는 식으로 운을 떼면 된다. 상대에게 대답할 시간을 충분히 주어라. 만약 여러분이 상대의 감정을 정확히 이해했다면 그는 그에 대해 감격하면서 그 사실을 말해줄지도 모른다. 만약 여러분이 잘못 짚었다면 그에게 지적하게 하고 열린 자세로 친절하게 귀를 기울여라.

3. 메타대화

상황에 맞고 여러분도 부담이 없다면 대화가 끝난 후 "이 대화가 당신에게 유익했나요?"라고 질문하여 메타대화를 시작할 수 있다.

칭찬의 기술

공감하며 듣는 것 외에 사람들의 잠재력을 끌어내는 다른 방법은 상대를 칭찬하는 것이다. 칭찬에는 언제나 진심이 담겨 있어야 한다. 절대 거짓으로 칭찬하지 마라. 칭찬이 진실하지 못하면 상대는 그 냄새를 맡을 것이고 여러분은 믿지 못할 인간이 된다.

설령 칭찬이 진심이라 해도 지혜롭게 칭찬하는 법을 배워야 한다. 연구 결과, 최선의 의도를 가지고 칭찬한다 해도 그 방법이 서툴면 오히려 상대에게 해를 줄 수 있는 것으로 드러났다.

클라우디아 뮐러Claudia Mueller와 캐롤 드웩Carol Dweck은 한 연구에서 학생들이 높은 성적을 받을 수 있도록 일부러 쉬운 과제를 냈다. 학생들은 과제를 잘 수행한 것에 대해 칭찬받았는데 일부 학생들은 지능이 높다고 칭찬받았고(개인칭찬 Person Praise : "아주 똑똑하구나.") 다른 학생들은 노력에 대해 칭찬받았으며(과정칭찬Process Praise : "아주 노력을 많이 했구나.") 대조그룹인 나머지 학생들은 그저 점수가 매우 높다는 말만 들었다. 그런데 나중에 더 어려운 문제를 푸는 과제에서 똑똑하다는 칭찬을 들은 학생들은 다른 그룹 학생들보다 성적이 크게 낮았던 반면 노력에 대해 칭찬을 들은 학생들의 성적은 나머지 학생들을 크게 능가했다. 결국 머리가 좋다는 칭찬은 해로운 셈이다.

관련 연구에서 연구자들은 사람이 개인칭찬을 들으면 자신의 성공이 타고난 재능 때문이라는 믿음을 갖게 된다고 설명한다. 이런 사고방식을 지닌 사람들은 자신의 재능에 대해 걱정한다. 자신이 얼마나 유능하거나 무능한지에 대해서도 불안해하며 실패할 경우 그것을 개인적인 무능 탓으로 돌린다. 그래서 실패하면 자신의 무능력이 노출될까 두려워 모험에 나서기를 꺼린다.

반면 과정칭찬을 들을 때는 '성장 사고방식', 즉 우리의 능력은 열정과 노력을 통해 개선될 수 있으므로 성공은 헌신과 노력의 산물이라는 믿음이 강화된다. 이는 배우는 일을 즐기게 하며 회복력을 높인다. 이것이야말로 위대한 성취의 필수요소인 것이다. 결국 누군가를 칭찬할 때는 똑똑한 것보다는 열심히 노력한 것을 가지고 해야 한다.

아, 이 책을 읽어줘서 감사하다는 말씀을 드린다. 여러분은 이 책을 읽으면서 많은 노력을 기울였을 것이다.

현명하게 정치하는 연습

일대일 상호작용을 위한 공감기술을 배웠으므로 이제 좀 더 어려운 기술로 수준을 높여보자. 바로 조직의 감정적 흐름과 권력관계를 파악할 수 있는 능력을 익힐 차례다. 이 기술은 흔히 '정치의식Political Awareness'이라 지칭된다.

정치의식은 어느 조직에서든 가장 유용한 기술에 속한다. 다행히 공감을 실천하는 사람에게 이 기술은 낯설지 않다. 어떤 의미에서 정치의식은 공감을 대인적인 차원에서 조직적인 차원으로 일반화시킨 것이기 때문이다. 대니얼 골먼은 다음과 같이 설명한다.

모든 조직에는 자체의 보이지 않는 관계와 영향력의 신경계가 있다. …… 이 보이지 않는 세계를 의식하지 못하는 이들이 있는 반면 확실히 꿰뚫고 있는 사람이 있다. 실제 결정권자들에게 영향을 미치는 흐름을 읽어내는 기술은, 단지 대인적인 차원만이 아니라 조직차원에서 공감할 수 있는 능력에 달렸다.

순수한 공감을 통해 우리는 사람들 개개인의 감정, 욕구, 관심사를 이해한다. 한편 정치의식을 통해서는 개개인의 감정, 욕구, 관심사와 함께 그 감정, 욕구, 관심사가 타인과 어떻게 상호작용하는지 그리고 그 모두가 어떻게 전체조직의 감정적 흐름 속으로 통합되는지를 이해하게 된다. 정치의식에서는 이해해야 할 변수들이 훨씬 많지만 필요한 기본기술은 똑같다.

만약 사람들을 이해하고 그들 사이의 상호작용을 이해한다면 전체조직도 이해할 수 있다. 그것이 정치의식이다.

이미 언급한 순수한 공감연습 외에 정치의식을 계발하기 위한 다른 유익한 연습들도 있다. 내 똑똑한 친구 마크 레서는 CEO이자 경영고문으로서의 경험에 기초하여 아래의 연습들을 권장한다.

- **여러분을 지지하고 격려할 협력자, 멘토 그룹들과 풍부한 인적 네트워크를 유지하라**: 이를 위해 사람들에게 관심을 갖고 그들을 도우면서 관계에 양분을 공급하라. 핵심그룹과의 관계는 물론 일대일 관계에도 주의를 기울여라. 여기에는 여러분의 팀, 다른 경영 팀, 고객, 이해관계자 등과의 관계가 다 포함된다.
- **조직의 바닥에 흐르는 저류를 읽어보라**: 결정이 어떻게 내려지는지를 이해하라. 결정은 권한을 가진 자가 내리는가 아니면 합의형식을 취하는가? 결정을 하는 데 누가 가장 끗발이 센가?
- **자신의 사리사욕과 팀의 이익, 조직의 이익을 구분하라**: 누구에게나 이 세 가지 이해관계가 얽혀 있다. 어떤 것이 누구에게 이익이 되는지를 이해하는 것이 매우 중요하다.
- **자기인식능력을 이용하여 다양한 개성과 상호작용의 그물망 속에서 내 역할은 무엇인지 더 깊이 이해하라**: 공감하며 듣기를 자주 활용하여 사람들이 서로에 대해, 각종 상황에 대해 어떻게 느끼는지를 파악하라.

다음은 정치의식을 높이기 위한 연습이다.

정치의식 함양연습

이것은 글쓰기연습으로 해도 좋고 말하기연습으로 해도 좋다. 말하기연습으로 할 경우에는 친구를 상대로 할 수 있다.

· 어떤 갈등이나 불화가 있었던 현재 혹은 과거의 어려운 상황을 생각하라. 여러분에게 의미 있고 강한 영향을 주었고 실제적이었던 상황을 떠올려라.
· 마치 여러분이 100퍼센트 옳고 합리적인 것처럼 그 상황을 묘사하라. 글이나 독백형식으로 표현하라.
· 이제 상대가(혹은 다른 사람들이) 100퍼센트 옳고 합리적인 것처럼 그 상황을 묘사하라. 글도 좋고 독백형식으로 해도 좋다.

만약 이것을 친구와 말하기연습으로 진행한다면 자유로운 대화를 통해 여러분의 독백내용에 대해 토론하라.

이 연습의 주요 목적은 각기 다른 당사자들(이 경우에는 여러분 자신과 상대방)의 관점을 객관적으로 보는 데 있다. 위의 지시내용은 아주 신중하게 표현되어 있다. 핵심적인 학습포인트는 두 번째와 세 번째 이야기들이 정확히 같은 내용일 경우가 아주 많다는 사실이다. 바꿔 말해 갈등이란 꼭 한쪽이 틀리거나 비합리적이라서 발생하는 것이 아니라는 것이다. 양쪽이 모두 100퍼센트 옳고 100퍼센트 합리적인데도 여전히 갈등의 불꽃이 튈 수 있다.

이런 일이 일어나는 데는 여러 가지 이유가 있다. 그중 흔한 이유는 사람들이 은연중에 다른 우선순위에 가치를 부여하기 때문이다.

예컨대 한 엔지니어는 제품 인도 일정을 맞추는 것에 우선순위를 부여할지 모른다. 제품의 일부 특성을 축소할 수밖에 없다 해도 약속된 물건을 제때 인도하는 편이 낫다고 생각하기 때문이다. 한편 다른 엔지니어는 제품의 완전성에 더 무게를 둘 수 있다. 그는 날짜가 좀 늦어지더라도 고객에게 애초 약속한 모든 기능을 제공하는 편이 낫다고 여긴다. 이 경우 그들 모두는 나름대로 다 옳고 합리적일지 모르지만 각자가 상대의 절대적인 우선순위를 이해하고 내면화하지 않으면 끝없는 마찰을 피할 수 없다.

또 다른 흔한 이유는 우리가 지닌 데이터가 불완전하다는 것이다. 이는 현실의 삶에서 많이 일어나는 일이다. 우리는 나름의 합리적인 방식으로 빠진 조각들을 채워 넣는다.

예컨대 우리에게 몇 년 안에 수입을 두 배나 세 배로 쉽게 불릴 수 있는 좋은 사업기회가 주어졌다고 하자. 이를 위해서는 우리의 현재 순자산을 초과하는 수준의 대규모 투자를 감행해야 한다. 이 기회가 거부할 수 없을 정도로 매력적이라 느껴지는가 아니면 너무 위험하여 자칫하다간 쪽박 차기 십상이라고 느껴지는가? 누구도 확실하게 알 수 없다. 왜냐하면 매년 신규고객들이 실제로 얼마나 유입될지는 아무도 예측할 수 없기 때문이다. 우리는 그저 최선의 추정을 할 뿐이다.

이런 상황에서는 양측 모두가 옳고 합리적인 논거를 제시하며 큰 불협화음을 일으킬 수 있다. 그리고 이 불화는 서로 상대가 합리적이라 가정하고 각자의 암묵적인 가정에 마음을 열 때까지 미해결상태로 남게 된다. 서로 불화하는 양 주체들이 어떻게 옳고 합리적일 수 있는지를 더 예리하게 꿰뚫어볼수록 그만큼 상이한 관점들을 더 객관적으로 이해하게 되고 정치의식도 더 정확해질 것이다.

이야기를 하다 보니 우스갯소리가 생각난다. 두 사람이 도저히 해결할 수 없는 큰 의견충돌을 일으켰다. 그들은 현명한 구루와 상의하기로 했다. 첫 번째 인물이 구루에게 자신의 논리를 폈고 구루는 고개를 끄덕이며 "맞소. 그대 말이 옳소"라고 답했다. 이에 두 번째 인물이 구루에게 정반대되는 논리를 전개하자 다시 구루는 고개를 끄덕이며 "맞소, 그대 말이 옳소"라고 말했다. 이 과정을 지켜보던 세 번째 인물이 조금 당혹해하며 구루에게 "잠깐만요. 이거 좀 이상한데요. 둘 다 동시에 옳을 수는 없잖아요"라고 물었다. 그러자 구루는 이번에도 고개를 끄덕이며 답했다.

"그대 말도 옳소."

공감능력 계발은 손해 보는 장사가 아니다

공감능력은 우리 뇌에 이미 내장되어 있는 것으로, 누구나 태어날 때부터 갖고 있다. 그러나 이 장에서는 공감능력이란 연습을 통해 개선될 수 있으며 이 연습 대부분은 마음챙김과 공감에 도움이 되는 정신습관을 쌓는 것으로 이루어진다고 가르친다.

이 정신습관 중 왕초 격이 친절이다. 친절의 정신습관을 갖는다는 것은 타인과 상호작용할 때마다 내 마음에 습관적으로 "이 사람은 나와 같은 인간이야. 나는 그가 행복하길 바라"와 같은 생각이 떠오른다는 것이다. 이런 정신습관은 타인을 더 쉽게 받아들이게 하고 그들 역시 여러분을 더 쉽게 수용하게 한다.

또 다른 정신습관은 남과 불화할 때조차 최소한 그들의 관점에서 마음을 열고 어떻게 상대의 논리가 합리적일 수 있는지를 이해하는 것이다. 이런 정신습관은 사회적인 상호작용을 더 명확하고 객관적으로 바라볼 수 있게 한다.

마음챙김을 자주 연습하고 위의 정신습관을 강화하면 공감을 위한 매우 강력한 토대를 마련하게 된다. 만약 이 토대 위에서 공감하며 듣는 연습도 많이 하고 사람들에게 자주 주의를 기울인다면 궁극적으로는 정치의식까지 확장되는 강력한 공감능력을 계발하게 될 것이다.

이건 결코 손해 보는 장사가 아니다.

8장

일과 인간관계,
두 마리 토끼를 잡으려면

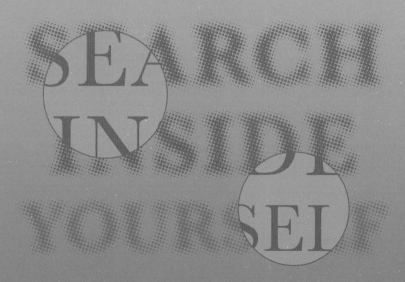

리더십과 사회성기술

2년 동안 남이 나에게 관심을 갖게 하기보다는
2달 동안 내가 남에게 진지한 관심을 보이는 방법으로
더 많은 친구를 얻을 수 있다.
간단히 말해 친구를 사귀려면 먼저 친구가 되어라.

- 데일 카네기

저명한 리더십전문가 짐 쿠제스Jim Kouzes와 배리 포스너Barry Posner
는 다음의 연구결과를 소개했다.

······ 연구자들은 경영자를 성공하게 하는 여러 요인들을 분석했
다. 그 결과 최고 사분위수에 속하는 경영자들과 최저 사분위수의
경영자들을 구분하는 요인은 단 하나임을 밝혀냈다. ······ 그것은
바로 높은 '애정 점수'였다. ······ 그들은 최저 25퍼센트보다 타인
에게 더 많은 온정을 베풀며 성과가 부실한 간부들보다 남과 더 가
깝게 지내고 생각과 감정을 공유하는 데 더 개방적이다. ······ 모든
조건이 그대로라면 우리는 우리가 좋아하는 사람을 위해 더 열심
히, 더 능률적으로 일한다. 그리고 우리가 그들을 좋아하는 것은 그
들이 우리에게 어떤 느낌을 갖게 하는지와 직접적인 관계가 있다.

가장 효과적인 일 처리 방법이 냉혈한처럼 행동하는 것이라는 생각에 익숙한 기업세계 사람들에게 이 연구는 신선하고 고무적인, 그야말로 더 나은 접근방식을 제안한다. 일을 해내기 위해 꼭 남에게 밉보일 필요는 없으며 남의 호감과 성과라는 두 마리 토끼를 다 잡는 일이 가능하다니, 말하자면 임도 보고 뽕도 따고 가재 잡고 도랑 치고 거기다 승진도 할 수 있다는 것이다.

사실 장기적으로 보면 남의 호감을 얻는 것이야말로 가장 능률적인 업무수행방법이다. 이 가능성은 1장에 소개한 미국 해군사령관들에 대한 연구에도 반영되어 있다. 이 연구는 가장 유능한 해군사령관들은 감성지능이 높고 다른 사람에게 호감도 많이 사는 사람들이라는 사실을 보여주었다.

이 장에서는 타인의 호감을 얻고 일에서도 성공하는 데 도움이 될 몇 가지 감정기술을 살펴볼 것이다. 어떤 사람들은 좋은 평판을 얻는 법을 알려주는 책을 사고 또 어떤 사람들은 성공하는 법에 대한 책을 사는데 이 책은 두 가지를 다 가르친다. 여러분은 참 복도 많다.

불쾌한 상황에서 우정 쌓기

어려운 상황에서조차 중요한 일을 해내면서 행복한 우정관계를 형성하는 일이 가능할까? 물론이다! 다만 여기에는 친절한 마음,

열린 태도 그리고 적절한 사회성기술이 필요하다.

과거에 내게는 조라는 이름의 친구이자 동료가 있었다. 그는 회사의 내부시스템을 구축하는 업무를 보았다. 그 점에서 나는 조의 고객이었고 그의 서비스에 아주 만족했다. 그런데 새 매니저인 샘이 입사하여 조의 팀을 이끌게 되었다. 이후 몇 주 지나지 않아 샘은 조를 사무실로 불러들여 그의 실적이 매우 불만족스러우며 곧 해고절차가 진행될 거라고 통보했다.

조는 크게 상심했고 나 역시 마음이 몹시 안 좋았다. 나는 조를 그곳의 최고 팀원 중 하나로 평가했기에 그가 실적을 근거로 해고되는 것은 말도 안 된다고 생각했다. 그가 부실한 평가를 받은 것에 화가 난 나는 그를 돕기로 했다.

나는 그 회사에서 제법 끗발이 있는 사람이었다. 그래서 내가 샘과 정면으로 부딪칠 경우 일이 정말 추잡한 양상으로 전개될 가능성이 농후했다.

다행히 나는 다년간 명상과 연민을 연습해온 터였기에 이 상황을 기술적으로 처리할 적절한 도구를 갖고 있었다. 그래서 우선 마음챙김으로 마음을 진정시키고 나처럼연습(7장 참조)을 통해 스스로 샘의 입장이 되어보았다. 곧 그 상황에 대해 내가 모르는 것 또는 판단을 하기 전 알아두어야 할 중요한 정보가 있을 거라는 사실을 깨달았다. 내게는 중요한 정보가 없었으니까. 내 마음은 즉시 분노의 감정에서 상황에 대한 이해, 친절, 호기심으로 바뀌었다.

나는 샘에게 이메일을 보내 자기소개를 하고 그가 회사에 온 것을 진심으로 환영한다는 메시지를 띄운 다음, 조에 대한 우려와 그를 돕고 싶어하는 내 마음을 설명했다. 여기 그 이메일의 내용을 일부 소개한다.

저는 우리 모두가 합리적인 사람들이라 믿기에 결정이 가볍게 내려지지는 않았을 것이라 생각합니다. 하지만 이런 결정이 내려진 근본적인 원인을 파악하여 조에게 좀 더 힘이 될 수 있는 방법을 찾아내고 싶습니다. 제가 매니저님을 만나 뵙고 이 일에 대한 전후 사정을 들을 수 있을까요? 매니저님께 불편을 드리고 싶지는 않으니까 내키지 않으시면 부담 갖지 말고 거절하셔도 됩니다.

다행히 샘은 약간 불편해하면서도 친절하고 진실한 태도로 나를 상대해주었다. 우리는 잠시 사적인 대화를 주고받은 후 조에 대한 이야기로 넘어갔다. 우리는 둘 다 그 대화에서 많은 것을 배웠다. 나는 샘으로부터 조가 팀에 문제를 일으켰음을 알게 되었다. 조는 고객들의 요구를 너무 많이 챙기는 바람에 중요한 팀 목표 중 일부를 소홀히 했다. 한편 샘은 나를 통해 조의 고객들이 그가 그들을 위해 기울이는 특별한 노력에 대해 굉장히 높이 평가한다는 사실을 알게 되었다. 이렇게 샘과 나는 둘 다 서로 갖고 있지 못했던 중요한 데이터를 확보했다.

그 후 샘과 조는 다시 대화를 했고 서로를 더 잘 이해하게 되었으며 함께 효과적으로 일할 수 있는 방법을 찾아냈다. 조에 대한 해고절차는 중단되었고 샘과 나는 오늘날까지도 끈끈한 관계를 이어오고 있다. 볼썽사나운 드라마를 연출할 수도 있던 일이 장기적인 우정관계의 출발점이 된 셈이다. 이 사례는 사회적인 환경에서 이용되는 감정기술의 유용성을 보여준다.

중국의 선 전통에서 내려오는 오래된 격언이 있다.

"작은 명상수행은 황야에 있고 중간 수행은 도시에 있으며 큰 수행은 황제의 궁에 있다."

대부분의 선과 관련된 금언이 그렇듯이 이 역시 불합리한 진실을 담고 있다. 이 책에서 배우는 각종 감정기술이 황제의 궁처럼 유혹 많고 위험한 환경을 포함하는 현실세계에 적용될 수 없다면 그것이 무슨 소용이란 말인가? 뒤집어 말하면 현실세계야말로 감정기술을 연마하기에 최적의 장소라는 것이다. 현실세계는 우리의 도장이자 선 수련원이다. 우리는 여기서 긍정적인 힘과 추진력을 얻는다.

이 장에서 우리는 필수 사회성기술 세 가지를 배우게 된다. 바로 연민(측은지심)으로 리드하기, 자비심Goodness(선량함)으로 영향 주기 그리고 통찰력 있게 소통하기가 그것이다.

연민은 가장 행복한 상태다

연민의 마음, 곧 측은지심은 모든 신앙의 전통과 수많은 철학에서 위대한 미덕으로 간주되지만 그것은 단지 미덕에 그치지 않는다. 연민은 이제껏 측정된 최고수준의 행복의 원인이며 가장 효과적인 리더십을 위한 필요조건이기도 하다. 참 대단한 덕목이 아닐 수 없다.

이 책을 시작하면서 우리는 세계 최고의 행복남으로 평가된 마티유 리카르에 대해 이야기했다. fMRI를 이용하여 마티유의 뇌를 정밀측정했을 때 그의 행복눈금은 가히 정점에 올라 있었다.

사실 그가 최고수준의 행복을 기록한 유일한 인물은 아니다. 티베트불교의 몇몇 명상대가들이 같은 실험실에서 측정을 받았는데 한 사람 이상이 최고수준의 행복을 기록했다. 마티유는 의도치 않게 신원이 일반에 노출된 최초의 피실험자였으며 이 때문에 그런 별명을 얻게 된 것이다. 최근 그 신원이 알려지게 된 또 다른 피험자는 밍규르 린포체다. 밍규르도 중국언론에서 '세계에서 가장 행복한 사람'이란 별명을 얻었다.

이들은 과학이 측정한, 단연코 가장 행복한 사람들이다. 여기서 한 가지 궁금증이 생긴다. 측정을 받는 동안 그들은 도대체 무슨 생각을 하고 있었을까? 혹시 좀 야한 상상은 아니었을까?

사실 수도승과 그들의 생각에는 뭔가 특별한 게 있긴 했다. 그들은 연민, 곧 측은지심에 대해 명상 중이었다. 이것은 많은 사람들에게 굉장히 놀랍게 다가올 것이다. 연민을 불쾌한 정신상태로 여기는 이들이 적지 않기 때문이다.

그러나 여기 정확히 그 반대의 것, 곧 연민이 지고의 행복상태임을 보여주는 과학적인 데이터가 있다. 마티유의 사례는 이 데이터를 증명해준다. 그의 체험에 의하면 연민이 가장 행복한 상태라는 것이다. 엔지니어답게 나는 아주 빤한 후속 질문을 던졌다.

"그러면 두 번째로 행복한 상태는 뭐죠?"

이에 그는 '열린 의식Open Awareness'이라 답했다. 이는 마음이 활짝 열려 있고 평온하며 맑은 상태를 말한다. 여러분은 어떨지 모르지만 명상을 실천하는 사람으로서 나는 이 통찰이 굉장히 놀라웠다. 명상가로서 우리는 마음을 훈련시켜 깊은 고요와 청명함의 경지에 이르게 한다. 연습이 깊어지면 점점 행복해지고 깊어지는 행복에는 감각적이거나 정신적인 자극이 필요치 않기 때문에 개중에는 현실의 삶과 유리되는 위험에 빠져드는 이들도 있다. 결국 연습에 완벽히 숙달된다 해도 우리가 얻을 수 있는 것은 기껏해야 두 번째로 가장 행복한 상태다.

최고의 행복상태는 연민을 통해서만 도달할 수 있고 연민을 느끼려면 현실의 삶에서 현실 속의 인간들과 살을 부대껴야 한다. 따라서 우리의 명상연습은 현실의 삶 밖에서는 완전해질 수 없다. 깊은 평온을 위한 세속으로부터의 격리와 측은지심을 키우기 위한 세속에 발 담그기가 결합되어야 하는 것이다. 만약 여러분이 깊이 있는 명상가라면 이따금씩 문을 열고 바깥바람 쐬는 것을 잊지 않을 것이다.

처음에 마티유를 상대로 진행된 이 연구들에 대한 자료를 읽었던 때가(우리가 개인적으로 서로 알고 지내기 전이었다.) 내게는 인생에서 가장 의미 있는 순간의 하나였다. 내 꿈은 세계평화를 위한 조건을 조성하는 것이므로 세계적인 규모로 내적인 평화와 연민의 마음이 형성되는 환경을 만들고 싶다. 그런데 마티유를 알게 되면서 나는 내 일을 새로운 각도로 바라보게 되었다.

연민이 즐거운 일이 될 수도 있다는 통찰은 전체 게임의 판도를 바꿔놓는다. 만약 연민이 하찮고 귀찮은 일이라면 아마 달라이라마 빼고는 아무도 그것에 목매달지 않을 것이다. 하지만 연민이 즐겁고 재미있는 것이라면 누가 그걸 마다하겠는가? 따라서 전 세계적으로 연민의 마음을 확산시키기 위한 조건을 조성하려면 연민을 즐겁고 재미있는 것으로 재구성하기만 하면 된다.

와우! 세상을 구하는 데 즐거움이 필요하다는 걸 누가 알았겠는가? 다행히 연민은 그저 즐겁기만 한 것이 아니다. 이는 특히 비즈니스리더십의 맥락에서 매우 실질적인 사업적 이익을 가져다준다.

최고의 리더십은 바로 연민 리더십

연민에 대한 최고의 정의는 저명한 티베트의 학자 툽텐 진파 Thupten Jinpa에게서 나왔다. 진파는 오랫동안 달라이라마의 영어통역사로 일해왔다. 그는 목소리가 달콤하고 부드럽기 때문에 달라이라마는 이따금 장난스럽게 그것을 웃음거리로 삼는다("나는 깊이 울리는 목소리인데 이 친구 목소리는 굉장히 말랑말랑해요"라고 달라이라마가 말하면 모두가 크게 웃곤 했다).

진파는 연민을 다음과 같이 정의한다.

연민은 타인의 고통에 대한 염려와 그 고통이 사라지는 걸 보고픈 염원이 담긴 마음상태다.

특히 그는 연민이 세 가지 요소로 구성되어 있다고 말한다.

· **인지적 요소**: 나는 당신을 이해한다.
· **감정적 요소**: 나는 당신과 공감한다.
· **동기부여적 요소**: 나는 당신을 돕고 싶다.

공적인 측면에서 연민이 주는 가장 매력적인 이점은 그것이 고도로 능률적인 리더를 창조해낸다는 것이다. 고도로 능률적인 리더가 되려면 중요한 변화를 거쳐야 한다. 널리 존경받는 메드트로닉Medtronic의 전 CEO 빌 조지Bill George는 간결하게 그것을 '나에서 우리로 이동하는 것'이라며 다음과 같이 말한다.

이 전환은 나에서 우리로의 변화다. 그것은 리더가 진실해질 때 거치는 가장 중요한 과정이다. 그가 사람들에게 그들이 지닌 온전한 잠재력을 발휘하도록 동기부여를 하지 않으면 그 외 어떤 방법으로 조직의 잠재력을 해방시킬 수 있겠는가? 우리의 지지자들이 단지

우리의 인도를 따르는 것으로 그친다면 그들의 노력은 우리의 비전
과 우리의 방향에만 한정될 뿐이다. …… 리더는 자신의 개인적인
욕구에 집착하는 것을 멈출 때에만 다른 리더들을 육성할 수 있다.

연민을 실천하는 것은 자아에서 타아로 이동하는 것이다. 어떤
면에서 연민은 나에서 우리로 건너뛰는 것과 관련이 있다. 그래서
나에서 우리로의 이동이 진실한 리더가 되는 가장 중요한 과정이
라면 연민을 실천하는 사람들은 이미 그 방법을 알고 있는 셈이다.
그들은 남보다 유리한 출발을 하게 될 것이다.

하지만 이게 다가 아니다. 내가 보기에는 짐 콜린스Jim Collins가
그의 책《좋은 기업을 넘어 위대한 기업으로Good to Great》에 소개한
연구가 한층 더 이해를 쉽게 하는 것 같다.

나는 친구들에게 만약 평생 동안 단 하나의 경영서만 읽어야 한
다면 그 책은 바로《좋은 기업을 넘어 위대한 기업으로》라고 말
한다. 이 책의 전제는 그 자체로 매력적이다. 콜린스와 그의 팀은
방대한 양의 자료를 분석하여 무엇이 기업을 좋은 수준에서 위대
한 수준으로 도약하게 하는지를 찾아내려 했다. 그들은 1965년에
서 1995년까지 〈포춘〉 선정 500대 기업목록에 등장한 모든 기업
을 대상으로 조사를 시작했고 상당한 기간 동안(잠시 반짝했다 사
라진 기업과 그냥 운이 좋았던 기업들을 걸러내기 위해 기준을 15년 이
상으로 잡았다) 단순히 좋은 기업으로 출발했다가 위대한 기업(동
종업계 여타 기업들의 평균 실적수준을 세 배 이상 앞선 것으로 평가된

기업)으로 성장한 회사들을 추려냈다. 그들은 최종적으로 좋은 기업에서 위대한 기업으로 발전한 11개 회사를 골라낸 후 비교 대상 기업들과 대비함으로써 그들을 성장하게 만든 요인이 무엇이었는지를 알아냈다.

데이터를 좋아하는 구글의 엔지니어로서 나는 이 책이 확실한 데이터에 기반을 두고 있는 것에 매료되었다. 이에 못지않게 흥미로운 점은 이 책에서 밝혀낸 사실들이 현실의 삶에서도 참 잘 들어맞는 것 같다는 데 있다. 그 책에 정리된 많은 원칙들은 내가 입사 초기에 구글에서 경험한 것과 놀라울 정도로 흡사하게 느껴졌다. 이 책을 읽은 적이 있고 또 구글의 역사를 잘 알고 있는 사람이 보면 구글 초기의 직원들이 모두 그 책을 암기한 것으로 오해할지 모른다. 따라서 또 다른 구글을 창립하고 싶다면《좋은 기업을 넘어 위대한 기업으로》를 읽을 것을 권한다.

이 책의 첫 번째 내용이자 아마 가장 중요한 발견은 리더십의 역할일 것이다. 기업을 좋은 수준에서 위대한 수준으로 끌어올리려면 아주 특별한 종류의 리더가 필요하다. 콜린스는 그를 '레벨5리더Level 5 Leader'라고 부른다. 이들은 아주 유능한 것 외에도 외견상 상충되는 듯한 두 가지의 자질들이 혼합되어 있는 리더들이다. 그 두 가지 자질이란 바로 위대한 야망과 개인적인 겸손이다. 이들은 아주 야망이 크다. 하지만 그 야망의 초점은 그들 자신이 아니라 더 큰 선Greater Good을 향한다. 그들은 선에 주의를 집중하기에 자신의 자아를 뻥튀기할 필요를 느끼지 않는다. 그들을 매우 유능하고

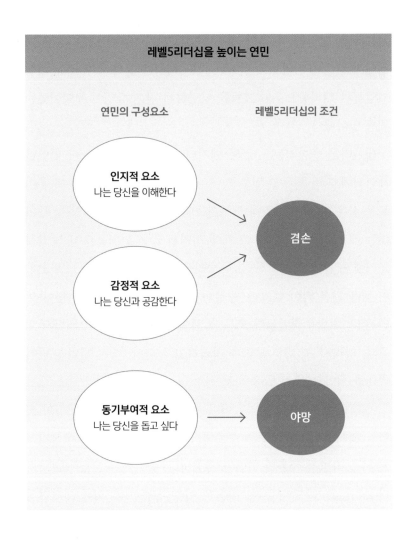

레벨5리더십을 높이는 연민

연민의 구성요소   레벨5리더십의 조건

인지적 요소
나는 당신을 이해한다

감정적 요소
나는 당신과 공감한다

겸손

동기부여적 요소
나는 당신을 돕고 싶다

야망

감동적인 인물로 만들어주는 요소가 바로 이것이다.

콜린스의 책은 레벨5리더의 중요성을 설득력 있게 논증하면서도 그들을 훈련시키는 방법은 처방하지 않고 있다. 이는 이해할 만

268

하다. 나 역시 그런 리더를 훈련시키는 법을 안다고 말하지는 못하겠다. 하지만 거기에 연민이 필수적인 역할을 한다는 것쯤은 확신할 수 있다.

연민의 세 가지 구성요소(인지, 감정, 동기부여)라는 맥락에서 레벨5리더들의 두 가지 특별한 자질(야망과 겸손)을 살펴본다면 연민의 인지적이고 감정적인 요소들(사람을 이해하고 그들과 공감하는 것)은 자기 안의 과도한 자아집착증을 누그러뜨림으로써 겸손을 위한 조건을 형성한다는 사실을 알 수 있다. 남을 돕고자 하는 연민의 동기부여적인 요소는 더 큰 선을 위한 야망의 싹을 틔운다. 다시 말해 연민의 세 가지 구성요소가 레벨5리더십의 두 가지 자질을 훈련시키는 데 이용될 수 있는 것이다.

연민은 레벨5리더십을 위해 필요한(그러나 아마 불충분한) 조건이다. 따라서 레벨5리더를 교육시키는 방법 가운데 하나는 연민 훈련이 될 수 있다. 이것이 일터에서 연민이 가져다줄 수 있는 한 가지 매력적인 이점이다.

자비심 강화를 통한 연민 훈련

우리는 자애심을 훈련시키는 것과 비슷한 방법으로 연민을 훈련시킬 수 있다. 바로 정신습관을 형성하는 것이다. 전제는 똑같다. 뭔가에 대해 더 많이 생각할수록 그 생각에 도움이 되는 신경통로는 더 강해지고 그만큼 그 생각을 떠올리기 쉬워진다. 결국 그 생각은 자주 그리고 쉽게 마음에 환기되는 하나의 정신습관이 된다. 연민 훈련을 위해 이용하게 될 정신습관은 강력하면서도 동시에 즐거운 것, 즉 자비심이다. 우리는 타인을 향해 자비심을 느낄 수 있는 마음의 능력을 높이게 될 것이다.

이 연습을 위해 우리는 또 다른 강력한 정신적 도구인 시각화를 이용할 것이다. 우리의 뇌는 시각적 자극을 조직하여 의미 있게 재해석하는 과정인 시지각Visual Perception에 상당한 양의 자원을 투입한다. 그래서 이론상으로 볼 때 우리가 어떤 정신적 과제를 위해 시지각시스템을 능숙하게 활용할 줄 알면 뇌의 자원을 훨씬 더 많이 이용할 수 있다. 실제로 어떤 것을 시각화할 수 있으면 그것을 마음에 더 깊이 새겨넣을 수 있다는 게 내가 알아낸 사실이다. 따라서 이 명상에서는 연민의 정신습관을 더욱 효과적으로 만들기 위한 수단으로 시각화를 이용할 것이다.

연습 자체는 아주 간단하다. 숨을 들이쉴 때는 자신의 자비심을 빨아들인다고 시각화하며 마음속에서 그 자비심을 열 배로 불리는 모습을 그려본다. 숨을 내쉴 때는 그 모든 자비심을 세상에 내주는 모습을 떠올린다. 그 후 숨을 들이쉬어 다른 사람들의 자비심을 흡입한다고 상상하면서 같은 과정을 반복한다. 원한다면 자비심을 흰빛으로 시각화해도 좋다. 집에서 이 연습을 해보라.

자비심 강화 명상

1. 마음 안정시키기

2분간 호흡을 통해 마음을 쉬게 하는 것에서 시작하라.

2. 자비심 강화

이제 우리 내면의 자비심, 즉 사랑, 측은지심, 이타주의, 내면의 기쁨과 접속하자. 원한다면 몸 밖으로 뿜어져 나오는 자신의 자비심을 희미한 흰빛으로 시각화하라.

(짧은 휴지)

들숨을 통해 자신의 모든 자비심을 심장으로 주입시켜라. 그리고 심장을 이용하여 그 자비심을 열 배로 증대시켜라. 날숨을 통해서는 그 모든 자비심을 온 세상으로 내보내라. 원한다면 자신이 숨을 통해 이 풍부한 자비심을 상징하는 밝은 흰빛을 밖으로 내뿜고 있다고 시각화하라.

(2분 휴지)

이제 우리가 아는 모든 사람의 내면에 자리한 자비심과 접속하자. 우리가 아는 사람은 누구나 다 선량하며 얼마쯤의 자비심을 지니고 있다. 원한다면 그들의 몸 밖으로 뿜어져 나오는 자비심을 희미한 흰빛으로 시각화하라. 숨을 들이쉴 때는 그들의 모든 자비심을 여러분의 심장 속으로 주입시켜라(위의 과정을 반복하라).

(2분 휴지)

마지막으로 세상 모든 사람의 내면에 있는 자비심과 접속하자. 모든 사람은 일

말의 선량함이라도 지니고 있다. 원한다면 그들의 몸에서 뿜어져 나오는 자비심을 희미한 흰빛으로 시각화하라. 숨을 들이쉴 때는 그들의 모든 자비심을 여러분의 심장 속으로 빨아들여라(위의 과정을 반복하라).

(2분 휴지)

3. 마무리
호흡을 통해 1분간 마음을 쉬게 하는 것으로 마무리하라.

이 연습은 세 가지의 유익한 정신습관을 길러준다.

· 자신과 타인의 자비심을 보게 된다.

· 모두에게 자비심을 베풀게 된다.

· 내가 자비심을 높일 수 있다는, 자아를 변화시키는 힘을 확신하게 된다.

첫 번째 습관(자비심을 보는 것)은 연민의 감정적이고 인지적인 요소를 강화한다. 습관적으로 모든 사람의 내면에 있는 선량함에 주목할 때 우리는 본능적으로 그들을 이해하고 그들과 공감하고 싶어진다. 어려운 상황에서조차 단순히 상대를 멍청이로 무시하고 외면하는 대신 그 사람을 이해하고자 한다. 왜냐하면 그 사람의 내면에 자리한 일말의 선량한 심성을 볼 수 있기 때문이다. 이 연습을 많이 하면 우리는 결국 그 이해심과 배려심으로 사람들의 신뢰를 받게 될 것이다.

다음 습관(자비심을 베푸는 것)은 연민의 동기부여적 요소를 강화시킨다. 본능적이고 또 습관적으로 세상에 자비심을 퍼뜨리려할 때 머지않아 여러분은 항상 남을 돕고 싶어하는 사람이 될 것이다. 결국 여러분은 사람들이 존경하고 때로는 감탄하기까지 하는 인물이 되는데 이는 그들이 여러분의 마음이 진심임을 알아보기 때문이다.

마지막 습관(자아의 변화시키는 힘에 대한 확신)은 자신감을 강화시킨다. 내 마음이 자비심을 열 배로 높일 수 있다는 생각을 자연스럽게 받아들일 때 나의 감정 뇌는 곧 "그래, 난 남을 도울 수 있어"라는 생각도 자연스럽게 받아들이게 된다. 결국 나는 사람들에게 울림을 주는 존재가 된다. 그러면 아마 레벨5리더가 될 수 있을 것이다.

용감한 자들을 위한 연민 훈련

측은지심을 갖추는 전통적인 연습을 '통렌Tonglen'이라고 부른다. 이것은 티베트어로 '주고받는다'는 의미다. 그것은 자비심 강화 연습과 유사하지만 들숨을 통해 자비심을 흡입하는 대신 자신과 다른 사람들의 고통을 들이마시고 그것을 자신 안에서 변형시킨다는 점이 다르다. 날숨을 통해서는 사랑, 친절, 측은지심을 내뿜는다.

이 연습은 초보명상가들에게는 매우 어렵게 느껴진다. 들숨을 통해 아픔과 고통을 받아들여야 하기 때문이다. 이것까지 할 필요는 없지만 만약 꽤 용감한 축에 든다면 부담 없이 한번 시도해보라. 아래에 그 방법을 소개한다.

통렌명상

1. 명상 전 이론공부

사회성기술을 마스터하려면 진득진득한 감정적 오물, 즉 분노, 두려움, 혼란, 심지어는 육체적 고통과 그 모두에 대한 우리의 저항을 청소해야 한다. 통렌은 이 효과를 위해 만들어진 연습이며 호흡을 의식하는 데 중점을 둔다.

통렌은 문자 그대로 하면 '주고받는다'는 의미로 다른 사람의 아픔과 고통을 수용하고 그 대신 고통의 완화, 행복, 평화를 내주겠다는 의지를 표현한다. 우리는 이를 통해 변화를 유도할 수 있는 우리의 능력을 체험하게 된다.

들숨을 통해 부정적인 것을 흡수하면서 우리는 심장을 필터로 이용한다. 숨을 내쉴 때는 어두운 구름이 우리를 통과하여 수용, 안락함, 기쁨 그리고 빛으로 변화된다. 우리는 그 어느 것도 우리를 완전히 압도할 수는 없다는 확신을 더욱 굳히게 되며 여기서 깊은 자신감이 형성된다. 이것은 우리에게 자신과 다른 사람들의 행복에 관심을 가질 수 있는 든든한 발판을 마련해준다. 이를 통해 연민을 위한 토대가 구축된다.

2. 준비운동

먼저 몸과 호흡을 의식하고 몸을 통과하는 모든 감각에 주목하며 들고 나는 호흡에 부드럽게 집중하는 것으로 시작하자.

(휴지)

이제 심호흡을 하고 숨을 내쉬면서 자신이 산처럼 느껴진다고 상상하라. 다시 심호흡을 하고 자신이 삶을 넓은 시야로 바라보고 있다고 상상하라.

3. 통렌

다시 호흡을 통해 자신에게 집중하는 것으로 통렌연습을 시작하자.

열린 마음으로 여러분 앞에 앉아 있는 자신의 모습을 볼 수 있다고 상상하라. 여러분을 괴롭히는 것이 무엇이든 그 고통을 끌어안고 있는 자신의 '평범한 자아'를 바라보라.

마치 그것이 끈적끈적한 검은 구름인 것처럼 들숨으로 흡입한 후 흩어져 변화되게 하라.

다음에는 그것을 마치 광선처럼 날숨으로 내뿜어라. 짧은 시간 동안 이 호흡의 순환을 반복하라.

(휴지)

자신에 대해 더 많은 애정, 이해심, 따뜻함이 느껴지는지 주목하라.

(휴지)

이제 타인에게로 초점을 옮기자. 여러분 앞에 고통당하고 있는 누군가가 있으며 그를 보고 있다고 상상하라.

들숨으로 여러분이 그의 경험에 얼마나 마음을 열 수 있는지 느껴보라. 아마도 이 사람을 고통에서 해방시키고픈 강한 욕망이 솟구치는 것을 느낄지 모른다.

이 고통을 검은 구름처럼 들숨으로 흡입한 후 그것이 심장에 들어와 사리사욕의 모든 흔적을 녹이고 내면의 자비심을 드러내는 것을 느껴라.

날숨으로 광선처럼 내보내고 고통을 완화하겠다는 의도를 확고히 하라.

얼마 동안 이런 식으로 들숨과 날숨을 반복한다.

(휴지)

4. 마무리
마지막 몇 분간 손을 가슴에 대고 그저 호흡만 하라.

통렌은 아주 강력한 연습이다. 달라이라마는 주요 수행 중 하나로서 이것을 매일 실천한다고 했다. 내가 처음 이 연습을 시도했을 때(노먼 피셔가 지도해주었다. 위의 이론설명 부분도 그에게서 나온 것이다) 나는 큰 변화를 체험했다. 그 몇 분의 시간에 나는 자신감이 지속적으로 강화되는 것을 경험했다. 연습을 하며 나를 가로막는 많은 장벽들이 아픔과 고통에 대한 두려움에서 비롯되었음을 깨달았다. 나 자신과 타인의 고통을 들숨으로 빨아들이고 친절, 사랑,

연민의 마음을 뿜어내는 일에 익숙해지면서 나를 옥죄고 있던 많은 족쇄들도 자연히 떨어져 나갔다.

처음에 우리는 내면검색 수업 중에 통렌을 가르쳤다. 하지만 많은 학생들이 통렌명상을 어려워했다. 내면검색 교사들 거의 모두가 교과과정에서 통렌을 제외시키자고 말했지만 나는 강하게 반대했다. 통렌의 그 강력한 효과와 유익함을 잘 알고 있던 나는 계속 가르쳐야 한다고 고집을 부렸다.

우리는 결국 자비심 강화 연습을 창안하여 모두의 우려를 해결한 놀라운 해법을 찾아냈다. 이는 초보자들에게도 유익하고 배우기 쉬우며 통렌을 미리 엿볼 수 있는 방법이기도 하다. 바로 이 때문에 여러분은 아마 앞으로 100여 년간 자비심 강화 연습이 전통적인 방식으로 소개되는 것을 보지 못할 가능성이 높다. 아마 그때쯤이면 나도 꽤 늙어 있을 거다.

내 제안은 자비심 강화 연습을 먼저 시작하라는 것이다. 이 연습에 더 자신감이 붙으면 통렌을 시도해보라. 아마 큰 변화를 경험하게 될 것이다.

영향력은 어떻게 만들어지는가

우리는 이미 영향력을 가지고 있다. 우리가 하거나 하지 않는 모든 일, 말하거나 말하지 않는 모든 것이 다른 사람에게 영향을 준다. 중요한 것은 영향력을 획득하는 것이 아니라 이미 갖고 있는 영향력을 확대시켜 모두의 이익을 위해 사용하는 것이다.

나는 영향력을 넓히기 위한 가장 중요한 첫 단계가 사회적뇌Social Brain를 깊이 이해하여 그것을 노련하게 조종하는 것이라고 생각한 다. 신경과학자 에비안 고든Evian Gordon에 의하면 '위험을 최소화하 고 보상을 극대화한다'는 것이 두뇌의 으뜸가는 조직화 원칙이라 고 한다. 뇌는 아래 그림에서 보듯 주로 보상에 접근하고 위협을 회피하는 기계와 같다.

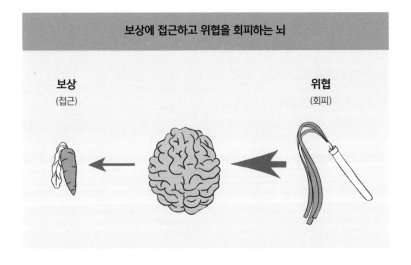

'보상(접근)' 화살표가 '위협(회피)' 화살표보다 훨씬 작다는 사 실에 주목하라. 이 크기의 차이는 우리의 뇌가 긍정적인 경험보다 는 부정적인 경험에 한층 강하게 반응한다는 중요한 통찰을 보여

준다. 이것은 우리가 매일 경험하는 현상이다. 예를 들어 내가 복도에서 마주친 짐에게 미소 짓고 그도 나에게 미소로 화답했다고 하자. 그것은 아주 사소하지만 내게 긍정적인 사회적 경험이 되어주며 극히 미세하게 영향을 준다. 십중팔구 이 경험은 잠시 뒤면 내 마음에서 지워질 것이다.

그런데 짐이 내게 미소로 화답하지 않는다고 해보자. 그는 약간 찌푸린 얼굴로 나를 본 척도 하지 않고 그냥 걸어간다. 객관적으로 보면 그 행위는 방향이 부정적인 쪽일 뿐이지 행위의 강도로 치면 웃음으로 화답하는 것과 별 차이가 없다.

하지만 주관적으로 나는 훨씬 민감하게 반응하기 쉽다. '이거 뭐야! 저 친구 왜 저러지? 내가 뭘 잘못한 거야?'라고 생각하면서 이 경험을 꽤 오래도록 머릿속에서 지우지 못할 것이다. 이와 같이 부정적인 경험은 긍정적인 경험보다 더욱 강한 영향을 주고 훨씬 오래 지속된다.

하나의 부정적인 경험을 상쇄하는 데 긍정적인 경험이 몇 개나 필요할까? 누구에게 묻느냐에 따라 답은 달라진다. 앞에서 우리는 바바라 프레드릭슨의 획기적인 연구를 살펴보았다. 거기서는 그 비율이 3:1이라고 주장한다. 그녀는 긍정적인 감정과 부정적인 감정을 3:1의 비율로 경험하면 하나의 분기점Tipping Point에 이르게 된다고 말한다. 이 지점을 넘어서면 자연스럽게 회복력을 갖추게 되고 한때 상상만 하던 일을 더욱 쉽게 달성한다는 것이 그녀의 주장이다.

그러나 존 가트맨은 다른 맥락에서 다른 비율을 찾아냈다. 그는 결혼생활이 성공하려면 부부관계에서 긍정적인 상호작용이 부정적인 것보다 최소한 5배 많아야 한다는 사실을 알아냈다. 이 5:1의 비율을 가트맨은 '마법의 비율Magic Ratio'이라 칭했는데 이는 '가트맨 비율'로 더 잘 알려져 있다. 이 비율은 가트맨이 단지 부부간에 진행되는 15분의 대화 속에서 긍정적이고 부정적인 상호작용을 측정하는 것만으로 이들의 결혼이 10년 안에 파경을 맞을 것인지 여부를 정확하게 예측할 수 있을 만큼 강력한 예측변수가 된다. 그는 바로 이 때문에 자신이 더 이상 만찬회에 초대를 못 받는 거라고 농을 친다.

이 두 가지 비율을 나란히 놓고 보면 결혼생활이 왜 그렇게 힘든지를 단박에 이해할 수 있다. 모든 일상경험에서 3:1의 비율을 지키는 것조차 사실 비합리적인데 결혼에서는 그보다 높은 비율의 긍정 경험이 요구된다. 그러고 보면 우리는 모두 배우자에게 너무 많은 걸 요구하는 철부지들처럼 행동하고 있으며 그냥 아는 사람들보다 배우자를 한층 더 가혹하게 평가하는 경향이 있다. 이 사실을 이해하면 배우자의 실수에 더 너그러워질 수 있을 테고 결혼생활도 덜 힘들어질지 모른다.

사회적 뇌를 이해하라

《일하는 뇌 *Your Brain at Work*》에서 데이비드 록David Rock은 뇌가 주요 보상이나 위협으로 취급하는 사회적 경험의 영역 5가지를 설명한다. 이 다섯 가지 영역은 우리에게 매우 큰 영향을 주기 때문에 뇌는 그들을 마치 생존문제처럼 대한다. 그들 각각은 사회적 행동의 주요 동인이 될 정도로 굉장히 중요하다.

이 5개 영역은 데이비드가 'SCARF'라 칭한 모델을 형성하는 데 SCARF는 각각 지위Status, 확실성Certainty, 자율Autonomy, 관계성 Relatedness, 공정성Fairness을 의미한다.

지위

지위는 상대적인 중요성, 서열 또는 연공서열과 관련된 것이다. 사람들은 자신의 지위를 보호하거나 높이기 위해 온갖 짓을 다한다. 지위는 인간과 영장류의 수명을 예측하게 해줄 정도로 상당히 큰 힘을 지닌다. 지위에 대한 위협은 아주 쉽게 자극된다. 감히 상사를 상대로 말을 섞으려는 것만으로도 지위에 대한 위협을 자극할 수 있으며 동료가 여러분에게 피드백을 제공하려는 행위 역시 자존심을 건드려 지위에 대한 위협을 촉발할 수 있다.

다행히 남에게 해를 주지 않고 자신의 지위를 높일 수 있는 좋은 방법이 있다. 어떤 기술을 향상시킬 때 우리는 자신의 이전 자아와 비교하여 지위에 대한 보상을 활성화시킨다. 아마 숙달이 아주 강력한 동기부여요소인 이유도 이것 때문일 것이다(6장 참조). 자신에게 중요한 뭔가에 점점 숙달되어갈 때 최소한 이전의 자아와 비교하여 내 지위는 점점 높아지는 것이다.

확실성

뇌는 확실한 것을 좋아한다. 불확실성이 해결될 때까지 뇌에는 '오류반응Error Responses'이 발생한다. 즉 불확실성은 뇌의 귀중한 자원을 빼앗아가며 불확실성이 커질수록 사람도 많이 지친다. 가령 내 일자리의 안정성을 확신할 수 없다면 아마 불확실성이 내 마음 대부분을 점령하여 아무 일도 손에 잡히지 않을 것이다(한편 내 뇌는 약간의 불확실성을 좋아한다. 너무 확실하면 쉽게 싫증이 난다-감수자).

자율

자율은 내가 내 환경을 통제할 수 있다는 의식이다. '학습된 무력감'이라는 현상을 발견한 심리학자 스티브 마이어Steve Maier에 따르면 '어떤 스트레스요인이 한 사람의 행동에 얼마나 영향을 주느냐는 그가 그 스트레스요인을 어느 정도로 통제할 수 있느냐에 의해 결정된다'고 한다. 즉 나를 괴롭히는 건 스트레스 자체가 아니라 스트레스 앞에서 느끼는 무력감이다.

많은 연구들이 이에 대한 강력한 증거를 제시한다. 한 연구는 영국의 직급 낮은 공무원들이 고위간부들보다 스트레스와 관련된 건강문제를 더 많이 갖고 있음을 보여준다. 이는 고위간부들이 훨씬 더 스트레스에 시달린다는 주장과 배치된다.

관계성

관계성은 어떤 사람이 친구인가 적인가에 대한 인식이다. 관계성이 우리의 주요 보상/위협 회로의 일부가 되는 것은 충분히 이해할 만하다. 긴밀한 협력이 필요한 작은 부족에서는 우리의 생존 자체가 거의 전적으로 타인에게 좌우되기 때문이다. 인간을 지속적으로 행복하게 만드는 유일한 경험이 사회적 관계의 질과 양임을 밝혀주는 연구가 있을 정도로 관계성은 인간 삶의 근간을 형성한다 (그들은 숙련된 명상가들을 연구하지는 않았다. 그래서 나는 이 발견에 동의하기는 하지만 그 이야기에는 좀 더 덧붙일 말이 있다고 생각한다). 세계 최고의 부자에 속하는 워런 버핏은 다음과 같이 말하면서 그가 관계성의 힘을 이해하고 있음을 보여주었다.

"제 나이쯤 되면 인생의 성공을 내가 사랑받고 싶은 사람들 중 실제로 나를 사랑하는 사람이 얼마나 되는지로 측정하게 됩니다. 내가 인생을 어떻게 살았는가를 평가하는 궁극적인 시험이죠."

뇌는 그렇지 않은 것으로 증명되지 않는 한 자동적으로 타인을, 일단 적으로 규정한다. 낯선 사람들에게는 적이라는 딱지가 붙는다. 다행히 많은 상황에서 누군가를 적에서 친구로 만드는 일은 그리 어렵지 않다. 사실 적이 친구가 되는 데는 악수와 즐거운 대화로 충분하다. 나처럼/자애심 연습 같은 이 책의 많은 연습들은 이 과정을 아주 쉽게 만들고 가속화시킬 수 있다.

공정성

인간은 다른 인간의 불공정을 벌하기 위해 자발적으로 자신의 이익을 희생하는 것으로 알려진 유일한 동물이다. 다른 영장류들도 불공정을 처벌하는 것으로 알려져 있지만 그 때문에 자신의 사리사욕까지 포기하지는 않는다. 여기 '최후통첩게임Ultimatum Game'이라는 것이 있다. 두 사람이 게임을 하는데 먼저 인물A(제안자)에게 100달러가 주어진다. 그는 이 돈을 자신과 인물B(반응자) 사이에 나누어야 한다. A는 제 마음대로 돈을 배분할 수 있다. 만약 B가 A의 제안을 받아들이면 두 사람은 A가 나누어준 대로 돈을 챙긴다. 하지만 B가 제안을 거부하면 둘 다 빈손으로 집에 가야 한다.

A가 혼자 99달러를 챙기고 B에게는 1달러만 준다 해도 객관적으로 볼 때 B는 이 거래를 거부할 이유가 없다. B가 제안을 수용하면 1달러라도 받지만 거부하면 한 푼도 못 챙긴다. 그에게 경제적으로 합리적인 선택은 하나밖에 없다. 어차피 공돈이니까 1달러라도 받는 게 이익인 것이다. 그러나 B의 입장에 처한 많은 사람들은 거래의 불공정성에 기분이 상해 A의 제안을 거절한다.

반면 건포도를 이용하여 비슷한 게임을 하는 침팬지는 좀처럼 이 거래를 거부하지 않는다. 침팬지에게 건포도를 포기하는 것은 어리석은 짓일 뿐이다.

이 이야기는 절대 한 사람의 공정성 의식을 과소평가하지 말라고 말한다. 그 힘은 굉장히 강력하여 인간은 종종 공정성 그 자체를 위해 자신의 사적인 이익까지 희생시킨다(이 이야기의 다른 교훈은 절대 침팬지가 공정한 거래를 제안할 것으로 기대하지 말라는 것이다. 코끼리도 마찬가지다).

영향력의 크기와 범위를 확대하기 위한 4단계 계획

사람들에게 가장 효과적으로 영향력을 행사할 수 있는 경우는 여러분에게도 유익하고 동시에 더 큰 선에도 기여하는 방식으로 그들이 원하는 것을 달성하도록 도움을 줄 때다. 바로 이것이 SCARF 모델이 그토록 중요한 이유다. 사회적 뇌의 신경과학적 원리를 알면 우리는 우리의 행동이 어떻게 모두를 위해 SCARF 요소들을 증가시킬 수 있는지를 더 깊이 이해하게 된다. 이를 통해 자신의 이익에도 도움이 되면서 다른 사람들을 도울 방법을 찾아낼 수 있다.

예컨대 함께 일하는 사람들을 인간적으로 이해하고자 노력한다면 나는 그들의 관계성 보상을 높이게 된다. 그러면 기술적인 성격의 불화조차도 더 쉽게 해결될 수 있다. 그들이 나를 적이 아닌 친구로 보기 때문이다. 사람들의 좋은 아이디어를 흔쾌히 인정해준다면 나는 그들의 지위 보상을 높이게 되고 내 앞에 다른 많은 귀중한 아이디어와 해결책이 제시될 것이다. 내가 보스이고 부하직원들을 공정히 대하려고 더욱 노력한다면 나는 그들의 공정성 보상을 높이게 되고 그들은 더 기꺼이 나를 위해 일하고자 할 것이다. 이렇게 모두의 이익을 위해 SCARF 요인들을 능숙하게 이용할 줄 알면 모두가 윈윈할 수 있는 상황이 조성되고 자신의 영향력을 확대시킬 수 있게 된다.

위의 통찰을 기초로 아래에 영향력의 크기와 범위를 확장하기 위한 4단계 계획을 제시한다.

- **1단계**: 여러분에게 이미 영향력이 있음을 인식하라. 여러분은 이미 사람들에게 영향을 주고 있다. 이것은 여러분이 이미 하고 있는 일을 더욱 개선하는 단순한 문제이다.

- **2단계**: 자신감을 키워라. 자신의 강점과 약점을 잘 알고 편안하게 여길수록 자신감도 높아지고 남에게 더 효과적으로 영향을 줄 수 있다. 특히 사람들은 친절과 진실성에 기초한 자신감에 감정적으로 이끌린다. 2장, 3장의 마음챙김 연습과 4장의 자기인식 연습은 자신감을 높이는 데 도움이 될 것이다.

- **3단계**: 사람들을 이해하고 그들이 성공하는 데 디딤돌이 돼라. 이는 자신의 목표달성에도 유익한 방식으로 그들을 도우려 할 때 그들에게 더 효과적으로 영향력을 행사할 수 있다. 7장의 공감연습과 이 장 앞부분의 연민훈련이 사람들을 이해하고 돕는 데 요긴하게 활용될 것이다. 앞에서 배운 사회적 뇌의 신경과학적 원리에 대한 지식도 큰 보탬이 될 수 있다.

- **4단계**: 더 큰 선에 기여하라. 자신의 이익에 신경 쓰되 사리사욕의 경계를 넘어서야 함을 잊지 마라. 팀의 이익, 회사의 이익, 세상의 이익을 위해서도 행동하라. 다른 사람들도 똑같이 행동하도록 격려하라. 여러분의 선량함이 남을 감

동시킬 때 그들에게 더 강한 영향을 줄 수 있다. 동기부여에 대한 6장의 연습과 이 장의 연민연습은 더 큰 선에 대한 의지를 높이는 데 도움이 될 것이다.

영향력 확대에 유익한 모든 연습들을 요약하는 단 한마디가 있다면 나는 그것이 자비심이라고 생각한다. 자비심은 매우 감동적이다. 사람들에게 변화를 유도할 정도로 감화를 준다. 마하트마 간디가 과거에도 그랬고 지금도 여전히 강한 영향력을 발휘할 수 있는 것이 다 그런 이유 때문이다.

10분 만에 삶을 뒤집어놓는 자비심의 힘

자비심이 어떻게 인간의 삶을 바꿔놓을 수 있는지를 보여주는 한 가지 감동적인 사례는 내가 유명한 심리학자 폴 에크만 박사에게서 들은 사적인 이야기에서 찾아볼 수 있다.

폴은 심리학자로서 매우 성공적인 이력을 쌓았다. 그는 미국심리학협회American Psychological Association가 선정한 20세기 최고의 심리학자 100인 중 한 명이다. 하지만 실제로는 힘든 어린 시절을 보냈기에 화를 많이 내는 성인으로 성장했다. 그는 살아오면서 거의 매주 최소한 두 차례 정도는 분노를 못 가누고 폭발하는 바람에 나중에 후회할 말이나 행동을 했다고 털어놨다.

2000년에 폴은 인도에서 열린 마음과생명학술회의Mind and Life Con-
ference에서 강연을 해달라는 초청을 받았다. 거기에는 달라이라마
도 참석했다. 하지만 당시 폴은 승려들을 진지하게 생각해본 적이
없었기에 그 자리가 별로 내키지 않았다. 그는 승려를 그저 '이상
한 옷 입고 설쳐대는 까까머리들'이라고 생각했다. 그래서 그의 딸
이브가 설득에 나서 아버지의 마음을 돌려야 했다.

그런데 5일간의 회의 중 사흘째 되던 날 폴에게 아주 놀라운 일
이 일어났다. 회의 사이 휴식시간 중에 이브와 폴은 달라이라마와
자리를 함께하게 되었고 약 10분간 서로 대화를 나누었다. 대화가
진행되는 동안 달라이라마는 폴의 손을 잡고 있었다. 그 10분은
폴에게 엄청난 충격을 주었다. 그는 자신의 존재 안에 넘쳐나는 풍
부한 자비심을 체험했다고 말했다. 그는 변화했다. 그 10분이 끝
났을 때 그는 자신의 분노가 완전히 사라졌음을 알게 되었다. 그
뒤 여러 주가 지나도록 폴은 조금도 분노를 경험하지 않았다. 그에
게 있어 그것은 엄청난 삶의 변화였다.

더 중요한 것은 이 경험이 그의 삶의 방향을 바꿔놓았다는 사실
이다. 사실 그 당시 폴은 은퇴할 계획이었다. 하지만 달라이라마와
손을 맞잡은 그 10분 이후에 그는 세상을 이롭게 하고픈 자신의
깊은 열망을 발견했다. 이것은 애초에 그가 심리학에 입문한 이유
이기도 했다. 달라이라마로부터 어느 정도 권유를 받긴 했지만 폴
은 은퇴계획을 취소했고 이후 사람들의 감정적 균형, 측은지심, 이
타주의정신을 함양하는 데 도움이 될 만한 과학적 연구에 그의 경

험과 지혜를 빌려주었다.

자비심은 이렇듯 단 10분의 경험만으로 한 사람의 인생을 뒤바꿀 만큼 막강한 힘을 갖고 있다. 그 경험이 전적으로 주관적이라는 사실은 문제가 되지 않는다. 폴의 경우 달라이라마가 자기에게 특별하게 한 일이 전혀 없었다고 말했다. 폴이 경험한 자비심이란 오히려 폴 자신이 그 상황에 부여한 것일 가능성이 높고 달라이라마는 단지 조력자에 불과했을지도 모른다. 어느 쪽이든 교훈은 분명하다. 남에게 영향을 주고 싶다면 자비심보다 더 큰 힘은 없다는 것이다.

통찰력 있게 소통하기

공감은 효과적인 의사소통에 필요한 요소이긴 하지만 이것으로 항상 충분한 것은 아니다. 나는 공감할 줄 아는 사람들도 매우 난처한 대화에 휘말려드는 것을 본 적이 있다. 여기에 빠진 것은 통찰, 특히 대화의 표면 밑에 숨겨진 많은 문제들에 대한 통찰이다. 즉 그 상황과 관련된 정체성 문제나 실제 결과와 의도된 내용 사이의 차이 등이 그런 문제들이다. 이번에는 소통에 필요한 통찰력을 높이는 데 도움이 될, 어려운 대화를 진행하기 위한 방법을 살펴볼 것이다.

어려운 대화는 부담스럽고 나누기 힘든 대화다. 그것은 중요한 경우가 많지만 쉽지 않기 때문에 대부분의 사람들은 이를 피하는 쪽을 택한다. 일터에서 일어나는 어려운 대화의 두 가지 전형적인 예는 임금인상을 요구하는 것과 유능한 직원에게 비판적인 피드백을 전하는 것이다. 하지만 이런 대화주제가 항상 그렇게 민감하고 격렬할 필요는 없다.

어려운 대화를 진행하는 것은 정말 유용한 기술이다. 하버드협상프로젝트Harvard Negotiation Project의 일부이기도 한《우주인들이 인간관계로 스트레스받을 때 우주정거장에서 가장 많이 읽은 대화책 Difficult Conversations》의 저자들에 따르면 어려운 대화를 진행하는 데는 5단계가 있다고 한다. 그것을 내 나름대로 간략히 정리하면 아래와 같다.

1단계_ 세 가지 대화를 거쳐 준비하라

어려운 대화를 감당할 수 있는 능력을 키우기 위한 강력한 첫 단계는 그것의 기본구조를 이해하는 것이다. 모든 대화는 사실 세 가지의 대화로 구성된다. 바로 '내용 대화(무슨 일이 일어났는가?)', '감정 대화(어떤 감정이 연관되어있는가?)', '정체성 대화(이것은 나에 대해 무엇을 말해주는가?)'가 그것이다. 정체성 대화는 거의 항상 아래 세 가지 질문 중 하나를 포함한다.

· 나는 유능한가?
· 나는 좋은 사람인가?

· 나는 사랑받을 가치가 있는가?

이 단계에는 세 가지 대화의 구조를 이해하고 그것을 준비하는 일이 포함된다. 가능한 한 객관적으로 무슨 일이 일어났는지를 정리하고 이 일이 여러분과 상대방에게 감정적으로 어떤 영향을 주는지 이해하면서 여러분과 관련된 진정 중요한 문제가 무엇인지를 확인하라.

2단계_ 문제제기 여부를 결정하라

이 문제를 제기함으로써 여러분은 무엇을 얻고자 하는가? 그것은 생산적인 의도인가(이를테면 문제를 해결하는 것, 누군가의 성장을 돕는 것) 아니면 비생산적인 의도인가(이를테면 단지 누군가의 기분을 상하게 하려는 것)? 때로는 전혀 문제를 제기하지 않는 것이 적절한 처방일 수도 있다. 만약 문제를 제기하기로 결정하면 학습과 문제해결을 지원하는 방향으로 전환을 꾀하라.

3단계_ 객관적인 제3의 이야기에서 시작하라

제3의 이야기는 전체상황을 꿰뚫고 있는 사심 없는 제3자가 바라본 관점이다. 만약 매튜와 내가 논쟁을 한다면 각자가 이 논쟁의 원인에 대해 저 나름의 견해를 갖고 있을 것이다. 이때 제3의 이야기란 일어난 일을 다 알고 있으면서도 이 상황과는 전혀 무관한 동료인 존의 이야기다.

제3의 이야기야말로 어려운 대화를 시작하기에 가장 좋은 출발점이다. 거기에서 상대와 합의점을 찾아낼 가능성이 가장 높다. 이 세 번째 이야기를 이용하여 상대방과 파트너로서 상황을 함께 해결하라.

4단계_ 그들의 이야기와 여러분의 이야기를 살펴보라

그들의 이야기를 경청하고 공감하라. 여러분의 이야기를 공유하며 각자가 같은 상황을 어떻게 다르게 보는지 살펴라. 비난하고 책임을 전가하는 이야기에서 각자가 어떤 상황에 처했고 무슨 감정을 느꼈는지 알아보는 이야기로 재구성하라.

5단계_ 문제를 해결하라

양측의 가장 중요한 관심사와 이익에 부합하는 해결책을 찾아내라. 열린 의사소통을 계속하고 각자의 이해에 지속적으로 주의할 수 있는 방법을 마련하라.

어려운 대화를 위한 통찰과 연습

이 책에 소개된 모든 연습을 충실히 해왔다면 여러분은 이미 어려운 대화를 진행하는 데 필요한 대부분의 기술을 습득한 셈이다. 이제 필요한 것은 두 가지 중요한 통찰에 눈 뜨는 것뿐이다.

첫 번째 핵심통찰은 영향은 의도가 아니라는 것이다. 예를 들어 누군가가 한 말에 상처를 받으면 자동적으로 그 사람이 나에게 상처를 줄 의도였다고 가정하게 된다. 영향이 의도였다고 생각하는 것이다. 대개 사람들은 자기 자신은 의도로 판단하면서 다른 사람들은 행동의 영향으로 판단한다. 그들의 본심을 잘 모르기 때문이다. 그래서 우리는 무의식적으로 그들 행동의 영향을 근거로 그들의 의도를 추론한다.

그러나 많은 상황에서 영향은 의도가 아니다. 예를 들어 헨리의 아내가 헨리에게 이제 그만 차를 세우고 길을 물어보자고 말했다고 해보자. 그는 아내가 자기를 무시한다고 느낀다. 하지만 사실 그녀는 남편의 자존심에 상처를 줄 의도로 그런 말을 한 것은 아니었다. 단지 제시간에 파티에 도착하고자 했다. 즉 그녀가 준 영향은 그녀의 의도가 아니었다("당신에게 아내의 말이 어떤 영향을 주었는지 말하세요, 헨리. 하지만 아내와 한바탕 치고받지는 마세요. 아내는 악의가 없었답니다").

두 번째 핵심통찰은 모든 어려운 대화에는 내용과 그에 수반되는 감정 외에도 그보다 더 중요한 정체성의 문제가 있다는 사실이다. 정체성 문제는 가장 깊이 숨겨져 있고 표면화되지 않은 경우가 아주 많아서 놓치기 쉽다. 하지만 대개는 그것이 가장 핵심적인 문제다.

이를테면 상사가 프로젝트의 진행이 더딘 것을 두고 나와 대화를 원할 경우 나를 가장 괴롭히는 것은 대화의 내용이나 불안감이 아니라 나 자신의 능력에 대한 스스로의 회의다. "나는 유능한가?"라는 물음으로 통하는, 이른바 정체성 문제가 마음을 가장 상하게 한다. 이것을 인식할 때 노련한 사람은 자신이 정체성 문제를 의식하고 있음을 분명히 밝히며 적절한 때 그 문제를 처리한다. 소통에 능숙한 내 상사는 그가 내 능력을 전적으로 신뢰하고 있음을 확언하면서 대화를 시작할 것이다. 실제로 그가 알고 싶은 것은 내게 어떤 추가 자원이 필요한지다. 이렇게 처음부터 내 정체성 문제를 적절히 짚고 넘어가면 대화의 전체 질이 바뀌게 된다.

이 두 가지 핵심통찰은 어려운 대화구조의 1단계(세 가지 대화를 거쳐 준비하라)를 위해 가장 적합하다. 만약 내면검색의 여러 연습에 충실히 임해왔다면 이미 여타의 단계에는 전혀 부담을 느끼지 않을 정도가 되었을 것이다. 그러니 1단계에 좀 더 주의를 기울이기만 하면 된다.

어려운 대화를 준비하는 가장 좋은 방법은 다른 사람들과 이야기를 나누는 것이다. 말상대가 있다면 미리 어려운 대화의 핵심내용을 표현하고 예행연습할 기회를 얻을 수 있다. 대화상대로 가장 적합한 인물은 친한 친구나 멘토 또는 든직한 동료처럼 여러분이 신뢰할 수 있는 사람들이다. 만약 혼자 하고 싶다면 글쓰기연습으로 진행할 수도 있다.

어려운 대화 준비하기

이것은 글쓰기연습으로 할 수도 있고 말하기연습으로 할 수도 있다. 말하기연습으로 진행할 때는 친구를 상대로 하면 된다.

· 여러분이 과거에 경험했거나 가까운 장래에 나눌 예정인 어려운 대화 또는 나누었어야 했지만 그러지 못했던 어려운 대화를 생각하라.

· 글이나 독백 형태로 여러분의 관점에서 세 가지 대화를 묘사하라. 세 가지 대화는 내용 대화(무슨 일이 일어났는가?), 감정 대화(어떤 감정이 연관되어있는가?), 정체성 대화(이것은 나에 대해 무엇을 말해주는가?)이다. 정체성 대화에는 거의 항상 다음 세 가지 질문 중 하나가 포함된다.

"나는 유능한가?"

"나는 좋은 사람인가?"

"나는 사랑받을 가치가 있는가?"

· 여러분이 상대방이라 가정하고 능력이 허락하는 한 그의 관점에서 세 가지 대화를 묘사하라.

친구와 말하기연습으로 진행할 때는 자유로운 대화를 통해 이것이 여러분에게 어떤 느낌을 주었는지 토론하라.

마음챙김이메일

현대의 소통방식 중 좋은 점 하나는 꼭 얼굴을 맞대고 할 필요가 없다는 것이다. 이메일을 이용할 수 있기 때문이다. 나쁜 점은 서로 얼굴을 맞대지 않는다는 것이다. 이메일을 이용하기 때문이다. 그렇다. 좋은 점은 우리가 이메일을 이용할 수 있다는 것이고 나쁜 점도 우리가 이메일을 이용한다는 사실이다!

이메일의 가장 큰 문제는 감정적 맥락이 잘못 전달될 때가 많고 이것이 때로 파괴적인 결과를 낳는다는 점이다. 누군가와 직접 만나 대화할 때는 서로 소통하는 감정 대부분이 표정, 어조, 자세, 몸짓 등을 통해 비언어적으로 전달된다. 우리의 뇌는 '감정 탱고(7장 참조)'를 출 수 있을 정도로 충분한 양의 비언어적 정보를 주고받으며 서로의 감정을 이해한다. 이 의사소통 대부분은 무의식적으로 일어난다. 하지만 이메일로 소통할 때는 감정을 전달하는 이 전체메커니즘이 제대로 작동하지 못한다. 서로의 뇌가 함께 춤출 수 없을 때 감정은 소통 길이 막혀버리는 것이다.

하지만 여기서 끝이 아니다. 상황은 더 악화된다. 상대의 감정에 대한 데이터를 충분히 확보하지 못한 뇌는 그것을 그냥 멋대로 왜곡해버린다. 뇌는 메시지의 감정적 맥락을 추정하고 그에 맞춰 빠진 정보를 조작한다. 하지만 여기서도 정보를 조작하는 것으로 그치는 게 아니다. 뇌는 자동적으로 조작한 내용이 사실이라고 믿는다. 더 심각한 것은 이렇게 날조된 내용은 대개 강한 부정적 편향성을 지니고 있다는 점이다. 우리는 대체로 사람들이 실제보다 더 많은 부정적 의도를 갖고 있다고 가정한다. 예를 들어보자.

전에 구글의 회장 에릭 슈미트Eric Schmidt는 복도에서 나를 보고는 장난스럽게 손가락을 흔들고 환하게 웃으며 "자넨 사고뭉치야"라고 말했다. 그때 내 뇌는 그가 보내는 모든 비언어적 신호들을 수신할 수 있었기 때문에 단지 그가 장난삼아 나를 놀리고 있음을 알 수 있었고 그래서 날 해고할 거라는 걱정 따위는 전혀 하지 않았다. 그러나 만약 내가 그와 똑같은 말을 이메일을 통해 받았다면 일찌감치 보따리를 싸놓고 조마조마 속을 졸이며 인사부에서 사람이 오기를 기다렸을지도 모른다. 이것은 에릭이 그의 이메일에 미소 표시 이모티콘을 사용했다 해도 마찬가지였을 것이다.

바로 이런 이유로 이메일에 서로 엇박자를 내는 의사소통이 그렇게나 많은 것이다. 우리는 전혀 우리를 불쾌하게 하거나 겁줄 의도가 없는 이메일에 기분이 상하거나 겁을 먹을 때가 많다. 감정적으로 노련하지 못하면 이에 불쾌함이나 두려움을 느끼면서 마음을 지옥으로 떨어뜨린다.

효과적인 이메일 소통을 위해 필요한 핵심을 정리하면 이렇다. 이메일은 뇌가 발신자의 감정적 맥락을 인지할 정도로 충분한 정보를 담고 있는 경우가 드물다. 뇌는 빠진 정보를 흔히 부정적인 쪽으로 날조하며, 무의식적으로 날조된 내용이 사실이라고 가정한다.

다행히 마음챙김은 이메일 소통을 더 원활하게 만들어줄 수 있다. 마음챙김으로 번역되는 최초의 팔리어는 '사티Sati'다. 사티는 또 '기억Recollection' 또는 '심사숙고Reflection'로 번역되기도 한다. 그것은 마음챙김이 단지 평온한 마음일 뿐 아니라 통찰의 내용을 기억하고 숙고하는 강한 특징을 지니고 있음을 의미한다.

마음챙김이메일Mindful E-mailing을 보낼 때는 마음챙김이 지닌 기억하는 특징이 우리가 이용하는 주요도구가 된다. 제일 먼저 기억할 것은 저쪽에 나와 똑같은 한 인간이 있다는 사실이다. 두 번째로 기억할 것은 이메일을 받는 사람은 무의식적으로 발신자의 감정적 맥락에 대해 빠진 정보를 조작한다는 통찰이다. 이를 통해 우리는 그에 합당한 주의를 기울이고 조심하게 된다.

아래에 마음챙김이메일을 위한 연습을 소개한다.

마음챙김이메일 연습

· 한 차례의 의식적인 호흡으로 시작하라. 만약 특별히 민감한 상황과 마주하고 있다면 몇 분간의 마음챙김명상(2장 참조)이나 걷기명상(3장 참조)으로 마음을 진정시켜라.

· 이메일을 받는 쪽에 한 사람 혹은 그 이상의 인간이 있다는 사실에 깊이 유의하라. 그들은 나와 같은 인간이다. 이것이 특별히 어려운 상황이라면 마음속에서 수신자를 시각화하고 몇 분간 나처럼/자애심연습(7장 참조)을 시도하는 것이 좋다.

· 이메일을 써라.

- 보내기 전에 만약 메시지의 감정적 맥락이 불명확하면 수신자의 뇌는 여러분이 의도한 것보다 더 부정적인 내용을 꾸며내기 쉽다는 사실을 기억하라. 수신자 입장이 되어 발신자의(여러분의) 감정적 맥락에 대해서는 아는 게 전혀 없는 척하면서 내용을 검토하라. 또 수신자가 부정적 편향을 갖고 여러분의 이메일을 읽는다고 가정하라. 필요하다면 이메일을 수정하라.

- 보내기 버튼을 누르기 전에 한 차례 의식적으로 호흡하라. 특별히 민감한 상황이라면, 이를테면 상사나 부하직원에게 분노의 이메일을 쓰는 중이라면 보내기 전에 세 차례 천천히 의식적으로 호흡하라. 전송하기 전에 마음을 바꿔도 괜찮다.

멩의 환각 버섯 주문

이 장은 내가 직접 만든 주문으로 마무리하겠다. 이는 나의 많은 사회성기술들을 요약한다. 주문은 다음과 같다.

그들을 사랑하라. 그들을 이해하라. 그들을 용서하라. 그들과 함께 성장하라.

다른 사람이 관계된 어려운 상황에 처할 때마다 나는 조용히 위의 주문을 읊조린다. 그것은 대개 효과가 있다. 아이들과 상사를 상대할 때 특히 효과가 좋다.

　내 친구 리젤은 내 주문이 환각 물질이 들어간 환각 버섯Magic Mush-rooms에도 통할지 모른다고 말했다. 주문의 이름은 여기서 따왔다.

9장

전 세계에
평화가 깃들길 바라며

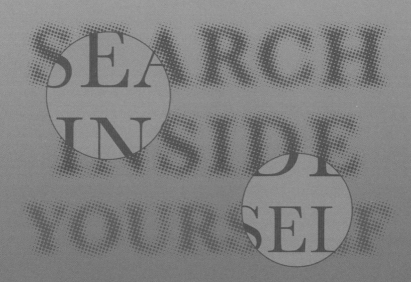

내면검색 뒷이야기

평화를 얻으려면 평화를 가르쳐라.

- 교황 요한 바오로 2세

내면검색 프로그램은 단순한 꿈에서 시작되었다. 그 꿈은 앞에서도 말한 것처럼 바로 세계평화다.

나보다 더 지혜로운 많은 분들의 경우처럼 세계평화는 내면에서 창조될 수 있고 또 그래야 한다는 것이 내 믿음이다. 모든 사람이 자기 안에서 평화와 행복을 빚어내는 법을 찾아낼 수 있다면 그 내면의 평화와 행복은 자연스럽게 연민으로 표현될 것이다. 대부분의 사람들이 행복하고 평화롭고 연민 어린 세계를 만들 수 있다면 우리는 세계평화를 위한 토대를 마련할 수 있다.

다행히 이를 위한 방법은 이미 존재하며 수천 년 동안 다양한 민족들이 이를 실천해왔다. 그것은 마음을 갈고닦는 관상수련Contemplative Practices을 이용하는 기술이다. 대부분의 사람들은 그것을 명상으로 알고 있다.

가장 단순한 형태의 명상은 주의력훈련이다. 명상훈련을 충분히 하면 주의는 흔들림 없이 차분해지고 한곳에 집중된다. 주의력이 높아지면 마음은 오랫동안 아주 느긋하고 편안하면서도 동시에 맑고 기민한 상태를 쉽게 유지할 수 있다. 이 느긋함과 기민함이 결합될 때 마음의 세 가지 놀라운 속성이 자연스럽게 생겨난다. 바로 평온함, 또렷함, 행복이다.

비유를 들어보자. 마음을 계속 흔들리는 스노글로브Snow Globe라고 생각하라. 스노글로브 흔들기를 멈출 때 그 안의 흰색 눈 입자들은 결국 가라앉고 액체는 잔잔해지며 동시에 맑아진다. 이처럼 우리 마음도 평소에 끊임없이 흔들리고 요동친다. 이때 깊은 정신적 여유와 기민함을 통해 마음은 고요하고 맑게 안정된다. 이런 마음상태에서 세 번째 속성인 내면의 행복이 자연스럽게 피어오르는 것이다.

내면의 행복은 전염성이 있다. 누군가 행복의 빛을 뿜어낼 때 주변 사람들은 그에게 더 긍정적으로 반응한다. 명상가는 자신의 사회적 상호작용이 점점 더 좋은 쪽으로 변화하는 걸 느끼게 된다. 인간은 사회적인 동물이기에 긍정적인 사회적 교류는 내면에 더 풍성한 행복을 가져다준다. 이렇게 내면의 행복과 사회적 행복이 아름다운 선순환을 이루면 이 순환이 점점 강해지면서 명상가는 더 친절해지고 측은지심도 커지게 된다.

쉽게 세계평화를 이루는 3단계 방법

우리는 마음을 훈련시키고 갈고닦아 내면의 평화, 행복, 측은지심을 함양할 수 있다. 이 훈련의 가장 좋은 점은 억지로 이런 속성을 가지려고 애쓸 필요가 없다는 점이다. 이는 우리 안에 이미 존재하므로 그저 그것들이 싹틔우고 성장하고 꽃피울 수 있는 조건을 만들기만 하면 된다. 이 조건들은 명상을 통해 형성된다. 명상을 하면 우리의 행복과 측은지심은 훨씬 커진다. 많은 사람들이 이런 마음을 갖게 될 때 자연히 세계평화를 위한 기반이 구축될 것이다.

그래서 좀 웃길 정도로 진지하지만 세계평화를 이루는 핵심요소는 명상과 같은 단순한 것이 될 수 있다. 이것은 거의 말도 안 되게 난해한 문제에 대한 지극히 간단한 해결책이다. 실제로 효과가 있을 수 있다는 점만 빼면 말이다.

이런 통찰은 나를 계시적인 깨달음으로 이끌어 마침내 내 삶의 목표를 찾게 했다. 내 목표는 모든 인간이 명상의 이점을 누릴 수 있게 하는 것이다. 내가 명상전도사가 되려는 게 아니라는 점을 분명히 하겠다. 명상을 억지로 강요할 생각도 없다. 단지 사람들이 명상의 이점에 쉽게 다가갈 수 있게 하려는 것뿐이다. 내가 하는 일은 그저 보물이 가득한 방의 문을 열고 사람들에게 "여기 보물들 보이죠? 원하는 만큼 가져가세요. 싫으면 관두고"라고 말하는 것이 전부다. 난 단지 문을 열어주는 사람에 불과하다.

명상수련의 힘은 매우 강력하기 때문에 그것을 알면 누구든 거부할 수 없는 매력을 느끼리라는 것이 내 확신이다. 건강치 못한 사람에게 건강비결(위생, 영양, 운동, 수면 등)을 알려주는 것과 비슷하다. 일단 건강의 좋은 점을 이해하고 경험하면 그 이전으로 돌아가는 건 불가능하다. 그것이 지닌 거부할 수 없는 대단한 매력 때문이다.

하지만 어떻게? 어떻게 사람들이 명상의 이점에 접근하게 할 수 있을까? 이 질문에 대한 답을 나는 반농담조로 '쉽게 세계평화를 이루는 3단계 방법'이라고 부른다.

1단계_ 나로부터 시작한다

첫 번째 단계는 가장 명백한 기본조건으로 마하트마 간디가 이미 지적한 내용이다. 그는 "세상의 변화를 보고 싶다면 먼저 나 자신이 내가 세상에서 보고 싶어하는 변화의 주체가 되어야 한다"고 말했다. 나는 스스로를 위해, 측정 가능한 목표를 생각해냈다. 내 삶이 다하기 전까지 항상 모두에게 친절할 수 있는 능력을 키우겠다. 나는 늘 친절을 일용할 양식으로 삼는 '친절채널Kindness Channel'이 되고 싶다.

2단계_ 명상을 과학의 한 분야로 만든다

명상이 두루 접근 가능한 것이 되려면 의학이 과학의 한 분야가 된 것처럼 명상도 그렇게 되어야 한다. 명상처럼 의업도 오랫동안 실행되어왔다. 하지만 19세기 초부터 의학이 과학의 한 분야가 되면서(아마 파스퇴르의 미생물연구를 시작으로) 모든 것이 바뀌어버렸다. 그중에서도 가장 중요한 변화는 접근성이었다는 게 내 생각이다. 의학이 과학이 되면서 그것은 이해하기가 훨씬 쉬워졌다. 새로운 도구, 장비, 치료방법들을 이용할 수 있게 됐고 의료서비스 제공자들의 교육도 크게 개선되었다. 지금은 훨씬 많은 사람들이 좋은 의술에 접근할 수 있게 되었다. 명상이라고 이렇게 되지 말란 법 있나?

2006년에 나는 내 명상친구들에게 이메일(일종의 미니선언문)을 발송했다. 명상이 과학적일 필요가 있음을 역설하고 명상훈련을 '데이터중심적'으로 만들려는 노력에 나서줄 것을 촉구했다. 그러나 내가 받은 반응은 지극히 초라했다. 사람들은 대체로 내 생각을 환영하면서도 이에 특별히 열정을 느낀 사람들은 아무도 없었다.

그러다가 마침내 이 생각에 흥분한 한 사람을 찾아냈다. 내 친구 텐진 테통Tenzin Tethong이 내 이메일을 앨런 윌리스 박사에게 전송했다. 앨런은 즉시 답장했고 자기도 지난 6년간 비슷한 노력을 해왔다며 반가워했다. 왜 그랬냐고? 달라이라마가 권했기 때문이란다. 나는 크게 놀랐다. 나의 명상친구들(그중 다수는 과학계에 몸담고 있다) 모두가 명상과 과학을 결혼시킨다는 생각에 시큰둥했는데 달라이라마는 큰 관심을 보였던 것이다. 그때 나는 내가 올바른 길에 들어섰음을 알게 되었다. 위대한 정신적 지도자와 내가 동시에 잘못된 생각을 할 수는 없는 것 아니겠는가.

앨런과 나는 즉시 좋은 친구가 되었다. 얼마 뒤에 앨런의 작업과 다른 과학자들의 관련 연구에 대해 더 많은 것을 알게 되면서 나는 달라이라마의 적극적인 지원이 뒷받침되면 이 연구작업은 내가 있든 없든 잘 굴러갈 수 있겠다고 결론 내렸다. 이 활동과 관련하여 나는 몇 가지 다른 일들을 했다. 가령 달라이라마와 내 친구 짐 도티Jim Doty, 웨인 우Wayne Wu와 함께 스탠퍼드대학교의 연민 및 이타주의 연구교육센터Center for Compassion and Altruism Research and Education의 설립후원자가 된 것이 그중 하나다. 그러나 나는 이 움직임이 잘 관리되고 있다고 판단하고는 내 개인적 에너지를 3단계에 집중시키기로 결심했다.

3단계 _ 명상을 현실의 삶과 융합시킨다

명상의 좋은 점에 다가가려면 그것이 단지 독특한 옷을 입은, 산속의 머리 깎은 사람들이나 뉴에이지 신봉자들의 전유물이 되어서는 안 되었다. 명상은 현실적이어야 한다. 그것은 현실에 발 디디고 살아가는 보통사람들의 삶과 관심사에 어우러져야 했다. 나는 이것이 세 단계 중에서 가장 중요하며 또 내가 가장 많은 역할을 할 수 있는 영역이라고 생각한다. 하지만 어떻게 한다?

이를 위한 역사적인 선례는 운동에서 찾아볼 수 있다. 1927년 일단의 과학자들이 피로의 생리를 연구하기 위해 하버드피로연구소Havard Fatigue Laboratory를 출범시켰다. 그들의 선구적인 연구는 운동생리학 분야를 탄생시켰다. 그들의 가장 중요한 발견 하나는, 건강한 사람은 그렇지 못한 사람과 생리적으로 다르다는 것이었다. 이제 와서 보면 그 연구가 세상을 바꾸었음을 쉽게 알 수 있다.

오늘날 이 선구자들과 다른 사람들의 공헌 덕택에 운동은 최소한 4가지의 중요한 특징을 갖게 되었다.

- 운동이 몸에 좋다는 것은 누구나 알고 있다. 이에 대해서는 더 이상 이론의 여지가 없다. 물론 운동을 안 하는 이들도 있지만 그런 사람들조차 자기에게는 운동이 필요하며 그것이 건강에 좋으리라는 것은 다 인정한다.
- 운동을 원하는 사람은 누구든 그 방법을 배울 수 있다. 정보는 어디서든 구할 수 있고 원한다면 트레이너의 도움을 받는 것도 어렵지 않다. 또 주변에 운동하는 친구들도 많기 때문에 그들로부터 운동법을 배울 수도 있다.
- 기업들도 직원이 건강해야 비즈니스에 이롭다는 사실을 이해하고 있다. 그래서 체육관을 두고 있거나 체육관 이용비를 지원해주는 기업들도 적지 않다.
- 운동은 당연한 것으로 받아들여진다. 체육관에 운동하러 간다고 말하면 아무도 나를 이상한 눈으로 쳐다보거나 내가 샌프란시스코에서 굴러들어온 괴짜 뉴에이지 신도라고 생각하지 않는다. 오히려 그 반대상황이 연출된다. 만약 내가 신실한 미국인은 운동하지 말아야 한다고 주장했다간 정말 미친놈 취급당하기 십상인 것이다.

이제 운동은 현실 속 인간들의 현대적 삶과 완벽하게 융합되었다. 그것은 누구에게나 완전히 접근 가능한 것이 되었고 인류는 그 혜택을 누린다. 나는 명상도 똑같은 대접을 받도록 하고 싶다. 그래서 명상이 정신을 위한 운동으로 당연시되고 위에 언급한 운동의 4가지 특징을 모두 갖추게 되는 세상을 만들고 싶다.

· 명상이 유익하다는 것은 누구나 알고 있다.
· 명상을 원하는 사람은 누구나 그 방법을 배울 수 있다.
· 기업들도 명상이 비즈니스에 이롭다는 사실을 이해하고 있으며 심지어 돈까지
  내주면서 명상을 장려하는 회사들도 있다.
· 명상이 당연한 것으로 받아들여진다. 누구나 다 '물론 명상을 해야지'라고 생
  각한다.

내면검색 프로그램을 시작하기까지

여기서 우리는 다시 똑같은 물음으로 돌아간다. 그러면 어떻게
할까? 어떻게 명상이 운동처럼 당연시되는 세계를 창조할 수 있을
까? 몇 개월간 이 문제를 곱씹은 끝에 우연히 답을 발견했다.

그 답은 대니얼 골먼의 《EQ 감성지능》을 읽을 때 찾아왔다. 내
친구 래리 브릴리언트Larry Brilliant 박사는 당시 구글의 자선업무부
서의 전무이사였으며 아주 오랫동안 대니얼 골먼과 가까운 친구
사이였다. 당시 대니얼은 강연을 위해 구글에 머물던 중이었는데
래리는 이 기회를 놓치지 않고 나를 그와의 만남에 초대했다. 대니
얼에 대한 예의로 나는 그를 만나기 전에 《EQ 감성지능》을 펼쳐
들었다. 그리고 책을 읽다가 무릎을 쳤다. 그것은 또 다른 계시였

다. 명상을 현실의 삶과 조화시키기 위한 매개체를 발견한 것이다. 그 매개체는 바로 EQ로 널리 알려진 감성지능이었다.

이제 대충이나마 감성지능이 무엇인지 모르는 사람은 없을 정도다. 감성지능이 인간에게 매우 유익하다는 것도 다 알고 있다. 그것을 완전히 이해하지는 못하더라도 많은 사람들은 감성지능이 그들의 세속적인 목표, 즉 더 능률적인 업무수행, 승진, 수입증가, 타인과의 효과적인 협력, 좋은 평판, 만족스러운 관계 등을 달성하는 데 도움이 된다는 사실을 알고 있거나 그럴 거라고 생각한다. 감성지능은 현대인들의 필요 및 욕구와 완벽하게 공조하고 있다.

감성지능은 성공에 도움이 되는 것 외에도 중요한 특징을 두 가지 더 갖고 있다. 첫째, 내면의 행복, 공감능력, 측은지심을 높여준다. 이것은 세계평화를 위한 필수조건들이다. 둘째, 감성지능을 제대로 개발할 수 있는 좋은 방법(내가 보기에 유일한 방법)은 마음챙김명상으로 시작하는 명상수련이다.

유레카! 드디어 찾았다!

세계평화를 위한 조건을 창조하는 길은 마음챙김에 기반한 감성지능 교과과정을 개발하여 그것을 구글 안에서 완성시킨 다음 구글의 선물로서 세상에 내주는 것이다. 완벽한 융합이다. 이미 누구나 다 감성지능을 원하고 기업들도 마찬가지다. 이런 욕구를 채우는 데 우리가 힘을 빌려줄 수 있다. 그러면 그들은 자신의 목표를 더 효과적으로 달성하는 것과 동시에 세계평화를 위한 조건도 조성할 수 있을 것이다.

마침내 대니얼을 만났을 때 나는 자신을 억제할 수 없었다. 테이블을 거의 쾅쾅 때려대면서 열정적으로 그에게 내 세계평화계획을 설명했다.

"우린 지금 세계평화를 말하고 있는 겁니다. 세계평화요!"

내가 외쳤다. 대니얼은 좀 뜨악한 표정이었다. 그는 처음으로 구글에 행차하여 래리의 친구와 동료들을 만나고 있었다. 그런데 난데없이 직함도 이상하고 약간 정신이 돈 듯한 젊은 친구가 나타나 세계평화 운운하며 침을 튀겨대고 있는 것이다. 좀 웃기지 않은가? 그렇다. 세상의 변화를 향해 가는 길은 흔히 희극적인 불합리의 순간들로 포장되어 있는 경우가 많다.

그 뒤 대니얼과 나는 친구가 되었다. 또 대니얼과 래리의 연줄을 통해 나는 대단한 인물들을 두 사람 더 알게 되었다. 바로 미라바이 부시와 노먼 피셔였다. 미라바이는 사회속의관상심센터 전무이사였으며 측은지심이 아주 많은 사람이다. 대니얼과 래리의 가까운 친구였고 래리처럼 자신의 삶을 인류에 대한 봉사를 위해 바쳤다. 노먼은 현재 미국에서 가장 유명한 선사 중 한 분으로 나는 특히 그에게 깊은 인상을 받았다. 노먼은 매우 지혜롭고 지적이고 박학다식했으며 상당히 영적이면서도 세속의 현실에 굳건히 두 발을 딛고 있었다. 그리고 영적인 수련과 일상생활을 조화시키는 데 아주 능했다. 대니얼, 미라바이, 노먼의 지원을 등에 업음으로써 나는 이제 교과과정 전문가팀을 확보하게 되었다. 내가 해야 할 일은 구글의 누군가를 설득하여 이 프로젝트를 후원하게 하는 것이었다. 그리고 결국은 구글대학(지금은 구글에듀 GoogleEDU라 불리는 사내 직원교육프로그램)이 손을 내밀었다.

구글대학의 후원 하에 미라바이, 노먼, 나는 마음챙김에 기반한 감성지능 강좌의 교과과정을 만드는 일에 달려들었고 대니얼은 우리의 고문이 되어 그의 전문적 지식과 지혜로 지원사격을 했다. 미라바이와 노먼과 한 방에서 일하는 동안 나는 우리 세 사람 모두가 빛을 발하는 존재임을 깨달았다. 미라바이는 연민의 빛을, 노먼은 지혜의 빛을 그리고 나는 은은한 체열을 발산했다.

교과과정팀은 나중에 다양한 재능으로 무장한 세 사람의 인재를 더 끌어들였다. 브러시댄스퍼블리싱Brush Dance Publishing의 설립자이자 전 CEO로 두 권의 경영서를 저술하기도 한 마크 레서는 실생활의 비즈니스지식과 내용을 접목시켰다. 필리프 골딘은 스탠퍼드대학교의 신경과학연구원으로 교과과정에 과학적 깊이와 폭을 더해주었다. 이본 긴즈버그는 예일대학교에서 교편을 잡은 바 있는 현직 심리치료사로 교과과정의 인간적인 측면에 깊이를 더해주었다. 세 사람 모두 존경받는 명상교사들이기도 했다. 이제 우리는 진정한 마력을 갖게 되었다.

교과과정 개발과 병행하여 나는 이 교육을 진행할 자원자들로 이루어진 팀을 결성했다. 팀은 마사지치료사 조엘 핀켈스타인Joel Finkelstein, 채용담당자 데이비드 러페디스David Lapedis, 엔지니어 홍준주Hongjun Zhu 박사, 학습전문가 레이첼 케이Rachel Kay 그리고 구글의 정말 유쾌한 친구인 나로 구성되었다. 당시 구글대학 총장이던 피터 앨런_{Peter Allen} 박사는 이 프로젝트의 수호성인이자 적극적인 참여자였다.

팀원들은 이 힘겹고 누가 알아주는 것도 아닌 일을 해주고 뭘 받았을까? 아무것도 없다. 그들에게 주어진 보상이라곤 그저 세계평화를 실현할 기회뿐이었다. 그러나 놀랍게도 그들은 모두 이 일에 끼고 싶어했다. 세계평화에 대한 사람들의 열정이 그저 놀랍기만 하다.

강좌의 이름인 '내면검색'은 조엘이 제안한 것이었다. 그가 이 명칭을 제시했을 때 모두가 웃었다. 나는 처음엔 그 이름이 별로 내키지 않았지만 모두가 웃는다면 그것은 좋은 것임에 틀림없다는 것이 내 철학이었다. 그래서 동의했다.

내면검색 프로그램은 구글에서 2007년부터 진행되었으며 수백 명의 사람들에게 힘을 주고 때로는 그들의 삶을 바꾸어놓았다. 그것은 이제 구글의 담장 밖에 내놓을 준비가 되었을 정도로 충분히 효과를 입증했다. 이 책도 그런 노력의 일환이다.

이제 나머지는 미래의 몫으로 남겨둔다.

한가한 시간에
세상을 구하라

나는 선사인 로시 조앤 할리팩스Roshi Joan Halifax와 긴 산책을 한 적이 있다. 그녀는 내게 누이와도 같은 소중한 친구다. 나는 장난으로 그녀를 내 '여동생'이라 부르곤 한다. 나보다 겨우 서른 살 많기 때문이다. 산책 중에 우리는 인생, 무위Non-doing의 영적인 실천, 세상에 봉사하고픈 열망(우리는 '세상을 구원하는 일'이라고 농담했다.)에 대해 이야기했다. 또 방석 위에 엉덩이 붙이고 앉아 한가하게 명상이나 하면서 동시에 지칠 줄 모르는 보살(세상 구원자들)이 되고자 하는 모순된 열망에 대해서도 우스갯소리를 해댔다.

그 대화에서 가장 기억에 남는 것은 로시의 존재로부터 받은 감동이었다. 로시는 내가 직접 만나는 영광을 누렸던 가장 측은지심 넘치는 영혼 중 하나였다. 그냥 그녀의 눈을 보면 알 수 있었다. 그

눈은 내가 아는 가장 온화하고 다정한 눈이었다. 로시는 살아오면서 말없이 대단한 일들을 많이 했다. 특히 죽어가는 자들을 돌보고 위로하는 일을 수십 년간 해왔다. 또 그녀는 선 수련원장이자 많은 사람들에게 큰 힘이 되고 있는 마음과생명연구소Mind and Life Institute의 이사다.

로시는 항상 자신을 내주며 남을 돕느라 바쁘지만 정작 본인은 마음 가는 대로 자신의 성미에 맞는 일을 하며 즐기고 있다. 나는 로시의 존재에 대해 깊이 생각했다. 그 결과 그녀의 삶이 그동안 나와 인연을 맺었던 모든 깨우친 인물들의 공통된 주제라는 생각이 떠올랐다. 요가의 대가인 사드구루 자기 바수데브Sadhguru Jaggi Vasudev가 이끄는 조직은 단 하루 동안 심은 나무 수에서 세계 최고 기록을 보유하고 있고, 아리 박사Dr. Ari로 통하는 A. T. 아리야라트네A.T. Ariyaratne는 평범한 영어교사였지만 남을 돕는 일에 뛰어들어 결국은 스리랑카에 최대의 NGO를 설립하기에 이르렀다. 마티유 리카르는 세계 최고의 행복남인 것 외에도 한 인도주의 조직을 운영하며 돈 한 푼 받지 않고 사람들에게 도움의 손길을 내밀고 있다. 그리고 물론 달라이라마도 있다.

이 모든 보살들은 인류를 위한 자신의 지칠 줄 모르는 수고를 그저 자신의 성미에 맞는 일을 함으로써 즐거움을 찾는 것으로 생각한다. 때로 그들은 과도한 스트레스에 시달리는 수많은 경영자들보다 더 바쁠 때가 많으면서도 자기들은 게으른 족속들이라며 농을 친다. 이를테면 달라이라마는 그 바쁜 일정에도 불구하고 "나는 아무것도 하는 게 없다"고 말한다. 그들은 또 아주 유쾌하다. 사드구루는 정말 유쾌한 친구라는 내 직함이 자기에게도 해당된다며 희희낙락했다.

세상을 구하는 일은 정말 힘들고 아주 많은 노력이 필요하기 때문에 세상을 구하기 위해 너무 애를 쓰면 오래 지속될 수 없다는 것이 내 판단이다. 그래서 그 대신 내면의 평화, 측은지심, 열망을 키우는 데 집중하는 것이 더 현명한 방법이다. 내면의 평화, 측은지심, 열망이 모두 강력할 때 연민 어린 행동은 자연스럽고 유기적으로 이루어지며 이를 통해 지속 가능해진다.

피곤을 잊고 세상에 봉사하는 또 다른 보살이자 자신을 게으른 승려라 부르는 위대한 선사 틱낫한은 그것을 아름답게 표현했다.

"이 모든 사회생활 중에도 우리는 먼저 석가모니가 배웠던 것, 곧 마음을 가라앉히는 법을 배워야 한다. 그러면 우리가 행동을 이끄는 것이 아니라 행동이 우리를 이끌게 된다."

우리가 행동을 이끄는 것이 아니다. 행동이 우리를 움직이게 한다. 이 깨달음에 감동한 나는 다음의 시를 썼다.

게으른 보살

깊은 내면의 평화와
위대한 측은지심으로
매일 세상을 구하겠다는 열망을 품어라.

하지만 성취를 위해 애쓰지는 말라.

그저 마음 가는 일을 하라.

열망이 강렬하고

측은지심이 꽃피울 때는,

마음 가는 일이 무엇이든

그것이 바로 해야 할 일이므로.

그러므로 그대,

지혜롭고 인정 많은 존재여,

한껏 즐기면서 세상을 구원하라.

내 친구여, 부디 게으르시기를. 그리고 세상을 구하시기를.

참고문헌

- *Destructive Emotions: How Can We Overcome Them?: A Scientific Dialogue with the Dalai Lama,* by Daniel Goleman(New York: Random House, 2004)
- Richard Davidson and William Irwin, "The Functional Neuroanatomy of Emotion and Affective Style," *Trends in Cognitive Sciences* 3, no. 1(1999): 11–21.
- Richard Davidson, Alexander Shackman, and Jeffrey Maxwell, "Asymmetries in Face and Brain Related to Emotion," *Trends in Cognitive Sciences* 8, no. 9(2004): 389–391
- Peter Salovey and John D. Mayer, "Emotional Intelligence," *Imagination, Cognition, and Personality* 9, no. 3(1990), 185–211.
- Daniel Goleman, *Working with Emotional Intelligence*(New York: Bantam, 1998)
- Martin E. Seligman, *Learned Optimism: How to Change Your Mind and Your Life*(New York: Vintage Books, 1990)
- Daniel Goleman, "Social Intelligence: The New Science of Human Relationships" (lecture, Authors@Google, Mountain View, CA, August 3, 2007), http://siybook.com/v/gtalk_dgoleman.
- Wallace Bachman, "Nice Guys Finish First: A SYMLOG Analysis of U.S. Naval Commands," in *The SYMLOG Practitioner*, ed. Polley, Hare, and Stone(New York): Praeger, 1988): 133–153.

- Matthieu Ricard, *Happiness: A Guide to Developing Life's Most Important Skill* (New York: Little, Brown and Company, 2003).
- Katherine Woollett, Hugo J. Spiers, Eleanor A. Maguire, "Talent in the Taxi: A Model System for Exploring Expertise," *Philosophical Transactions of the Royal Society* 364, no. 1522 (2009): 1407–1416.
- http://siybook.com/a/taxibrain
- R. Christopher deCharms, et al., "Control Over Brain Activation and Pain Learned by Using Real- Time Functional MRI," *Proceedings of the National Academy of Sciences of the United States of America* 102, no. 51 (2005): 18626–18631.
- R. Christopher deCharms, "Reading and Controlling Human Brain Activation Using Real- Time Functional Magnetic Resonance Imaging," *Trends in Cognitive Sciences* 11, no. 11 (2007): 473–481.
- Jon Kabat- Zinn, *Wherever You Go, There You Are: Mindfulness Meditation in Everyday Life* (New York: Hyperion, 1994).
- Thich Nhat Hanh, *The Miracle of Mindfulness: An Introduction to the Practice of Meditation* (Boston: Beacon Press, 1999).
- J. A. Brefczynski- Lewis, et al., "Neural Correlates of Attentional Expertise in Long- Term Meditation Practitioners," *Proceedings of the National Academy of Sciences of the United States of America* 104, no. 27 (2007): 11483–11488.
- Matthew Lieberman, et al., "Putting Feelings into Words: Affect Labeling Disrupts Amygdala Activity in Response to Affective Stimuli," *Psychological Science* 18, no. 5 (2007): 421–428.
- J. D. Creswell, et al., "Neural Correlates of Dispositional Mindfulness during Affect Labeling," *Psychosomatic Medicine* 69, no. 6 (2007): 560–565.
- Malcolm Gladwell, *Blink: The Power of Thinking Without Thinking* (New York: Little, Brown and Company, 2005).
- Daniel Goleman, "Social Intelligence: The New Science of Human Relationships (lecture, Authors@Google, Mountain View, CA, August 3, 2007), http://siybook.com/v/gtalk_dgoleman.
- William James, *The Principles of Psychology*, vol. 1 (New York: MacMillan, 1890).
- H. H. the Dalai Lama, *The Universe in a Single Atom: The Convergence of Science and Spirituality* (New York: Three Rivers Press, 2006).

- Richard Davidson, et al., "Alterations in Brain and Immune Function Produced by Mindfulness Meditation," *Psychosomatic Medicine* 65, no. 4(2003): 564–570.
- Heleen Slagter, et al., "Mental Training Affects Distribution of Limited Brain Resources," *PloS Biology* 5, no. 6(2007): e138.
- Antoine Lutz, et al., "Long- Term Meditators Self- Induce High- Amplitude Gamma Synchrony during Mental Practice," *Proceedings of the National Academy of Sciences of the United States of America* 101, no. 46(2004): 16369–16373.
- Jon Kabat- Zinn, et al., "Infl uence of a Mindfulness Meditation- Based Stress Reduction Intervention on Rates of Skin Clearing in Patients with Moderate to Severe Psoriasis Undergoing Phototherapy(UVB) and Photochemotherapy(PUVA)," *Psychosomatic Medicine* 60, no. 5(1998): 625–632.
- Sara Lazar, et al., "Meditation Experience Is Associated with Increased Cortical Thickness," *Neuroreport* 16, no. 17(2005): 1893–1897.
- Norman Fischer, *Taking Our Places: The Buddhist Path to Truly Growing Up*(San Francisco: HarperOne, 2004).
- Thich Nhat Hanh, *Living Buddha, Living Christ*(New York: Riverhead, 1997).
- Cary Cherniss and Daniel Goleman, The Emotionally Intelligent Workplace: How to Select for, Measure, and Improve *Emotional Intelligence in Individuals, Groups, and Organizations*(Hoboken, NJ: Jossey- Bass, 2001).
- Richard Boyatzis, *The Competent Manager: A Model for Effective Performance*(New York: Wiley, 1982).
- Alexander Stajkovic and Fred Luthans, "Self- Effi cacy and Work- Related Performance: A Meta- Analysis," *Psychological Bulletin* 124, no. 2(1998): 240–261.
- Daniel Goleman, *Emotional Intelligence: Why It Can Matter More Than IQ*(New York: Bantam, 1995).
- S. P. Spera, E. D. Buhrfeind, and J. W. Pennebaker, "Expressive Writing and Coping with Job Loss," *Academy of Management Journal* 37(1994): 722–733.
- "Know Thyself," *Very Short List*(March 2, 2009), http://siybook.com/a/knowthyself.
- "Lekha Sutta," the Discourse on Inscriptions, *Anguttara Nikaya*.
- Xinxin Ming(XXX), Inscriptions on Trust in Mind. Also known as the *Shinjinmei* in Japanese.
- Jon Kabat- Zinn, *Full Catastrophe Living: Using the Wisdom of Your Body and Mind to Face Stress, Pain, and Illness*(New York: Delacorte Press, 1990).

- Philippe Goldin, "The Neuroscience of Emotions (lecture, Google Tech Talks, Mountain View, CA, September 16, 2008), http://siybook.com/v/gtalk_pgoldin.
- Kevin Ochsner, James Gross, "The Cognitive Control of Emotion," *Trends in Cognitive Sciences* 9, no. 5 (2005): 242–249.
- Yongey Mingyur Rinpoche, *The Joy of Living: Unlocking the Secret and Science of Happiness* (New York: Harmony, 2007).
- Tony Hsieh, *Delivering Happiness: A Path to Profi ts, Passion, and Purpose* (New York: Business Plus, 2010).
- John Geirland, "Go with the Flow," *Wired* 4, no. 9 (1996).
- Daniel Pink, *Drive: The Surprising Truth About What Motivates Us* (New York: Riverhead, 2009).
- Daniel Pink, "The Surprising Science of Motivation (lecture, TEDGlobal, July 2009), http://siybook.com/v/ted_dpink.
- Marc Lesser, *Less: Accomplishing More by Doing Less* (Novato, CA: New World Library, 2009).
- Brent Schlender, "Gates without Microsoft" *Fortune Magazine* (June 20, 2008).
- Barbara Fredrickson, *Positivity: Groundbreaking Research Reveals How to Embrace the Hidden Strength of Positive Emotions, Overcome Negativity, and Thrive* (New York: Crown, 2009).
- "Great Waves," *101zenstories.com*.
- G. Rizzolatti and M. Fabbri- Destro, "Mirror Neurons: From Discovery to Autism," *Experimental Brain Research* 200, no. 3–4 (2010): 223–237.
- Tania Singer, "Understanding Others: Brain Mechanisms of Theory of Mind and Empathy" in *Neuroeconomics: Decision Making and the Brain*, eds. P. W. Glimcher, et al. (Maryland Heights, MO: Academic Press, 2008): 251–268.
- R.W. Levenson and A. M. Ruef, "Empathy: A Physiological Substrate," *Journal of Personality and Social Psychology* 63, no. 2 (1992): 234–246.
- R.W. Levenson and A. M. Ruef, "Physiological Aspects of Emotional Knowledge and Rapport" in *Empathic Accuracy*, ed. W. Ickes (New York: Guilford Press, 1997).
- A. Serino, G. Giovagnoli, and E. Làdavas, "I Feel what You Feel if You Are Similar to Me," *PLoS* One 4, no. 3 (2009): e4930.
- K. A. Buchanan and A. Bardi, "Acts of Kindness and Acts of Novelty Affect Life Satisfaction," *Journal of Social Psychology* 150, no. 3 (2010): 235–237.

- Patrick Lencioni, *The Five Dysfunctions of a Team: A Leadership Fable* (Hoboken, NJ: Jossey- Bass, 2002).
- C. M. Mueller and C. S. Dweck, "Praise for Intelligence Can Undermine Children's Motivation and Performance," *Journal of Personality and Social Psychology* 75, no. 1(1998) 33–52.
- Carol S. Dweck, Mindset: *The New Psychology of Success* (New York: Random House, 2006).
- James Kouzes and Barry Posner, *Encouraging the Heart: A Leader's Guide to Rewarding and Recognizing Others* (Hoboken, NJ: Jossey- Bass, 2003).
- Bill George, *True North: Discover Your Authentic Leadership* (Hoboken, NJ: Jossey- Bass, 2007).
- Jim Collins, *Good to Great: Why Some Companies Make the Leap and Others Don't* (New York: HarperBusiness, 2001).
- John Gottman, *Why Marriages Succeed or Fail and How You Can Make Yours Last* (New York: Simon & Schuster, 1994).
- David Rock, *Your Brain at Work: Strategies for Overcoming Distraction, Regaining Focus, and Working Smarter All Day Long* (New York: HarperBusiness, 2009).
- K. Jensen, J. Call, and M. Tomasello, "Chimpanzees Are Rational Maximizers in an Ultimatum Game," *Science* 318, no. 5847(2007): 107–109.
- Douglas Stone, Bruce Patton, and Sheila Heen, *Difficult Conversations: How to Discuss What Matters Most* (New York: Penguin, 1999).9

* 이 책은 《너의 내면을 검색하라》의 개정판입니다.

서치 인사이드

초판 1쇄 인쇄일 2024년 8월 28일
초판 1쇄 발행일 2024년 9월 24일

지은이 차드 멩 탄
옮긴이 권오열

발행인 조윤성

편집 이현지 **디자인** 김효정 **마케팅** 김진규, 서승아
발행처 ㈜SIGONGSA **주소** 서울시 성동구 광나루로 172 린하우스 4층(우편번호 04791)
대표전화 02-3486-6877 **팩스(주문)** 02-585-1755
홈페이지 www.sigongsa.com / www.sigongjunior.com

ISBN 979-11-7125-728-7 03190

*SIGONGSA는 시공간을 넘는 무한한 콘텐츠 세상을 만듭니다.
*SIGONGSA는 더 나은 내일을 함께 만들 여러분의 소중한 의견을 기다립니다.
*잘못 만들어진 책은 구입하신 곳에서 바꾸어 드립니다.

WEPUB 원스톱 출판 투고 플랫폼 '위펍' _wepub.kr
위펍은 다양한 콘텐츠 발굴과 확장의 기회를 높여주는
SIGONGSA의 출판IP 투고·매칭 플랫폼입니다.